JN107298

別冊 NBL / No.181

# 民事執行・民事保全・倒産及び家事事件等に関する手続（IT化関係）の見直しに関する中間試案

商事法務　編

 株式会社　商事法務

NBL

# はしがき

　法務大臣の諮問機関である法制審議会の民事執行・民事保全・倒産及び家事事件等に関する手続（IT化関係）部会（部会長：山本和彦一橋大学大学院教授）では、令和4年4月から、民事執行・民事保全・倒産及び家事事件等の手続のIT化に係る法制度の見直しに関する調査審議が行われている。

　同部会は、令和4年8月5日に開催された第8回会議において、「民事執行・民事保全・倒産及び家事事件等に関する手続（IT化関係）の見直しに関する中間試案」を取りまとめた。この中間試案は、同年8月24日、事務当局である法務省民事局参事官室の文責において作成された「民事執行・民事保全・倒産及び家事事件等に関する手続（IT化関係）の見直しに関する中間試案の補足説明」及び「参照条文」とともに公表され、広く国民一般の意見を求めるため、同年10月24日までパブリック・コメントの手続が実施される。

　そこで、本書では、公表されたこれらの「民事執行・民事保全・倒産及び家事事件等に関する手続（IT化関係）の見直しに関する中間試案」等を、同中間試案の概要の紹介とともに一冊にまとめることとした。

　本書が、上記中間試案の内容をより多くの方に理解いただく契機の一つとなれば幸いである。

令和4年9月

商事法務

## 目　次

# 「民事執行・民事保全・倒産及び家事事件等に関する手続（IT化関係）の見直しに関する中間試案」について

編集部

## I　中間試案の公表に至る経緯

　法務大臣の諮問機関である法制審議会に設置された民事執行・民事保全・倒産及び家事事件等に関する手続（IT化関係）部会（部会長：山本和彦・一橋大学大学院教授）は、令和4年4月に民事執行手続、民事保全手続、倒産手続、家事事件手続といった民事・家事関係の裁判手続のIT化に向けた民事執行法等の見直しについて調査審議を開始し、同年8月5日の第8回会議において、「民事執行・民事保全・倒産及び家事事件等に関する手続（IT化関係）の見直しに関する中間試案」（以下「中間試案」という。）を取りまとめた。以下は、中間試案の概要である。

## II　中間試案の概要

### 第1　民事執行

#### 1　裁判所に対する申立て等

　中間試案第1の1(1)では、民事執行の手続において裁判所に対して行う申立て等について、全ての裁判所に対し、一般的に、インターネットを用いてすることができるものとされている。

　中間試案第1の1(2)では、民事訴訟法等の一部を改正する法律（令和4年法律第48号）による改正後の民事訴訟法（以下「改正民訴法」という。）を準用し、委任を受けた代理人等は、申立て等をインターネットを用いてしなければならないものとされている。また、これに加え、強制管理の手続における管理人等の裁判所から選任された者は当該選

任を受けた民事執行の手続において申立て等をインターネットを用いてしなければならないものとする案と、そのような規律を設けないものとする案が提示されている。

## 2　提出された書面等及び記録媒体の電子化

中間試案第1の2(1)では、次のいずれかの考え方を採用した上で、裁判所に提出された書面等や記録媒体（以下単に「書面等」という。）の電子化のルール（中間試案第1の2(2)）を適用するものとされている。考え方として、①全ての事件に電子化のルールを適用する考え方（A案）と、②一定の範囲で電子化のルールを適用するとの考え方（B案）に大別した上で、①について、全ての事件につき、改正民訴法における電子化のルールと同様のルール（中間試案第1の2(2)）をそのまま適用する考え方（A-1案）と、民事執行の手続の特性を考慮し、当該ルールを一部修正した上で適用する考え方（A-2案）が、②について、電子化のルールが適用される事件を一定の範囲のものとする考え方（B-1案）、電子化のルールの適用範囲について、事件類型以外の一定の基準を定める考え方（B-2案）、当事者を含む利害関係を有する者の請求があった場合に電子化のルールを適用する考え方（B-3案）が、それぞれ示されている。

中間試案第1の2(2)では、民事執行の手続において適用される電子化のルールについて、改正民訴法と同様に、裁判所に提出された書面等については、裁判所書記官において、裁判所のファイル（サーバ）に記録して電子化するものとしつつ（ただし、記録することにつき困難な事情がある場合を除く。）、営業秘密や秘匿事項が記載された部分等のうち一定のものについては、裁判所のファイルへの記録を要しないものとされている。

## 3　裁判書及び調書等の電子化

中間試案第1の3では、民事執行の手続において裁判官や裁判所書記官が作成する裁判書や調書等について、書面による作成に代えて、電磁的記録により作成するものとされている。

## 4　期日におけるウェブ会議及び電話会議の利用

中間試案第1の4(1)及び(2)では、民事執行の手続における口頭弁論の期日や審尋の期日について、改正民訴法の規定を準用し、ウェブ会議や電話会議を利用することができるものとされている。

中間試案第1の4(3)では、売却決定期日及び配当期日について、ウェブ会議及び電話会議の双方を利用することができるものとする案と、ウェブ会議を利用することができるものとし、電話会議の利用を認めないものとする案が提示されている。

中間試案第1の4(4)では、財産開示期日における申立人の出頭方法について、ウェブ会議及び電話会議の双方を利用することができるものとする案と、ウェブ会議を利用することができるものとし、電話会議の利用を認めないものとする案が提示されている。

また、当該期日における債務者の陳述について、一定の要件の下でウェブ会議によることを認めるものとされている。

## 5 売却及び配当

中間試案第1の5(1)及び(2)では、売却決定期日や配当期日において売却についての意見陳述や配当異議の申出をする仕組みとは別に、期日に代えて、売却についての意見陳述や配当異議の申出をするための期間を設定することにより、期日を経ないで売却又は配当を行う仕組みを設けることとされ、その具体的な規律の内容が提示されている。

## 6 電子化された事件記録の閲覧等

中間試案第1の6では、利害関係を有する者は、電子化された事件記録の閲覧や複写（ダウンロード）、当該事件記録に記録された内容の証明書や事件に関する事項の証明書の交付等を請求することができるものとされている。

## 7 送達等

中間試案第1の7(1)及び(2)では、民事執行の手続における電磁的記録の送達及び公示送達について、改正民訴法の規定を準用するものとされている。

## 8 債務名義の正本の提出・執行文の付与

中間試案第1の8(1)では、債務名義が裁判所において電磁的記録により作成されたものである場合には、強制執行は、当該電磁的記録それ自体に基づいて実施することとし、債務名義の存在を証する文書を裁判所に提出しなくてもよいものとされている。

中間試案第1の8(2)では、債務名義が裁判所において電磁的記録により作成されたものである場合における執行文の取扱いについて記載されている。まず、単純執行文について、このような場合における単純執行文の付与を不要とする案と、現行法と同様にこれを必要とする案が提示されている（前者については、このような考え方を更に進め、書面により作成された債務名義についても、単純執行文の付与を不要とする考え方がある旨も記載されている。）。これに対し、特殊執行文については、裁判所において電磁的記録により作成された債務名義についても、その付与を必要とするものとされている。

## 9 執行官と民事執行の手続のIT化

中間試案第1の9では、執行官が執行機関となる場合においても、裁判所が執行機関となる場合と同様に、その手続をIT化することとされており、また、裁判所が執行機関となる場合も含め、執行官に対して申立て等を行う場合には、裁判所に対する申立て等と同様に、インターネットを用いてする申立て等に関する規律（前記1及び2）が適用されるものとされている。

## 10 その他

中間試案第1の10では、民事執行の手続のIT化等に関し、その他に問題となる点について記載されている。

# 第2 民事保全

## 1 裁判所に対する申立て等

中間試案第2の1(1)では、民事保全の手続において裁判所に対して行う申立て等について、全ての裁判所に対し、一般的に、インターネットを用いてすることができるものとされている。

中間試案第2の1(2)では、改正民訴法を準用し、委任を受けた代理人等は、申立て等をインターネットを用いてしなければならないものとされている。

## 2 提出された書面等及び記録媒体の電子化

中間試案第2の2(1)では、次のいずれかの考え方を採用した上で、裁判所に提出された書面等の電子化のルールを適用するものとされ、考え方として、中間試案第1の2(1)と同様のA-1案、A-2案、B-1案、B-2案及びB-3案が、それぞれ示されている。

中間試案第2の2(2)では、民事保全の手続において適用される電子化のルールについて、改正民訴法と同様に、裁判所に提出された書面等については、裁判所書記官において、裁判所のファイルに記録して電子化するものとしつつ（ただし、記録することにつき困難な事情がある場合を除く。）、営業秘密や秘匿事項が記載された部分等のうち一定のものについては、裁判所のファイルに記録することを要しないものとされている。

## 3 裁判書及び調書等の電子化

中間試案第2の3では、民事保全の手続において裁判官や裁判所書記官が作成する裁判書や調書等について、書面による作成に代えて、電磁的記録により作成するものとされている。

## 4 期日におけるウェブ会議及び電話会議の利用

中間試案第2の4(1)及び(2)では、民事保全の手続における口頭弁論の期日や審尋の期日について、改正民訴法の規定を準用し、ウェブ会議や電話会議を利用することができるものとされている。

中間試案第2の4(3)では、仮の地位を定める仮処分における債権者が立ち会うことができる審尋の期日について、中間試案第2の4(2)と異なり、ウェブ会議を利用することができるものとし、電話会議の利用を認めないものとする案と、そのような特段の規律

を設けず、中間試案第2の4(2)の規律を適用する案が提示されている。

中間試案第2の4(4)では、保全異議、保全取消し及び保全抗告の審尋期日について、中間試案第2の4(2)と異なり、ウェブ会議を利用することができるものとし、電話会議の利用を認めないものとする案と、そのような特段の規律を設けず、中間試案第2の4(2)の規律を適用する案が提示されている。

## 5　電子化された事件記録の閲覧等

中間試案第2の5では、利害関係を有する者は、電子化された事件記録の閲覧や複写（ダウンロード）、当該事件記録に記録された内容の証明書や事件に関する事項の証明書の交付等を請求することができるものとし、債権者以外の者にあっては、保全命令の申立てに関し口頭弁論若しくは債務者を呼び出す審尋の期日の指定があり、又は債務者に対する保全命令の送達があるまでの間は、この限りでないものとされている。

## 6　送　達

中間試案第2の6(1)及び(2)では、民事保全の手続における電磁的記録の送達及び公示送達について、改正民訴法の規定を準用することとされている。

## 7　その他

中間試案第2の7では、民事保全の手続のIT化等に関し、その他に問題となる点について記載されている。

## 第3　破産手続

## 1　裁判所に対する申立て等

中間試案第3の1(1)では、破産手続等において裁判所に対して行う申立て等について、全ての裁判所に対し、一般的に、インターネットを用いてすることができるものとされている。

中間試案第3の1(2)では、改正民訴法を準用し、委任を受けた代理人等は、申立て等をインターネットを用いてしなければならないものとされている。これに加え、破産管財人等は、当該選任を受けた破産手続等において行う申立て等をインターネットを用いてしなければならないものとされている。

中間試案第3の1(3)では、破産債権者が多数に上るケースにおいて、破産管財人が、裁判所の決定を得て、①破産債権者は、破産管財人に対して、債権届出をすることができ、②破産管財人は、裁判所に対して、①の規律により受けた債権届出を届け出るとの債権届出に関する事務を行うことができる規律を設けるとする案と、破産管財人が破産債権者から債権届出書を受け取り、これを裁判所に提出することについては、今後の実

務上の解釈及び運用に委ねることとし、特段の規律を設けないものとする案が提示されている。

## 2　提出された書面等及び記録媒体の電子化

中間試案第3の2(1)では、次のいずれかの考え方を採用した上で、裁判所に提出された書面等の電子化のルールを適用するものとされ、考え方として、中間試案第1の2(1)と同様のA-1案、A-2案、B-1案、B-2案及びB-3案が、それぞれ示されている。

中間試案第3の2(2)では、破産手続において適用される電子化のルールについて、改正民訴法と同様に、裁判所に提出された書面等については、裁判所書記官において、裁判所のファイルに記録して電子化するものとしつつ（ただし、記録することにつき困難な事情がある場合を除く。）、営業秘密や秘匿事項が記載された部分等のうち一定のものについては、裁判所のファイルに記録することを要しないものとされている。

## 3　裁判書及び調書等の電子化

中間試案第3の3では、破産手続等において裁判官や裁判所書記官が作成する裁判書や調書等について、書面による作成に代えて、電磁的記録により作成するものとされている。

## 4　期日におけるウェブ会議及び電話会議の利用

中間試案第3の4(1)及び(2)では、破産手続等における口頭弁論の期日や審尋の期日について、改正民訴法と同様に、ウェブ会議や電話会議を利用することができるものとされている。

中間試案第3の4(3)では、債権調査期日について、ウェブ会議を利用することができるものとされている。

中間試案第3の4(4)では、債権者集会の期日について、ウェブ会議を利用することができるものとされている。

## 5　電子化された事件記録の閲覧等

中間試案第3の5では、利害関係人は、電子化された事件記録の閲覧や複写（ダウンロード）、当該事件記録に記録された内容の証明書や事件に関する事項の証明書の交付等を請求することができるものとし、破産法第11条第4項各号に掲げる者は、当該各号に定める命令、保全処分又は裁判のいずれかがあるまでの間は、閲覧等の請求をすることができない（ただし、当該者が破産手続開始の申立人である場合は、この限りでない。）ものとされている。

## 6 送　達

中間試案第 3 の 6(1)及び(2)では、破産手続等における電磁的記録の送達及び公示送達について、改正民訴法の規定を準用することとされている。

## 7 公　告

中間試案第 3 の 7 では、破産手続等における公告について、官報への掲載に加えて、裁判所のウェブサイトに掲載する方法をとらなければならないものとする案と、裁判所のウェブサイトに掲載する方法をとらなければならないものとしないものとする案が提示されているほか、官報公告等公告の在り方にについて見直すべきなどの考え方があることが示されている。

## 8 その他

中間試案第 3 の 8 では、破産手続等の IT 化等に関し、その他に問題となる点について記載されている。

## 第4　民事再生、会社更生、特別清算及び外国倒産処理手続の承認援助の手続

中間試案第 4 では、民事再生、会社更生、特別清算及び外国倒産処理手続の承認援助の手続について、第 3 の破産手続等の各項目と同様の項目につき、これと同様に IT 化するものとされている。

## 第5　非訟事件

### 1　裁判所に対する申立て等

中間試案第 5 の 1(1)では、非訟事件の手続において裁判所に対して行う申立て等について、全ての裁判所に対し、一般的に、インターネットを用いてすることができるものとされている。

中間試案第 5 の 1(2)では、改正民訴法を準用し、委任を受けた手続代理人等は、申立て等をインターネットを用いてしなければならないものとされている。これに加え、非訟事件の手続において裁判所から選任された者は、選任された者として関与する非訟事件の手続においては申立て等をインターネットを用いてしなければならないものとする案と、そのような規律を設けないものとする案が提示されている。

### 2　提出された書面等及び記録媒体の電子化

中間試案第 5 の 2(1)では、次のいずれかの考え方を採用した上で、裁判所に提出された書面等の電子化のルールを適用するものとされ、考え方として、中間試案第 1 の 2(1)

と同様のA-1案、A-2案、B-1案、B-2案及びB-3案が、それぞれ示されている。

中間試案第5の2(2)では、非訟事件の手続において適用される電子化のルールについて、改正民訴法と同様に、裁判所に提出された書面等については、裁判所書記官において、裁判所のファイルに記録して電子化するものとしつつ（ただし、記録することにつき困難な事情がある場合を除く。）、秘匿事項の届出に係る事項については、裁判所のファイルに記録することを要しないものとされている。

さらに、非訟法特有の電子化のルールについて、他の者が知ることにより当事者又は第三者に著しい損害を与えるおそれがあり、かつ、裁判所が特に必要があると認めるものについてファイルに記録を要しないものとする案と、そのような特段の規律を設けないものとする案が提示されている。

### 3　裁判書及び調書等の電子化

中間試案第5の3では、非訟事件の手続において裁判官や裁判所書記官が作成する裁判書や調書等について、書面による作成に代えて、電磁的記録により作成するものとされている。

### 4　期日におけるウェブ会議又は電話会議の利用

中間試案第5の4(1)では、非訟事件の手続の期日について、いわゆる遠隔地要件を削除し、ウェブ会議又は電話会議を利用することができるものとされている。

中間試案第5の4(2)では、いわゆる遠隔地要件を削除し、ウェブ会議又は電話会議を利用して、専門委員に非訟法第33条第1項の意見を述べさせることができるものとされている。

### 5　和解調書の送達又は送付

中間試案第5の5では、和解調書を送達しなければならないものとする案と、送達又は送付しなければならないものとする案が提示されている。

### 6　電子化された事件記録の閲覧等

中間試案第5の6(1)では、当事者又は利害関係を疎明した第三者は、裁判所の許可を得て、電子化された事件記録の閲覧や複写（ダウンロード）、当該事件記録に記録された内容の証明書や事件に関する事項の証明書の交付等を請求することができるものとされている。

中間試案第5の6(2)では、当事者は、当該当事者が提出したものの閲覧等については裁判所の許可を得ないで請求をすることができるものとされ、電子裁判書の閲覧等及び事件に関する事項の証明書の交付等についても裁判所の許可を得ないで請求することができるもの（裁判を受ける者が当該裁判があった後に請求する場合も同様）とされている。

## 7 送達等

中間試案第5の7(1)及び(2)では、非訟事件の手続における電磁的記録の送達及び公示送達について、改正民訴法の規定を準用することとされている。

## 8 公示催告事件における公告

中間試案第5の8(1)では、公示催告事件についての公告について、裁判所の掲示場への掲示に代えて、裁判所設置端末で閲覧することができる措置をとることができるものとされている。

中間試案第5の8(2)では、裁判所の掲示場への掲示（裁判所設置端末で閲覧することができる措置）及び官報への掲載に加えて裁判所のウェブサイトに掲載する方法をとらなければならないとするものとする案と、ウェブサイトに掲載する方法をとらなければならないとの規律を設けないものとする案が提示されている。

## 9 その他

中間試案第5の9では、非訟事件の手続のIT化等に関し、その他に問題となる点について記載されている。

# 第6 民事調停

## 1 裁判所に対する申立て等

中間試案第6の1(1)では、民事調停の手続において裁判所に対して行う申立て等について、全ての裁判所に対し、一般的に、インターネットを用いてすることができるものとされている。

中間試案第6の1(2)では、改正民訴法を準用し、委任を受けた代理人等は、申立て等をインターネットを用いてしなければならないものとされている。

## 2 提出された書面等及び記録媒体の電子化

中間試案第6の2(1)では、全ての民事調停の手続において裁判所に提出された書面等の電子化のルールを適用するものとされている。

中間試案第6の2(2)では、民事調停の手続において適用される電子化のルールとして、改正民訴法と同様に、裁判所に提出された書面等については、裁判所書記官において、裁判所のファイルに記録して電子化するものとしつつ（ただし、記録することにつき困難な事情がある場合を除く。）、営業秘密や秘匿事項が記載された部分等のうち一定のものについては、裁判所のファイルに記録することを要しないものとされている。

## 3 裁判書及び調書等の電子化

中間試案第6の3では、民事調停の手続において裁判官や裁判所書記官が作成する裁判書や調書等について、書面による作成に代えて、電磁的記録により作成することとされている。

## 4 期日におけるウェブ会議又は電話会議の利用

中間試案第6の4では、民事調停の手続の期日について、いわゆる遠隔地要件を削除し、ウェブ会議又は電話会議を利用することができるものとされている。

## 5 調停調書の送達又は送付

中間試案第6の5では、調停調書を送達しなければならないものとする案と、送達又は送付しなければならないものとする案が提示されている。

## 6 事件記録の閲覧等

中間試案第6の6(1)では、当事者又は利害関係を疎明した第三者は、電子化された事件記録の閲覧や複写（ダウンロード）、当該事件記録に記録された内容の証明書や事件に関する事項の証明書の交付等を請求することができるものとされている。

中間試案第6の6(2)では、民事調停の手続における事件記録について、改正民訴法第92条第1項から第8項までの規定を準用するものとされている。

## 7 送達等

中間試案第6の7(1)及び(2)では、民事調停の手続における電磁的記録の送達及び公示送達について、改正民訴法の規定を準用することとされている。

## 8 その他

中間試案第6の8では、民事調停の手続のIT化等に関し、その他に問題となる点について記載されている。

# 第7 労働審判

## 1 裁判所に対する申立て等

中間試案第7の1(1)では、労働審判手続において裁判所に対して行う申立て等について、全ての裁判所に対し、一般的に、インターネットを用いてすることができるものとされている。

中間試案第7の1(2)では、改正民訴法を準用し、委任を受けた代理人等は、申立て等

をインターネットを用いてしなければならないものとされている。

## 2　提出された書面等及び記録媒体の電子化

中間試案第7の2(1)では、全ての労働審判手続において裁判所に提出された書面等について電子化のルールを適用するものとされている。

中間試案第7の2(2)では、労働審判手続において適用される電子化のルールとして、改正民訴法と同様に、裁判所に提出された書面等については、裁判所書記官において、裁判所のファイルに記録して電子化するものとしつつ（ただし、記録することにつき困難な事情がある場合を除く。）、営業秘密や秘匿事項が記載された部分等のうち一定のものについては、裁判所のファイルに記録することを要しないものとされている。

## 3　裁判書及び調書等の電子化

中間試案第7の3では、労働審判手続において裁判官や裁判所書記官が作成する裁判書や調書等について、書面による作成に代えて、電磁的記録により作成することとされている。

## 4　期日におけるウェブ会議又は電話会議の利用

中間試案第7の4では、労働審判手続の期日について、いわゆる遠隔地要件を削除し、ウェブ会議又は電話会議を利用することができるものとされている。

## 5　調停調書等の送達又は送付

中間試案第7の5(1)及び(2)では、調停調書及び審判書に代わる調書を送達しなければならないものとする案と、送達又は送付しなければならないものとする案が提示されている。

## 6　電子化された事件記録の閲覧等

中間試案第7の6では、当事者及び利害関係を疎明した第三者は、電子化された事件記録の閲覧や複写（ダウンロード）、当該事件記録に記録された内容の証明書や事件に関する事項の証明書の交付等を請求することができるものとされている。

## 7　送達等

中間試案第7の7では、労働審判手続における電磁的記録の送達について、改正民訴法の規定を準用することとされている。

## 8　その他

中間試案第7の8では、労働審判手続のIT化等に関し、その他に問題となる点につ

いて記載されている。

## 第8　人事訴訟

### 1　裁判所に対する申立て等

中間試案第8の1(1)では、人事訴訟に関する手続において裁判所に対して行う申立て等について、全ての裁判所に対し、一般的に、インターネットを用いてすることができるものとされている。

中間試案第8の1(2)では、改正民訴法を適用し、委任を受けた訴訟代理人等は、申立て等をインターネットを用いてしなければならないものとされている。

### 2　提出された書面等及び記録媒体の電子化

中間試案第8の2(1)では、改正民訴法を適用し、裁判所に提出された書面等については、裁判所書記官において、裁判所のファイルに記録して電子化するものとしつつ（ただし、記録することにつき困難な事情がある場合を除く。）、営業秘密や秘匿事項が記載された部分等のうち一定のものについては、裁判所のファイルに記録することを要しないものとされている。

中間試案第8の2(2)では、事実の調査において提出された書面等については他の者が知ることにより子の利益を害するおそれがある事項等の一定の事項で裁判所が特に必要があると認めるものについてはファイルに記録することを要しないものとする案と、そのような特段の規律を設けないものとする案が提示されている。

### 3　裁判書等及び報告書の電子化

中間試案第8の3(1)では、人事訴訟に関する手続において裁判官や裁判所書記官が作成する裁判書や調書等について、書面による作成に代えて、電磁的記録により作成するものとされている。

中間試案第8の3(2)では、家庭裁判所調査官が作成する事実の調査の結果の書面による報告について、書面による報告に代えて、電磁的記録により報告をすることができるものとされている。

### 4　期日におけるウェブ会議及び電話会議の利用

中間試案第8の4(1)では、当事者の陳述を聴く審問期日について、ウェブ会議又は電話会議を利用することができるものとする案と、ウェブ会議の利用をすることができるものし、電話会議の利用を認めないものとする案が提示されている。

中間試案第8の4(2)では、人訴法第9条第1項の規定により参与員を審理又は和解の試みに立ち会わせる場合において、ウェブ会議又は電話会議を利用して、参与員に審理

又は和解の試みに立ち会わせ、当該期日における行為を行わせることができるものとされている。

## 5 和解調書等の送達

中間試案第8の5では、人事訴訟に関する手続について、改正民訴法を適用し、和解調書等を送達しなければならないものとされている。

## 6 電子化された訴訟記録の閲覧等

中間試案第8の6(1)では、電子化された訴訟記録（事実調査に係る部分を除く。）の閲覧等に関し、改正民訴法第91条の2及び第91条の3の規定を適用するものとされている。

中間試案第8の6(2)では、電子化された訴訟記録中事実調査に係る部分について、当事者は裁判所が許可したときに限り、閲覧や複写（ダウンロード）、当該事件記録に記録された内容の証明書や事件に関する事項の証明書の交付等を請求することができるものとされ、さらに、当事者は、当該当事者が提出したものの閲覧等については裁判所の許可を得ないで請求をすることができるものとされている。

## 7 送 達

中間試案第8の7(1)及び(2)では、人事訴訟に関する手続における電磁的記録の送達及び公示送達について、改正民訴法の規定を適用することとされている。

## 8 その他

中間試案第8の8では、人事訴訟に関する手続のIT化等に関し、その他に問題となる点について記載されている。

# 第9 家事事件

## 1 裁判所に対する申立て等

中間試案第9の1(1)では、家事事件の手続において裁判所に対して行う申立て等について、全ての裁判所に対し、一般的に、インターネットを用いてすることができるものとされている。

中間試案第9の1(2)では、改正民訴法を準用し、委任を受けた手続代理人等は、申立て等をインターネットを用いてしなければならないものとされている。これに加え、家事事件の手続において裁判所から選任された者は、その関与する家事事件の手続においては申立て等をインターネットを用いてしなければならないものとする案と、そのような規律を設けないものとする案が提示されている。

## 2　提出された書面等及び記録媒体の電子化

　中間試案第9の2(1)では、家事調停事件及び別表第2に掲げる事項の家事審判事件については、裁判所に提出された書面等の電子化のルールを適用し、その余の家事事件については、ファイルに記録するかどうかは裁判所の適切な運用に委ねるものとする甲案（甲-1案。甲案には、甲-1案の他に別表第1に掲げる事項についての家事審判事件のうちの電子化のメリット等が高いと考えられる一定の事件類型にも電子化のルールを適用するとの甲-2案、別表第1に掲げる事項についての家事審判事件は、電子化のメリット等が特に高くないと認めるものを除いて、電子化のルールを適用するとの甲-3案がある。）、全ての家事事件において当事者又は利害関係を疎明した第三者の申出があったときは、電子化のルールを適用するものとする乙案、全ての家事事件について電子化のルールを適用するものとする丙案が提示されている。

　中間試案第9の2(2)では、家事事件の手続において適用される電子化のルールについて、改正民訴法と同様に、裁判所に提出された書面等については、裁判所書記官において、裁判所のファイルに記録して電子化することとしつつ（ただし、記録することにつき困難な事情がある場合を除く。）、秘匿事項の届出に係る事項についてファイルに記録することを要しないものとされている。

　さらに、家事法特有の電子化のルールについて、他の者が知ることにより子の利益を害するおそれ又は当事者若しくは第三者の私生活若しくは業務の平穏を害するおそれがある事項等の一定の事項で裁判所が特に必要があると認めるものについてはファイルに記録することを要しないものとする案と、そのような特段の規律を設けないものとする案が提示されている。

## 3　裁判書等及び報告書の電子化

　中間試案第9の3(1)では、家事事件の手続において裁判官や裁判所書記官が作成する裁判書や調書等について、書面による作成に代えて、電磁的記録により作成するものとされている。

　中間試案第9の3(2)では、家庭裁判所調査官が作成する事実の調査の結果の書面による報告について、書面による作成に代えて、電磁的記録により作成することができるものとされている。

## 4　期日におけるウェブ会議及び電話会議の利用

　中間試案第9の4(1)では、家事事件の手続の期日について、いわゆる遠隔地要件を削除し、ウェブ会議又は電話会議を利用することができるものとされている。その上で、当事者が立会権を有する審判期日における手続についても、ウェブ会議及び電話会議を利用することができるものとする案と、ウェブ会議を利用することができるものとし、

電話会議の利用を認めないものとする案が提示されている。

中間試案第9の4⑵では、家事審判の手続の期日について、ウェブ会議又は電話会議を利用して、参与員を立ち会わせ、当該期日における行為を行わせることができるものとされている。

中間試案第9の4⑶では、家事事件の手続の期日について、ウェブ会議又は電話会議を利用して、家庭裁判所調査官を立ち会わせ、当該期日において意見を述べさせることができるものとされている。

## 5　当事者双方が受諾書を提出する方法による調停

中間試案第9の5では、当事者双方が出頭することが困難であると認められる場合に当事者双方があらかじめ調停委員会から調停が成立すべき日時を定めて提示された調停条項案を受諾する旨の書面を提出し、その日時が経過したときは、その日時に当事者間の合意が成立したものとみなすものとされている。

## 6　調停調書の送達又は送付

中間試案第9の6では、調停調書を送達しなければならないものとする案と、送達又は送付しなければならないものとする案が提示されている。

## 7　電子化された事件記録の閲覧等

中間試案第9の7⑴では、当事者又は利害関係を疎明した第三者は、裁判所の許可を得て、電子化された事件記録の閲覧や複写（ダウンロード）、当該事件記録に記録された内容の証明書や事件に関する事項の証明書の交付等を請求することができるものとされている。

中間試案第9の7⑵では、当事者は、当該当事者が提出したものの閲覧等については裁判所の許可を得ないで請求をすることができるものとされ、電子裁判書の閲覧等及び事件に関する事項の証明書の交付等についても裁判所の許可を得ないで請求することができるもの（裁判を受ける者が当該裁判があった後に請求する場合も同様）とされている。

## 8　送達等

中間試案第9の8⑴及び⑵では、家事事件の手続における電磁的記録の送達及び公示送達について、改正民訴法の規定を準用することとされている。

## 9　その他

中間試案第9の9では、家事事件の手続のIT化等に関し、その他に問題となる点について記載されている。

## 第 10　子の返還申立事件の手続（ハーグ条約実施法）

中間試案第 10 では、子の返還申立事件の手続（ハーグ条約実施法）について、第 9 の家事事件に関する検討を踏まえ、基本的に、これと同様に IT 化するものとされている。

## 第 11　その他

中間試案第 11 では、仲裁法所定の裁判手続等他の民事・家事関係の裁判手続についても、第 1 から第 10 までの規律を踏まえて、IT 化を検討するものとされている。

# Ⅲ　中間試案に対する意見募集

中間試案は、e-Gov のホームページにおいて公表されており、令和 4 年 8 月 24 日から同年 10 月 24 日までの間、広く国民一般からの意見を募集するため、パブリックコメントの手続が実施される。

# 民事執行・民事保全・倒産及び家事事件等に関する手続
# （ＩＴ化関係）の見直しに関する中間試案

## 目次

（前注） 本試案では、特段の断りがない限り、民事訴訟法等の一部を改正する法律（令和４年法律第４８号）による改正後の民事訴訟法を指して、「民訴法」の用語を用いている。

## 第１ 民事執行
### １ 裁判所に対する申立て等
#### (1) インターネットを用いてする申立て等の可否

民事執行の手続において裁判所（執行官を除く。以下１及び２において同じ。）に対して行う申立てその他の申述（以下「申立て等」という。）については、民訴法第１３２条の１０の規定を準用し、全ての裁判所に対し、一般的に、インターネット（電子情報処理組織）を用いてすることができるものとする。

（注） 申立て等をインターネットを用いてする際の方法としては、システム上のフォーマット入力の方式を検討すべきとの考え方がある。

#### (2) インターネットを用いてする申立て等の義務付け
##### ア 委任を受けた代理人等

民事執行の手続において、民訴法第１３２条の１１の規定を準用し、民事訴訟手続においてインターネットを用いて申立て等をしなければならない委任を受けた代理人等は、裁判所に対して行う申立て等をインターネットを用いてしなければならないものとする。

##### イ 管理人等
【甲案】

強制管理の手続における管理人等の民事執行の手続において裁判所から選任された者は、当該選任を受けた民事執行の手続において裁判所に対して行う申立て等をインターネットを用いてしなければならないものとする。

【乙案】

強制管理の手続における管理人等の民事執行の手続において裁判所から選任された者について、特段の規律を設けないものとする。

（後注） 本文の考え方のほか、民事執行の手続における申立て等については、インターネットを用いて申立て等をすることが困難であると認められる者を除き、全ての者が、インターネットを用いてこれをしなければならないものとするとの考え方がある。

## 2　提出された書面等及び記録媒体の電子化

### (1)　提出された書面等及び記録媒体の電子化の対象事件等

　　（注）のいずれかの考え方を採用した上で、裁判所に提出された書面等（民訴法第１３２条の１０第１項に規定する書面等をいう。以下同じ。）及び記録媒体（電磁的記録を記録した記録媒体をいう。以下同じ。）につき、下記(2)の電子化のルールを適用し、裁判所書記官において提出された書面等及び記録媒体を裁判所の使用に係る電子計算機に備えられたファイル（以下単に「ファイル」という。）に記録しなければならないものとする。

　（注）　裁判所に提出された書面等及び記録媒体について、法律上、全ての事件につき下記(2)の電子化のルールを適用するとの考え方（A案）と、電子化を目指しつつも、民事執行の手続の特性を考慮し、裁判所の判断で電子化することが可能であることを前提とした上で、法律の定めとしては、一定の範囲で、下記(2)の電子化のルールを適用するとの考え方（B案）がある。

　　　　A案の中には、全ての事件につき、下記(2)の電子化のルールをそのまま適用するとの考え方（A－１案）のほかに、申立て等以外の書面等及び記録媒体のルールである下記(2)②の電子化をしない場合の要件につき「ファイルに記録することにつき困難な事情があるとき」に代えて、民事執行の手続の特性を考慮し、より柔軟な運用を可能とする要件を置いた上で、下記(2)の電子化のルールを適用するとの考え方がある（A－２案）。

　　　　B案の中には、①法律上、下記(2)の電子化のルールを適用する事件を一定の範囲のものとする考え方（B－１案）、②一定の基準を定めて下記(2)の電子化のルールを適用する（電子化の意義を踏まえて一定の基準を定めて法律上電子化しなければならないものとする）考え方（B－２案）、③当事者を含む利害関係を有する者の申出があった場合に下記(2)の電子化のルールを適用する（当事者を含む利害関係を有する者の申出があった場合に電子化しなければならないものとする）考え方（B－３案）がある。

### (2)　提出された書面等及び記録媒体の電子化のルール

　　民訴法第１３２条の１２及び第１３２条の１３と同様に、裁判所に提出された書面等及び記録媒体の電子化のルールとして、次のような規律を設けるものとする。

　①　申立て等が書面等により行われたときは、裁判所書記官は、当該書面等に記載された事項をファイルに記録しなければならない。ただし、当該事項をファイルに記録することにつき困難な事情があるときは、この限りで

ない。

②　裁判所書記官は、①の申立て等に係る書面等のほか、民事執行の手続において裁判所に提出された書面等又は記録媒体に記載され、又は記録されている事項をファイルに記録しなければならない。ただし、当該事項をファイルに記録することにつき困難な事情があるときは、この限りでない。

③　裁判所に提出された書面等又は記録媒体に記載され、又は記録されている事項のうち、次のものについては、①及び②の規律にかかわらず、ファイルに記録することを要しない。

　　i　第三者の閲覧等の制限の申立てがあった営業秘密（不正競争防止法第２条第６項に規定する営業秘密をいう。以下同じ。）のうち特に必要があるもの

　　ii　秘匿決定の申立てがあった場合における秘匿事項の届出（民訴法第１３３条第２項の規定による届出をいう。以下同じ。）に係る事項

　　iii　当事者の閲覧等の制限の申立て又は当事者の閲覧等の制限の決定があった閲覧等の制限がされるべき事項のうち必要があるもの

(注)　民訴法第９２条第９項及び第１０項、第１３３条の２第５項及び第６項並びに第１３３条の３第２項と同様に、インターネットを用いた提出によりファイルに記録された電子化された事件記録のうち、①第三者の閲覧等の制限の申立てがあった営業秘密のうち特に必要がある部分又は②当事者の閲覧等の制限の申立て若しくは当事者の閲覧等の制限の決定があった閲覧等の制限がされるべき事項が記録された部分は、その内容を書面に出力し、又はこれを他の記録媒体に記録するとともに、当該部分を電子化された事件記録から消去する措置その他の当該部分の安全管理のために必要かつ適切なものとして最高裁判所規則で定める措置を講ずることができるものとする。

## 3　裁判書及び調書等の電子化

　　裁判官が作成する裁判書並びに裁判所書記官が作成する調書及び配当表等について、書面による作成に代えて、最高裁判所規則で定めるところにより、電磁的記録により作成するものとする。

## 4　期日におけるウェブ会議及び電話会議の利用

### (1)　口頭弁論の期日

　　口頭弁論の期日について、民訴法第８７条の２第１項及び第３項の規定を準用し、裁判所は、相当と認めるときは、当事者の意見を聴いて、最高裁判所規則で定めるところにより、映像と音声の送受信により相手の状態を相互に認識しながら通話をすることができる方法（以下「ウェブ会議」という。）

を当事者に利用させることができるものとする。

## (2) 審尋の期日

① 審尋の期日について、民訴法第87条の2第2項及び第3項の規定を準用し、裁判所は、相当と認めるときは、当事者の意見を聴いて、最高裁判所規則で定めるところにより、ウェブ会議及び音声の送受信により同時に通話をすることができる方法（以下「電話会議」という。）を当事者に利用させることができるものとする。

② 参考人等の審尋について、民訴法第187条第3項及び第4項の規定を準用し、裁判所は、相当と認めるときは、最高裁判所規則で定めるところにより、ウェブ会議により参考人又は当事者を審尋することができるものとするとともに、当事者双方に異議がないときは、電話会議により参考人又は当事者を審尋することができるものとする。

## (3) 売却決定期日及び配当期日

（前注）　ここでは、売却決定期日及び配当期日があることを前提としているが、後記5のとおり、売却決定期日及び配当期日を廃止するとの考え方もある。

【甲案】

① 裁判所は、相当と認めるときは、最高裁判所規則で定めるところにより、ウェブ会議及び電話会議によって、売却決定期日及び配当期日における手続を行うことができるものとする。

② ①の期日に出頭しないでその手続に関与した者は、その期日に出頭したものとみなすものとする。

【乙案】

① 裁判所は、相当と認めるときは、最高裁判所規則で定めるところにより、ウェブ会議によって、売却決定期日及び配当期日における手続を行うことができるものとし、電話会議の利用は認めないものとする。

② 甲案②と同じ。

（注）　ウェブ会議（又は電話会議）により手続を行うことを決定するに当たり、関係人の意見を聴くことを要件とすべきであるとする考え方がある。

## (4) 財産開示期日

### ア　申立人のウェブ会議・電話会議による参加

【甲案】

① 裁判所は、相当と認めるときは、最高裁判所規則で定めるところに

より、財産開示期日においては、ウェブ会議及び電話会議によって、申立人を財産開示期日の手続に関与させることができるものとする。

② ①の期日に出頭しないでその手続に関与した申立人は、その期日に出頭したものとみなすものとする。

【乙案】

① 裁判所は、相当と認めるときは、最高裁判所規則で定めるところにより、財産開示期日においては、ウェブ会議によって、申立人を財産開示期日の手続に関与させることができるものとし、電話会議の利用は認めないものとする。

② 甲案②と同じ。

(注) 申立人のウェブ会議（又は電話会議）による手続参加を認めるに当たり、関係人（申立人及び債務者（開示義務者）の双方又は申立人のみ）の意見を聴くことを要件とすべきであるとする考え方がある。

イ 債務者（開示義務者）のウェブ会議による陳述

財産開示期日においては、ウェブ会議を利用して、債務者（開示義務者）が財産について陳述をすることができるものとすることとし、その具体的な規律の内容を以下のとおりとする。

① 裁判所は、財産開示期日において、次に掲げる場合であって、相当と認めるときは、最高裁判所規則で定めるところにより、ウェブ会議によって、債務者から陳述を聴取することができる。

a 債務者の住所、年齢又は心身の状態その他の事情により、債務者が執行裁判所に出頭することが困難であると認める場合

b 事案の性質、債務者の年齢又は心身の状態、債務者と申立人本人又はその法定代理人との関係その他の事情により、債務者が執行裁判所及び申立人が在席する場所において陳述するときは圧迫を受け精神の平穏を著しく害されるおそれがあると認める場合

c 申立人に異議がない場合

② ①の規律により債務者が陳述をした場合には、財産開示期日に出頭し、当該期日において陳述をしたものとみなす。

(注) 本文とは別に、本文イ①bの事由がある場合に、ウェブ会議の利用を認めることを否定する考え方がある。

(後注) 入札期日や開札期日、競り売り期日といった民執規則上の期日についても、ウェブ会議や電話会議による手続を認めるとの考え方がある。

5　売却及び配当
　(1)　売却決定期日を経ない売却
　　　売却決定期日において売却の許可又は不許可の決定を行う仕組みとは別に、売却の許可又は不許可に関する意見を陳述するための一定の期間を設定することにより、売却決定期日を経ることなく売却をする仕組みを設けることとし、その具体的な内容を以下のとおりとする。
　　①　裁判所書記官は、売却を実施させる旨の処分と同時に、売却決定期日を指定し、又は、売却の許可若しくは不許可に関する意見を陳述すべき期間（以下「意見陳述期間」という。）及び売却の許可若しくは不許可の決定をする日（以下「売却決定の日」という。）を指定する。
　　②　①において売却決定期日を指定した場合には、当該期日において売却の許可又は不許可の決定をする。
　　③　①において意見陳述期間及び売却決定の日を指定した場合には、当該売却決定の日に売却の許可又は不許可の決定をするが、当該決定に対する執行抗告期間は、民執法第１０条第２項の規定にかかわらず、当該売却決定の日から起算する。
　（注）　①で指定した意見陳述期間や売却決定の日については、現行の民執規則において公告及び差押債権者等への通知をすべきものとされている売却決定期日の日時・場所等（同規則第３６条、第３７条）と同様に、公告及び通知をすべきものとする。

　(2)　配当期日を経ない配当
　　　配当期日を経て配当を実施する仕組みとは別に、配当異議の申出をするための一定の期間を設定することにより、配当期日を経ることなく配当を実施する仕組みを設けることとし、その具体的な内容を以下のとおりとする。
　　①　裁判所は、配当期日の指定に代えて、配当異議の申出をすべき期間（以下「異議申出期間」という。）を指定することができる。
　　②　民執法第８５条第１項の規定による配当の順位・額等の決定及び配当表の作成は、配当期日を指定した場合には、当該配当期日において行うが、異議申出期間を指定した場合には、当該期間に先立ち、期日外において行う。
　　③　①において異議申出期間を指定した場合には、当該指定に係る裁判書及び②において作成した配当表を民執法第８５条第１項に規定する債権者及び債務者に送達又は送付しなければならない。
　　④　配当異議の申出は、配当期日を指定した場合には、当該配当期日におい

て、①において異議申出期間を指定した場合には、当該期間内に、これを行わなければならない。

（後注）　本文(1)及び(2)に掲げた考え方とは別に、売却決定期日及び配当期日を指定する仕組みを廃止し、期日を経ることなく売却又は配当を行う仕組みのみとする考え方がある。

## 6　電子化された事件記録の閲覧等

電子化された事件記録についても請求の主体に係る民執法第17条の規律を基本的に維持し、利害関係を有する者は、電子化された事件記録について、最高裁判所規則で定めるところにより、閲覧、複写（ダウンロード）、事件記録に記録されている事項の内容を証明した文書若しくは電磁的記録の交付若しくは提供又は事件に関する事項を証明した文書若しくは電磁的記録の交付若しくは提供（以下この6において「閲覧等」という。）の請求をすることができるものとする。

（注1）　電子化された事件記録の閲覧等の具体的な方法について、次のような規律を設けるものとする。

① 利害関係を有する者は、裁判所設置端末及び裁判所外端末を用いた閲覧等を請求することができる。

② 当事者（申立債権者及び債務者）は、いつでも事件の係属中に裁判所外端末を用いた閲覧又は複写をすることができる。

（注2）　一定の債権者（例えば、配当要求をした債権者）も、（注1）②の当事者と同様に、いつでも事件の係属中に裁判所外端末を用いた閲覧又は複写をすることができるものとするとの考え方がある。

## 7　送達等

### (1) 電磁的記録の送達

民事執行の手続における電磁的記録の送達について、民訴法第109条から第109条の4までの規定を準用するものとする。

（注）　本文の考え方を基礎とした上で、申立債権者や送達を受ける第三債務者の利益等に配慮しつつ、電子情報処理組織による送達の活用の在り方について検討すべきとの考え方がある。

### (2) 公示送達

民事執行の手続における公示送達について、民訴法第111条の規定を準

用するものとする。

（後注）　民事執行の手続における公告の方法を見直し、裁判所の掲示場に掲示し、又は裁
　　　　判所設置端末を使用して閲覧することができるようにすることに加えて、公告事項又
　　　　はその要旨を裁判所のウェブサイトで公示する方法を導入するとの考え方がある。

## 8　債務名義の正本の提出・執行文の付与

### (1)　債務名義の正本提出に関する規律の見直し

債務名義が裁判所において電磁的記録により作成されたものである場合には、強制執行は、当該債務名義に係る電磁的記録自体に基づいて実施することとし、債務名義を証明する文書の提出は不要とするものとする。

（注）　本文に掲げるもののほか、民事執行の手続において裁判の正本を提出することとされている場合において、当該裁判に係る裁判書が電磁的記録により作成されたとき（強制執行を停止させる裁判が電磁的記録により作成された場合等）についても、本文の規律と同様に、当該裁判を証明する文書の提出を不要とするものとする。

### (2)　執行文に関する規律の見直し

#### ア　単純執行文

【甲案】

現行法上、強制執行の実施に当たり単純執行文の付与が必要となるケースでも、債務名義が裁判所において電磁的記録により作成されたものである場合には、単純執行文の付与を不要とするものとする。

【乙案】

債務名義が裁判所において電磁的記録により作成されたものである場合においても、現行法と同様に、単純執行文の付与を必要とするものとする。

（注）　甲案をとる場合には、債務名義が裁判所において書面により作成されたものである場合にも、単純執行文の付与を不要とする考え方もある。

#### イ　特殊執行文

現行法上、強制執行の実施に当たり特殊執行文が必要となるケースについては、債務名義が裁判所において電磁的記録により作成されたものである場合においても、現行法と同様に、特殊執行文の付与を必要とするものとする。

9　執行官と民事執行の手続のＩＴ化
　　執行官が執行機関となる場合における民事執行の手続について、執行裁判所が執行機関となる場合におけるのと同様にＩＴ化するものとする。
（注）　いずれの民事執行の手続においても、執行官に対する申立て等については、執行裁判所に対する申立て等に関する規律（前記１及び２）と同様とするものとする。

１０　その他
（注１）　システムを使った電磁的記録に記録された情報の内容に係る証拠調べの申出や、書面の提出に代えて電磁的記録をファイルに記録する方法による陳述、ウェブ会議による裁判所外の尋問など、ＩＴを活用した証拠調べ手続について、民事訴訟手続と同様の規律を設けるものとする。
（注２）　費用額確定処分の申立ての期限について、民事訴訟手続と同様の規律を設けるものとする。
（注３）　民執法第９１条第１項に基づき配当留保供託がされた場合において、長期間にわたり供託事由を解消するための手続がとられないままとなっている事案を解消するための方策（例えば、供託から一定期間が経過した際には裁判所から債権者に対して状況を届け出るよう催告することとし、届出がないときは供託を終了して他の債権者に配当等を実施する制度の導入等）について検討すべきとの考え方がある。
（注４）　民訴法の改正を踏まえて裁判官の権限のうち定型的な判断事項等を裁判所書記官の権限とする見直しなど実務上必要な見直しがないのか検討すべきとの考え方がある。

第２　民事保全
1　裁判所に対する申立て等
　（1）インターネットを用いてする申立て等の可否
　　　　民事保全の手続において裁判所に対して行う申立て等については、民訴法第１３２条の１０の規定を準用し、全ての裁判所に対し、一般的に、インターネット（電子情報処理組織）を用いてすることができるものとする。

　（2）インターネットを用いてする申立て等の義務付け
　　　　民事保全の手続において、民訴法第１３２条の１１の規定を準用し、民事訴訟手続においてインターネットを用いて申立て等をしなければならない委任を受けた代理人等は、裁判所に対して行う申立て等をインターネットを用いてしなければならないものとする。

2　提出された書面等及び記録媒体の電子化

(1) 提出された書面等及び記録媒体の電子化の対象事件等

　　(注)のいずれかの考え方を採用した上で、裁判所に提出された書面等及び記録媒体につき、下記(2)の電子化のルールを適用し、裁判所書記官において提出された書面等及び記録媒体をファイルに記録しなければならないものとする。

　(注)　裁判所に提出された書面等及び記録媒体について、法律上、全ての事件につき下記(2)の電子化のルールを適用するとの考え方（A案）と、電子化を目指しつつも、民事保全の手続の特性を考慮し、裁判所の判断で電子化することが可能であることを前提とした上で、法律の定めとしては、一定の範囲で、下記(2)の電子化のルールを適用するとの考え方（B案）がある。

　　　A案の中には、全ての事件につき、下記(2)の電子化のルールをそのまま適用するとの考え方（A－1案）のほかに、申立て等以外の書面等及び記録媒体のルールである下記(2)②の電子化をしない場合の要件につき「ファイルに記録することにつき困難な事情があるとき」に代えて、民事保全の手続の特性を考慮し、より柔軟な運用を可能とする要件を置いた上で、下記(2)の電子化のルールを適用するとの考え方がある（A－2案）。

　　　B案の中には、①法律上、下記(2)の電子化のルールを適用する事件を一定の範囲のものとする考え方（B－1案）、②一定の基準を定めて下記(2)の電子化のルールを適用する（電子化の意義を踏まえて一定の基準を定めて法律上電子化しなければならないものとする）考え方（B－2案）、③当事者を含む利害関係を有する者の申出があった場合に下記(2)の電子化のルールを適用する（当事者を含む利害関係を有する者の申出があった場合に電子化しなければならないものとする）考え方（B－3案）がある。

(2) 提出された書面等及び記録媒体の電子化のルール

　　民訴法第132条の12及び第132条の13と同様に、裁判所に提出された書面等及び記録媒体の電子化のルールとして、次のような規律を設けるものとする。

　①　申立て等が書面等により行われたときは、裁判所書記官は、当該書面等に記載された事項をファイルに記録しなければならない。ただし、当該事項をファイルに記録することにつき困難な事情があるときは、この限りでない。

　②　裁判所書記官は、①の申立て等に係る書面等のほか、民事保全の手続において裁判所に提出された書面等又は記録媒体に記載され、又は記録されている事項をファイルに記録しなければならない。ただし、当該事項をフ

ァイルに記録することにつき困難な事情があるときは、この限りでない。
　③　裁判所に提出された書面等又は記録媒体に記載され、又は記録されている事項のうち、次のものについては、①及び②の規律にかかわらず、ファイルに記録することを要しない。
　　ⅰ　第三者の閲覧等の制限の申立てがあった営業秘密のうち特に必要があるもの
　　ⅱ　秘匿決定の申立てがあった場合における秘匿事項の届出に係る事項
　　ⅲ　当事者の閲覧等の制限の申立て又は当事者の閲覧等の制限の決定があった閲覧等の制限がされるべき事項のうち必要があるもの
（注）　民訴法第９２条第９項及び第１０項、第１３３条の２第５項及び第６項並びに第１３３条の３第２項と同様に、インターネットを用いた提出によりファイルに記録された電子化された事件記録のうち、①第三者の閲覧等の制限の申立てがあった営業秘密のうち特に必要がある部分又は②当事者の閲覧等の制限の申立て若しくは当事者の閲覧等の制限の決定があった閲覧等の制限がされるべき事項が記録された部分は、その内容を書面に出力し、又はこれを他の記録媒体に記録するとともに、当該部分を電子化された事件記録から消去する措置その他の当該部分の安全管理のために必要かつ適切なものとして最高裁判所規則で定める措置を講ずることができるものとする。

## ３　裁判書及び調書等の電子化

　　裁判官が作成する裁判書及び裁判所書記官が作成する調書等について、書面による作成に代えて、最高裁判所規則で定めるところにより、電磁的記録により作成するものとする。

## ４　期日におけるウェブ会議及び電話会議の利用

### (1)　口頭弁論の期日

　　　口頭弁論の期日について、民訴法第８７条の２第１項及び第３項の規定を準用し、裁判所は、相当と認めるときは、当事者の意見を聴いて、最高裁判所規則で定めるところにより、ウェブ会議を当事者に利用させることができるものとする。

### (2)　審尋の期日

　①　審尋の期日について、民訴法第８７条の２第２項及び第３項の規定を準用し、裁判所は、相当と認めるときは、当事者の意見を聴いて、最高裁判所規則で定めるところにより、ウェブ会議及び電話会議を当事者に利用させることができるものとする。

②　参考人等の審尋について、民訴法第１８７条第３項及び第４項の規定を準用し、裁判所は、相当と認めるときは、最高裁判所規則で定めるところにより、ウェブ会議により参考人又は当事者を審尋することができるものとするとともに、当事者双方に異議がないときは、電話会議により参考人又は当事者を審尋することができるものとする。

(3) 仮の地位を定める仮処分命令における債務者が立ち会うことができる審尋の期日

【甲案】

裁判所は、相当と認めるときは、債務者の意見を聴いて、最高裁判所規則で定めるところにより、ウェブ会議によって、民保法第２３条第４項所定の仮の地位を定める仮処分命令における債務者が立ち会うことができる審尋の期日における手続を行うことができるものとし、電話会議の利用は認めないものとする。

【乙案】

甲案に記載している特段の規律は設けないものとする。

(4) 保全異議、保全取消し及び保全抗告の審尋期日

【甲案】

裁判所は、相当と認めるときは、当事者の意見を聴いて、最高裁判所規則で定めるところにより、ウェブ会議によって、保全異議、保全取消し及び保全抗告の審尋期日における手続を行うことができるものとし、電話会議の利用は認めないものとする。

【乙案】

甲案に記載している特段の規律は設けないものとする。

5　電子化された事件記録の閲覧等

電子化された事件記録についても請求の主体及び債権者以外の者の請求の時期に係る民保法第５条の規律を基本的に維持し、次のような規律を設けるものとする。

利害関係を有する者は、電子化された事件記録について、最高裁判所規則で定めるところにより、閲覧、複写（ダウンロード）、事件記録に記録されている事項の内容を証明した文書若しくは電磁的記録の交付若しくは提供又は事件に関する事項を証明した文書若しくは電磁的記録の交付若しくは提供（以下この５において「閲覧等」という。）の請求をすることができる。ただし、債権

者以外の者にあっては、保全命令の申立てに関し口頭弁論若しくは債務者を呼び出す審尋の期日の指定があり、又は債務者に対する保全命令の送達があるまでの間は、この限りでない。

（注）　電子化された事件記録の閲覧等の具体的な方法について、次のような規律を設けるものとする。

　　①　利害関係を有する者は、裁判所設置端末及び裁判所外端末を用いた閲覧等を請求することができる。

　　②　当事者（申立債権者及び債務者）は、いつでも事件の係属中に裁判所外端末を用いた閲覧又は複写をすることができる。

6　送達

（1）電磁的記録の送達

　　民事保全の手続における電磁的記録の送達について、民訴法第１０９条から第１０９条の４までの規定を準用するものとする。

（2）公示送達

　　民事保全の手続における公示送達について、民訴法第１１１条の規定を準用するものとする。

7　その他

（注1）　システムを使った電磁的記録に記録された情報の内容に係る証拠調べの申出や、書面の提出に代えて電磁的記録をファイルに記録する方法による陳述、ウェブ会議による裁判所外の尋問など、ＩＴを活用した証拠調べ手続について、民事訴訟手続と同様の規律を設けるものとする。

（注2）　費用額確定処分の申立ての期限について、民事訴訟手続と同様の規律を設けるものとする。

（注3）　保全執行に関する手続については民事執行の手続と同様にＩＴ化するものとする。

（注4）　本案の訴えの提起又はその係属を証する書面（民保法第３７条第１項）については、保全命令を発した裁判所において本案の訴えの提起又はその係属を裁判所のシステムを通じて確認することとして、起訴命令を発せられた債権者による提出を不要とするものとする。

（注5）　和解を記載した調書は、当事者に送達しなければならないものとする（現行において実費精算する取扱いがなされている郵便費用を、申立ての手数料に組み込み一本化することと併せて実現するものとする。）。

（注6）　民訴法の改正を踏まえて裁判官の権限のうち定型的な判断事項等を裁判所書記官の

権限とする見直しなど実務上必要な見直しがないのか検討すべきとの考え方がある。

### 第3　破産手続
#### 1　裁判所に対する申立て等
##### （1）インターネットを用いてする申立て等の可否

　　破産手続等（破産法第2条第1項に規定する破産手続及び破産法第12章に規定する免責・復権に係る手続をいう。以下同じ。）において裁判所に対して行う申立て等については、民訴法第132条の10の規定を準用し、全ての裁判所に対し、一般的に、インターネット（電子情報処理組織）を用いてすることができるものとする。

（注）　申立て等をインターネットを用いてする際の方法としては、システム上のフォーマット入力の方式を検討すべきとの考え方がある。

##### （2）インターネットを用いてする申立て等の義務付け
###### ア　委任を受けた代理人等

　　破産手続等において、民訴法第132条の11の規定を準用し、民事訴訟手続においてインターネットを用いて申立て等をしなければならない委任を受けた代理人等は、裁判所に対して行う申立て等をインターネットを用いてしなければならないものとする。

###### イ　破産管財人等

　　破産管財人等（破産管財人及び保全管理人をいう。以下同じ。）は、当該選任を受けた破産手続等において裁判所に対して行う申立て等をインターネットを用いてしなければならないものとする。

（後注）　本文の考え方のほか、債権届出については、破産手続において自認債権制度（民事再生法第101条第3項参照）を設けるなど破産債権者による債権届出がなくとも破産手続において破産債権があるものとして扱うことができる制度、債権届出を容易にする制度及び債権届出をサポートする制度を創設した上で、インターネットを用いて申立て等をすることが困難であると認められる者を除き、全ての者が、インターネットを用いてこれをしなければならないものとするとの考え方がある。

##### （3）破産管財人と債権届出
【甲案】

　　破産債権者が多数に上るケースにおいて、破産管財人が、裁判所の決定

を得て、次のような債権届出に関する事務を行うことができる規律を設けるものとする。

①　破産債権者は、破産管財人に対して、債権届出をすることができる。

②　破産管財人は、裁判所に対して、①の規律により受けた債権届出を届け出る。

【乙案】

　　破産管財人が破産債権者から債権届出書を受け取り、これを裁判所に提出することについては、今後の実務上の解釈及び運用に委ねることとし、特段の規律を設けないものとする。

2　提出された書面等及び記録媒体の電子化

(1)　提出された書面等及び記録媒体の電子化の対象事件等

　　（注）のいずれかの考え方を採用した上で、裁判所に提出された書面等及び記録媒体につき、下記(2)の電子化のルールを適用し、裁判所書記官において提出された書面等及び記録媒体をファイルに記録しなければならないものとする。

(注)　裁判所に提出された書面等及び記録媒体について、法律上、全ての事件につき下記(2)の電子化のルールを適用するとの考え方（A案）と、電子化を目指しつつも、破産手続等の特性を考慮し、裁判所の判断で電子化することが可能であることを前提とした上で、法律の定めとしては、一定の範囲で、下記(2)の電子化のルールを適用するとの考え方（B案）がある。

　　A案の中には、全ての事件につき、下記(2)の電子化のルールをそのまま適用するとの考え方（A－1案）のほかに、申立て等以外の書面等及び記録媒体のルールである下記(2)ア②の電子化をしない場合の要件につき「ファイルに記録することにつき困難な事情があるとき」に代えて、破産手続等の特性を考慮し、より柔軟な運用を可能とする要件を置いた上で、下記(2)の電子化のルールを適用するとの考え方がある（A－2案）。

　　B案の中には、①法律上、下記(2)の電子化のルールを適用する事件を一定の範囲のものとする考え方（B－1案）、②一定の基準を定めて下記(2)の電子化のルールを適用する（電子化の意義を踏まえて一定の基準を定めて法律上電子化しなければならないものとする）考え方（B－2案）、③当事者を含む利害関係人の申出があった場合に下記(2)の電子化のルールを適用する（当事者を含む利害関係人の申出があった場合に電子化しなければならないものとする）考え方（B－3案）がある。

(2)　提出された書面等及び記録媒体の電子化のルール

### ア　民事訴訟と同様のルール

民訴法第１３２条の１２及び第１３２条の１３と同様に、裁判所に提出された書面等及び記録媒体の電子化のルールとして、次のような規律を設けるものとする。

① 　申立て等が書面等により行われたときは、裁判所書記官は、当該書面等に記載された事項をファイルに記録しなければならない。ただし、当該事項をファイルに記録することにつき困難な事情があるときは、この限りでない。

② 　裁判所書記官は、①の申立て等に係る書面等のほか、破産手続等において裁判所に提出された書面等又は記録媒体に記載され、又は記録されている事項をファイルに記録しなければならない。ただし、当該事項をファイルに記録することにつき困難な事情があるときは、この限りでない。

③ 　裁判所に提出された書面等又は記録媒体に記載され、又は記録されている事項のうち、次のものについては、①及び②の規律にかかわらず、ファイルに記録することを要しない。

ⅰ 　第三者の閲覧等の制限の申立てがあった営業秘密のうち特に必要があるもの

ⅱ 　秘匿決定の申立てがあった場合における秘匿事項の届出に係る事項

ⅲ 　当事者の閲覧等の制限の申立て又は当事者の閲覧等の制限の決定があった閲覧等の制限がされるべき事項のうち必要があるもの

（注）民訴法第９２条第９項及び第１０項、第１３３条の２第５項及び第６項並びに第１３３条の３第２項と同様に、インターネットを用いた提出によりファイルに記録された電子化された事件記録のうち、①第三者の閲覧等の制限の申立てがあった営業秘密のうち特に必要がある部分又は②当事者の閲覧等の制限の申立て若しくは当事者の閲覧等の制限の決定があった閲覧等の制限がされるべき事項が記録された部分は、その内容を書面に出力し、又はこれを他の記録媒体に記録するとともに、当該部分を電子化された事件記録から消去する措置その他の当該部分の安全管理のために必要かつ適切なものとして最高裁判所規則で定める措置を講ずることができるものとする。

### イ　破産法特有のルール

【甲案】

書面等又は記録媒体の提出とともに、破産法第１２条第１項が規定する支障部分の閲覧等の制限の申立てがされた場合において、当該支障部

分が記載され、又は記録された部分のうち特に必要があるものについて
は、ア①及び②の規律にかかわらず、ファイルに記録することを要しな
いものとする。

【乙案】

　　甲案に記載している特段の規律は設けないものとする。

（注）　甲案を採用する場合には、インターネットを用いた提出によりファイルに記録さ
　　　れた電子化された事件記録のうち、本文の甲案に掲げる支障部分についても、裁判
　　　所が特に必要があると認めるときは、その内容を書面に出力し、又はこれを他の記
　　　録媒体に記録するとともに、当該部分を電子化された事件記録から消去する措置そ
　　　の他の当該部分の安全管理のために必要かつ適切なものとして最高裁判所規則で
　　　定める措置を講ずることができるものとする。

## 3　裁判書及び調書等の電子化

　　裁判官が作成する裁判書並びに裁判所書記官が作成する調書及び破産債権者
表等について、書面による作成に代えて、最高裁判所規則で定めるところによ
り、電磁的記録により作成するものとする。

## 4　期日におけるウェブ会議及び電話会議の利用

### (1)　口頭弁論の期日

　　　口頭弁論の期日について、民訴法第87条の2第1項及び第3項の規定を
準用し、裁判所は、相当と認めるときは、当事者の意見を聴いて、最高裁判
所規則で定めるところにより、ウェブ会議を当事者に利用させることができ
るものとする。

### (2)　審尋の期日

①　審尋の期日について、民訴法第87条の2第2項及び第3項の規定を準
　用し、裁判所は、相当と認めるときは、当事者の意見を聴いて、最高裁判
　所規則で定めるところにより、ウェブ会議及び電話会議を当事者に利用さ
　せることができるものとする。

②　参考人等の審尋について、民訴法第187条第3項及び第4項の規定を
　準用し、裁判所は、相当と認めるときは、最高裁判所規則で定めるところ
　により、ウェブ会議により参考人又は当事者を審尋することができるもの
　とするとともに、当事者双方に異議がないときは、電話会議により参考人
　又は当事者を審尋することができるものとする。

### (3) 債権調査期日

①　裁判所は、相当と認めるときは、最高裁判所規則で定めるところにより、ウェブ会議によって、破産管財人、破産者又は届出をした破産債権者を債権調査期日の手続に関与させることができるものとする。

②　①の期日に出頭しないでウェブ会議により手続に関与した者は、その期日に出頭したものとみなすものとする。

（注）　ウェブ会議を利用することを決定する際に、一定の者（例えば、破産者及び破産管財人）の意見を聴かなければならないものとするとの規律は設けないものとする。

### (4) 債権者集会の期日

①　裁判所は、相当と認めるときは、最高裁判所規則で定めるところにより、ウェブ会議によって、破産管財人、破産者又は届出をした破産債権者を債権者集会の期日の手続に関与させることができるものとする。

②　①の期日に出頭しないでウェブ会議により手続に関与した者は、その期日に出頭したものとみなすものとする。

（注）　ウェブ会議を利用することを決定する際に、一定の者（例えば、破産者、破産管財人及び破産債権者）の意見を聴かなければならないものとするとの規律は設けないものとする。

## 5　電子化された事件記録の閲覧等

電子化された事件記録についても請求の主体に係る破産法第11条の規律を基本的に維持し、次のような規律を設けるものとする。

①　利害関係人は、電子化された事件記録について、最高裁判所規則で定めるところにより、閲覧、複写（ダウンロード）、事件記録に記録されている事項の内容を証明した文書若しくは電磁的記録の交付若しくは提供又は事件に関する事項を証明した文書若しくは電磁的記録の交付若しくは提供（以下この5において「閲覧等」という。）の請求をすることができる。

②　破産法第11条第4項各号に掲げる者は、当該各号に定める命令、保全処分又は裁判のいずれかがあるまでの間は、閲覧等の請求をすることができない。ただし、当該者が破産手続開始の申立人である場合は、この限りでない。

（注1）　電子化された事件記録の閲覧等の具体的な方法について、次のような規律を設けるものとする。

①　利害関係人は、裁判所設置端末及び裁判所外端末を用いた閲覧等を請求することができる。

②　申立人、破産者（債務者）及び破産管財人等は、いつでも事件の係属中に裁判所外

端末を用いた閲覧又は複写をすることができる。

（注2）　一定の債権者（例えば、債権届出をした破産債権者）も、（注1）②の申立人等と同様に、いつでも事件の係属中に裁判所外端末を用いた閲覧又は複写をすることができるものとするとの考え方がある。

（注3）　（注1）の①及び（注2）の考え方とは別に、裁判所外端末を用いて閲覧等をすることができるのは申立人、破産者（債務者）及び破産管財人等に限るものとすべきとの考え方がある。

## 6　送達

（前注）　破産手続等では通知がされることがあるが、ここでは、送達は、通知の方法の一つであり、送達がされれば、通知がされたものと評価されることを前提としている。

### (1)　電磁的記録の送達

破産手続等における電磁的記録の送達について、民訴法第109条から第109条の4までの規定を準用するものとする。

### (2)　公示送達

破産手続等における公示送達について、民訴法第111条の規定を準用するものとする。

## 7　公告

【甲案】

破産手続等における公告において、官報への掲載に加えて、裁判所のウェブサイトに掲載する方法をとらなければならないものとする。

【乙案】

破産手続等における公告において、（官報への掲載に加えて、）裁判所のウェブサイトに掲載する方法をとらなければならないものとはしない（甲案のような特段の規律は設けない）ものとする。

（注1）　破産手続等における公告は、裁判所のウェブサイトに掲載する方法によりするものとし、官報への掲載を廃止すべきとの考え方がある。

（注2）　個人破産者については、公告の在り方を見直し、官報への掲載を廃止するなど裁判所外において破産の事実を公示しないこと（例えば、裁判所の掲示場への掲示や裁判所設置端末での閲覧のみとすること）などを検討すべきとの考え方があるが、他方で、破産手続等における公告の効果や意義を踏まえて、裁判所外において公示しないこととするなどの見直しに慎重な考え方もある。

## 8　その他

（注1）　システムを使った電磁的記録に記録された情報の内容に係る証拠調べの申出や、書面の提出に代えて電磁的記録をファイルに記録する方法による陳述、ウェブ会議による裁判所外の尋問など、ITを活用した証拠調べ手続について、民事訴訟手続と同様の規律を設けるものとする。

（注2）　費用額確定処分の申立ての期限について、民事訴訟手続と同様の規律を設けるものとする。

（注3）　民訴法の改正を踏まえて裁判官の権限のうち定型的な判断事項等を裁判所書記官の権限とする見直しなど実務上必要な見直しがないのか検討すべきとの考え方がある。

## 第4　民事再生、会社更生、特別清算及び外国倒産処理手続の承認援助の手続

　　再生手続（民事再生法）、更生手続（会社更生法）、特別清算の手続（会社法）及び承認援助手続（外国倒産処理手続の承認援助に関する法律）について、第3の破産手続等の各項目と同様の項目につき、これと同様にIT化するものとする。

## 第5　非訟事件

## 1　裁判所に対する申立て等

（1）インターネットを用いてする申立て等の可否

　　非訟事件の手続において裁判所に対して行う申立て等については、民訴法第132条の10の規定を準用し、全ての裁判所に対し、一般的に、インターネット（電子情報処理組織）を用いてすることができるものとする。

（2）インターネットを用いてする申立て等の義務付け

ア　委任を受けた手続代理人等

　　非訟事件の手続において、民訴法第132条の11の規定を準用し、民事訴訟手続においてインターネットを用いて申立て等をしなければならない委任を受けた手続代理人等は、裁判所に対して行う申立て等をインターネットを用いてしなければならないものとする。

イ　非訟事件の手続において裁判所から選任された者

【甲案】

　　非訟事件の手続において裁判所から選任された者は、その選任された者として関与する非訟事件の手続においては、裁判所に対して行う申立

て等をインターネットを用いてしなければならないものとする。
【乙案】
　　非訟事件の手続において裁判所から選任された者について、特段の規律を設けないものとする。

2　提出された書面等及び記録媒体の電子化
(1)　提出された書面等及び記録媒体の電子化の対象事件等
　　　(注)のいずれかの考え方を採用した上で、裁判所に提出された書面等及び記録媒体につき、下記(2)の電子化のルールを適用し、裁判所書記官において提出された書面等及び記録媒体をファイルに記録しなければならないものとする。
　(注)　裁判所に提出された書面等及び記録媒体について、法律上、全ての事件につき下記(2)の電子化のルールを適用するとの考え方（A案）と、電子化を目指しつつも、非訟事件の特性を考慮し、裁判所の判断で電子化することが可能であることを前提とした上で、法律の定めとしては、一定の範囲で、下記(2)の電子化のルールを適用するとの考え方（B案）がある。
　　　　A案の中には、全ての事件につき、下記(2)の電子化のルールをそのまま適用するとの考え方（A－1案）のほかに、申立て等以外の書面等及び記録媒体のルールである下記(2)ア②の電子化をしない場合の要件につき「ファイルに記録することにつき困難な事情があるとき」に代えて、非訟事件の特性を考慮し、より柔軟な運用を可能とする要件を置いた上で、下記(2)の電子化のルールを適用するとの考え方がある（A－2案）。
　　　　B案の中には、①法律上、下記(2)の電子化のルールを適用する事件を一定の範囲のものとする考え方（B－1案）、②一定の基準を定めて下記(2)の電子化のルールを適用する（電子化の意義を踏まえて一定の基準を定めて法律上電子化しなければならないものとする）考え方（B－2案）、③当事者又は利害関係を疎明した第三者の申出があった場合に下記(2)の電子化のルールを適用する（当事者又は利害関係を疎明した第三者の申出があった場合に電子化しなければならないものとする）考え方（B－3案）がある。

(2)　提出された書面等及び記録媒体の電子化のルール
　ア　民事訴訟と同様のルール
　　　民訴法第132条の12及び第132条の13と同様に、裁判所に提出された書面等及び記録媒体の電子化のルールとして、次のような規律を設けるものとする。

①　申立て等が書面等により行われたときは、裁判所書記官は、当該書面等に記載された事項をファイルに記録しなければならない。ただし、当該事項をファイルに記録することにつき困難な事情があるときは、この限りでない。

②　裁判所書記官は、①の申立て等に係る書面等のほか、非訟事件の手続において裁判所に提出された書面等又は記録媒体に記載され、又は記録されている事項をファイルに記録しなければならない。ただし、当該事項をファイルに記録することにつき困難な事情があるときは、この限りでない。

③　裁判所に提出された書面等又は記録媒体に記載され、又は記録されている事項のうち、秘匿決定の申立てがあった場合における秘匿事項の届出に係る事項については、①及び②の規律にかかわらず、ファイルに記録することを要しない。

イ　非訟法特有のルール
【甲案】
　　非訟事件の手続において裁判所に提出された書面等又は記録媒体に記載され、又は記録されている事項のうち、他の者が知ることにより当事者又は第三者に著しい損害を与えるおそれがあり、かつ、裁判所が特に必要があると認めるものについては、ファイルに記録することを要しないものとする。
【乙案】
　　甲案に記載している特段の規律は設けないものとする。

（注）甲案を採用する場合には、インターネットを用いた提出によりファイルに記録された電子化された事件記録のうち、他の者が知ることにより当事者又は第三者に著しい損害を与えるおそれがあり、かつ、裁判所が特に必要があると認めるものについては、その内容を書面に出力し、又はこれを他の記録媒体に記録するとともに、当該部分を電子化された事件記録から消去する措置その他の当該部分の安全管理のために必要かつ適切なものとして最高裁判所規則で定める措置を講ずることができるものとする。

3　裁判書及び調書等の電子化
　　裁判官が作成する裁判書及び裁判所書記官が作成する調書等について、書面による作成に代えて、最高裁判所規則で定めるところにより、電磁的記録により作成するものとする。

4 期日におけるウェブ会議又は電話会議の利用

(1) 当事者の期日参加

　（いわゆる遠隔地要件を削除し、）裁判所は、相当と認めるときは、当事者の意見を聴いて、最高裁判所規則で定めるところにより、ウェブ会議又は電話会議によって、非訟事件の手続の期日における手続（証拠調べを除く。）を行うことができるものとする。

(2) 専門委員の期日における意見聴取

　（いわゆる遠隔地要件を削除し、）裁判所は、相当と認めるときは、当事者の意見を聴いて、最高裁判所規則で定めるところにより、ウェブ会議又は電話会議によって、専門委員に非訟法第３３条第１項の意見を述べさせることができるものとする。

（注）　期日において意見等を述べることができる専門家等につき、専門委員と同様に、ウェブ会議又は電話会議によって意見を述べることができるものとする。

5 和解調書の送達又は送付

【甲案】

　和解を記載した調書は、当事者に送達しなければならないものとする。

【乙案】

　和解を記載した調書は、当事者に送達又は送付しなければならないものとする。

（注）　甲案、乙案のいずれについても、現行において実費精算する取扱いがなされている郵便費用を、申立ての手数料に組み込み一本化することと併せて実現することを提案するものである。

6 電子化された事件記録の閲覧等

(1) 原則

　電子化された事件記録についても請求の主体及び裁判所の許可に係る非訟法第３２条第１項の規律を基本的に維持し、当事者又は利害関係を疎明した第三者は、裁判所の許可を得て、電子化された事件記録について、最高裁判所規則で定めるところにより、閲覧、複写（ダウンロード）、事件記録に記録されている事項の内容を証明した文書若しくは電磁的記録の交付若しくは提供又は事件に関する事項を証明した文書若しくは電磁的記録の交付若しくは提供（以下この６において「閲覧等」という。）の請求をすることができ

るものとする。

（注１） 電子化された事件記録の閲覧等の具体的な方法について、次のような規律を設けるものとする。

① 当事者又は利害関係を疎明した第三者は、裁判所設置端末及び裁判所外端末を用いた閲覧等の請求をすることができる。

② 当事者は、いつでも事件の係属中に裁判所外端末を用いた閲覧又は複写をすることができる。

（注２） 当事者がいつでも事件の係属中に裁判所外端末を用いた閲覧又は複写をすることができる（（注１）②）ようにするための閲覧又は複写の許可の在り方として、例えば、同一の当事者が一度閲覧又は複写の許可を得た部分を再度閲覧又は複写する場合には別途の許可を不要とするとの考え方や、閲覧又は複写を許可する部分の特定に関し一定の場合には今後提出されるものも含めた範囲の指定を可能とする（事前の許可を可能とする）との考え方がある。

（注３） 裁判所の許可を得ることなく記録の閲覧等を認めている事件類型（借地非訟事件など）や資料については、これが電子化された場合には、民事訴訟と同様の方法による閲覧等を認めるものとする。

（2） 自己の提出した書面等及び裁判書等

① 当事者は、電子化された事件記録中当該当事者が提出したものに係る事項については、裁判所の許可を得ないで、裁判所書記官に対し、閲覧等の請求をすることができるものとする。

② 当事者は、電子裁判書については、裁判所の許可を得ないで、裁判所書記官に対し、閲覧等の請求をすることができるものとする。裁判を受ける者が当該裁判があった後に請求する場合も、同様とするものとする。

③ 当事者は、事件に関する事項を証明した文書又は電磁的記録については、裁判所の許可を得ないで、裁判所書記官に対し、その交付又は提供の請求をすることができるものとする。裁判を受ける者が当該裁判があった後に請求する場合も、同様とするものとする。

（注） 当事者は、電子化されていない事件記録中当該当事者が提出したものに係る事項については、裁判所の許可を得ないで、裁判所書記官に対し、閲覧等の請求をすることができるものとする。

7 送達等

（1） 電磁的記録の送達

非訟事件の手続における電磁的記録の送達について、民訴法第１０９条か

ら第１０９条の４までの規定を準用するものとする。

### （2）公示送達

　非訟事件の手続における公示送達について、民訴法第１１１条の規定を準用するものとする。

## 8　公示催告事件における公告

### （1）裁判所設置端末の利用

　公示催告事件についての公告において、現行法で認められている裁判所の掲示場への掲示に代えて、裁判所に設置された端末で閲覧することができるようにする措置をとることができるものとする。

### （2）裁判所のウェブサイト掲載

【甲案】

　公示催告事件についての公告において、裁判所の掲示場又は裁判所設置端末等への掲示、及び官報への掲載に加えて、裁判所のウェブサイトに掲載する方法をとらなければならないものとする。

【乙案】

　公示催告事件についての公告については、裁判所の掲示場又は裁判所設置端末等への掲示、及び官報への掲載によるものとし、裁判所のウェブサイトに掲載する方法をとならなければならないとの規律は設けないものとする。

## 9　その他

（注1）　システムを使った電磁的記録に記録された情報の内容に係る証拠調べの申出や、書面の提出に代えて電磁的記録をファイルに記録する方法による陳述、ウェブ会議による裁判所外の尋問など、ＩＴを活用した証拠調べ手続について、民事訴訟手続と同様の規律を設けるものとする。

（注2）　費用額確定の申立ての期限や、申立て手数料の納付がない場合の納付命令の裁判所書記官の権限について民事訴訟手続と同様の規律を設けるものとするほか、申立て手数料を納付しないことを理由とする申立書却下に対して申立て手数料を納付しないまました即時抗告は原裁判所において却下しなければならないとの規律を設けるものとする。

（注3）　民訴法の改正を踏まえて裁判官の権限のうち定型的な判断事項を裁判所書記官の権限とする見直しなど実務上必要な見直しがないのか検討すべきとの考え方がある。

## 第6　民事調停

### 1　裁判所に対する申立て等

#### (1) インターネットを用いてする申立て等の可否

　　民事調停の手続において裁判所に対して行う申立て等については、（非訟法を準用することにより）民訴法第132条の10の規定を準用し、全ての裁判所に対し、一般的に、インターネット（電子情報処理組織）を用いてすることができるものとする。

#### (2) インターネットを用いてする申立て等の義務付け

　　民事調停の手続において、（非訟法を準用することにより）民訴法第132条の11の規定を準用し、民事訴訟手続においてインターネットを用いて申立て等をしなければならない委任を受けた代理人等は、裁判所に対して行う申立て等をインターネットを用いてしなければならないものとする。

### 2　提出された書面等及び記録媒体の電子化

#### (1) 提出された書面等及び記録媒体の電子化の対象事件等

　　裁判所に提出された書面等及び記録媒体につき、下記(2)の電子化のルールを適用し、裁判所書記官において提出された書面等及び記録媒体をファイルに記録しなければならないものとする。

#### (2) 提出された書面等及び記録媒体の電子化のルール

　　民訴法第132条の12及び第132条の13と同様に、裁判所に提出された書面等及び記録媒体の電子化のルールとして、次のような規律を設けるものとする。

　①　申立て等が書面等により行われたときは、裁判所書記官は、当該書面等に記載された事項をファイルに記録しなければならない。ただし、当該事項をファイルに記録することにつき困難な事情があるときは、この限りでない。

　②　裁判所書記官は、①の申立て等に係る書面等のほか、民事調停の手続において裁判所に提出された書面等又は記録媒体に記載され、又は記録されている事項をファイルに記録しなければならない。ただし、当該事項をファイルに記録することにつき困難な事情があるときは、この限りでない。

　③　裁判所に提出された書面等又は記録媒体に記載され、又は記録されている事項のうち、次のものについては、①及び②の規律にかかわらず、ファ

イルに記録することを要しない。

　ⅰ　第三者の閲覧等の制限の申立てがあった営業秘密のうち特に必要があるもの

　ⅱ　秘匿決定の申立てがあった場合における秘匿事項の届出に係る事項

　ⅲ　当事者の閲覧等の制限の申立て又は当事者の閲覧等の制限の決定があった閲覧等の制限がされるべき事項のうち必要があるもの

（注）　民訴法第92条第9項及び第10項、第133条の2第5項及び第6項並びに第133条の3第2項と同様に、インターネットを用いた提出によりファイルに記録された電子化された事件記録のうち、①第三者の閲覧等の制限の申立てがあった営業秘密のうち特に必要がある部分又は②当事者の閲覧等の制限の申立て若しくは当事者の閲覧等の制限の決定があった閲覧等の制限がされるべき事項が記録された部分は、その内容を書面に出力し、又はこれを他の記録媒体に記録するとともに、当該部分を電子化された事件記録から消去する措置その他の当該部分の安全管理のために必要かつ適切なものとして最高裁判所規則で定める措置を講ずることができるものとする。

3　裁判書及び調書等の電子化

　裁判官が作成する裁判書及び裁判所書記官が作成する調書等について、書面による作成に代えて、最高裁判所規則で定めるところにより、電磁的記録により作成するものとする。

4　期日におけるウェブ会議又は電話会議の利用

　（いわゆる遠隔地要件を削除し、）裁判所は、相当と認めるときは、当事者の意見を聴いて、最高裁判所規則で定めるところにより、ウェブ会議又は電話会議によって、民事調停の手続の期日における手続（証拠調べを除く。）を行うことができるものとする。

5　調停調書の送達又は送付

【甲案】

　調停における合意を記載した調書は、当事者に送達しなければならないものとする。

【乙案】

　調停における合意を記載した調書は、当事者に送達又は送付しなければならないものとする。

（注）　甲案、乙案のいずれについても、現行において実費精算する取扱いがなされている郵便費用を、申立ての手数料に組み込み一本化することと併せて実現することを提案する

ものである。

### 6　事件記録の閲覧等
#### (1)　電子化された事件記録の閲覧等
　　電子化された事件記録についても請求の主体に係る民調法第１２条の６第１項の規律を基本的に維持し、当事者又は利害関係を疎明した第三者は、電子化された事件記録について、最高裁判所規則で定めるところにより、閲覧、複写（ダウンロード）、事件記録に記録されている事項の内容を証明した文書若しくは電磁的記録の交付若しくは提供又は事件に関する事項を証明した文書若しくは電磁的記録の交付若しくは提供（以下この(1)において「閲覧等」という。）の請求をすることができるものとする。
　（注）　電子化された事件記録の閲覧等の具体的な方法について、次のような規律を設けるものとする。
　　　①　当事者及び利害関係を疎明した第三者は、裁判所設置端末及び裁判所外端末を用いた閲覧等を請求することができる。
　　　②　当事者は、いつでも事件の係属中に裁判所外端末を用いた閲覧又は複写をすることができる。

#### (2)　秘密保護のための閲覧等の制限
　　民事調停の手続における電子化された事件記録及び電子化されていない事件記録について、民訴法第９２条第１項から第８項までの規定を準用するものとする。

### 7　送達等
#### (1)　電磁的記録の送達
　　民事調停の手続における電磁的記録の送達について、（非訟法を準用することにより）民訴法第１０９条から第１０９条の４までの規定を準用するものとする。

#### (2)　公示送達
　　民事調停の手続における公示送達について、（非訟法を準用することにより）民訴法第１１１条の規定を準用するものとする。

### 8　その他
（注１）　システムを使った電磁的記録に記録された情報の内容に係る証拠調べの申出や、書

面の提出に代えて電磁的記録をファイルに記録する方法による陳述、ウェブ会議による裁判所外の尋問など、ＩＴを活用した証拠調べ手続について、民事訴訟手続と同様の規律を設けるものとする。

（注２）　費用額確定の申立ての期限や、申立て手数料の納付がない場合の納付命令の裁判所書記官の権限について民事訴訟手続と同様の規律を設けるものとするほか、申立て手数料を納付しないことを理由とする申立書却下に対して申立て手数料を納付しないままにした即時抗告は原裁判所において却下しなければならないとの規律を設けるものとする。

（注３）　特定調停における手続については、民事調停の手続のＩＴ化及び破産手続のＩＴ化を踏まえて、ＩＴ化をするものとする。

（注４）　民訴法の改正を踏まえて裁判官の権限のうち定型的な判断事項を裁判所書記官の権限とする見直しなど実務上必要な見直しがないのか検討すべきとの考え方がある。


第７　労働審判
　１　裁判所に対する申立て等
　（1）インターネットを用いてする申立て等の可否
　　　労働審判手続において裁判所に対して行う申立て等については、（非訟法を準用することにより）民訴法第１３２条の１０の規定を準用し、全ての裁判所に対し、一般的に、インターネット（電子情報処理組織）を用いてすることができるものとする。

　（2）インターネットを用いてする申立て等の義務付け
　　　労働審判手続において、（非訟法を準用することにより）民訴法第１３２条の１１の規定を準用し、民事訴訟手続においてインターネットを用いて申立て等をしなければならない委任を受けた代理人等は、裁判所に対して行う申立て等をインターネットを用いてしなければならないものとする。


　２　提出された書面等及び記録媒体の電子化
　（1）提出された書面等及び記録媒体の電子化の対象事件等
　　　裁判所に提出された書面等及び記録媒体につき、下記(2)の電子化のルールを適用し、裁判所書記官において提出された書面等及び記録媒体をファイルに記録しなければならないものとする。

　（2）提出された書面等及び記録媒体の電子化のルール
　　　民訴法第１３２条の１２及び第１３２条の１３と同様に、裁判所に提出さ

れた書面等及び記録媒体の電子化のルールとして、次のような規律を設けるものとする。

① 申立て等が書面等により行われたときは、裁判所書記官は、当該書面等に記載された事項をファイルに記録しなければならない。ただし、当該事項をファイルに記録することにつき困難な事情があるときは、この限りでない。

② 裁判所書記官は、①の申立て等に係る書面等のほか、労働審判手続において裁判所に提出された書面等又は記録媒体に記載され、又は記録されている事項をファイルに記録しなければならない。ただし、当該事項をファイルに記録することにつき困難な事情があるときは、この限りでない。

③ 裁判所に提出された書面等又は記録媒体に記載され、又は記録されている事項のうち、次のものについては、①及び②の規律にかかわらず、ファイルに記録することを要しない。

　ⅰ 第三者の閲覧等の制限の申立てがあった営業秘密のうち特に必要があるもの

　ⅱ 秘匿決定の申立てがあった場合における秘匿事項の届出に係る事項

　ⅲ 当事者の閲覧等の制限の申立て又は当事者の閲覧等の制限の決定があった閲覧等の制限がされるべき事項のうち必要があるもの

（注）民訴法第92条第9項及び第10項、第133条の2第5項及び第6項並びに第133条の3第2項と同様に、インターネットを用いた提出によりファイルに記録された電子化された事件記録のうち、①第三者の閲覧等の制限の申立てがあった営業秘密のうち特に必要がある部分又は②当事者の閲覧等の制限の申立て若しくは当事者の閲覧等の制限の決定があった閲覧等の制限がされるべき事項が記録された部分は、その内容を書面に出力し、又はこれを他の記録媒体に記録するとともに、当該部分を電子化された事件記録から消去する措置その他の当該部分の安全管理のために必要かつ適切なものとして最高裁判所規則で定める措置を講ずることができるものとする。

## 3　裁判書及び調書等の電子化

　労働審判委員会が作成する審判書、裁判官が作成する裁判書及び裁判所書記官が作成する調書等について、書面による作成に代えて、最高裁判所規則で定めるところにより、電磁的記録により作成するものとする。

## 4　期日におけるウェブ会議又は電話会議の利用

　（いわゆる遠隔地要件を削除し、）裁判所は、相当と認めるときは、当事者の意見を聴いて、最高裁判所規則で定めるところにより、ウェブ会議又は電話

会議によって、労働審判手続の期日における手続（証拠調べを除く。）を行うことができるものとする。

（注）　労働審判手続の証拠調べにおけるウェブ会議又は電話会議の利用については、後記8で取り上げている証拠調べの規律が優先的に適用されることを前提としている（民事訴訟手続と同様の規律とする場合には、証人尋問はウェブ会議を利用することができるが電話会議を利用することはできず、証拠調べとしての参考人等の審尋（民訴法第187条第3項及び第4項参照）は原則としてウェブ会議を利用することができるが、当事者に異議がないときは電話会議を利用することができることとなる。）。

5　調停調書等の送達又は送付
　(1)　調停における合意を記載した調書
　　【甲案】
　　　　調停における合意を記載した調書は、当事者に送達しなければならないものとする。
　　【乙案】
　　　　調停における合意を記載した調書は、当事者に送達又は送付しなければならないものとする。
　　（注）　甲案、乙案のいずれについても、現行において実費精算する取扱いがなされている郵便費用を、申立ての手数料に組み込み一本化することと併せて実現することを提案するものである。

　(2)　審判書に代わる調書
　　【甲案】
　　　　審判書に代わる調書は、当事者に送達しなければならないものとする。
　　【乙案】
　　　　審判書に代わる調書は、当事者に送達又は送付しなければならないものとする。
　　（注）　甲案、乙案のいずれについても、現行において実費精算する取扱いがなされている郵便費用を、申立ての手数料に組み込み一本化することと併せて実現することを提案するものである。

6　電子化された事件記録の閲覧等
　　電子化された事件記録についても請求の主体に係る労審法第26条第1項の規律を基本的に維持し、当事者及び利害関係を疎明した第三者は、電子化された事件記録について、最高裁判所規則で定めるところにより、閲覧、複写（ダ

ウンロード）、事件記録に記録されている事項の内容を証明した文書若しくは電磁的記録の交付若しくは提供又は事件に関する事項を証明した文書若しくは電磁的記録の交付若しくは提供（以下この６において「閲覧等」という。）の請求をすることができるものとする。

（注）　電子化された事件記録の閲覧等の具体的な方法について、次のような規律を設けるものとする。

　　①　当事者及び利害関係を疎明した第三者は、裁判所設置端末及び裁判所外端末を用いた閲覧等を請求することができる。

　　②　当事者は、いつでも事件の係属中に裁判所外端末を用いた閲覧又は複写をすることができる。

## 7　送達等

　　労働審判手続における電磁的記録の送達について、（非訟法を準用することにより）民訴法第１０９条から第１０９条の４までの規定を準用するものとする。

（注）　労働審判手続における公示送達について、（非訟法を準用することにより）民訴法第１１１条の規定を準用するものとする。

## 8　その他

（注１）　ウェブ会議・電話会議を利用する参考人等の審尋、システムを使った電磁的記録に記録された情報の内容に係る証拠調べの申出や書面の提出に代えて電磁的記録をファイルに記録する方法による陳述など、ＩＴを活用した証拠調べ手続について、民事訴訟手続と同様の規律を設けるものとする。

（注２）　費用額確定の申立ての期限や、申立て手数料の納付がない場合の納付命令の裁判所書記官の権限について民事訴訟手続と同様の規律を設けるものとするほか、申立て手数料を納付しないことを理由とする申立書却下に対して申立て手数料を納付しないまました即時抗告は原裁判所において却下しなければならないとの規律を設けるものとする。

（注３）　民訴法の改正を踏まえて裁判官の権限のうち定型的な判断事項を裁判所書記官の権限とする見直しなど実務上必要な見直しがないのか検討すべきとの考え方がある。

## 第８　人事訴訟

### 1　裁判所に対する申立て等

#### (1)　インターネットを用いてする申立て等の可否

　　人事訴訟に関する手続において裁判所に対して行う申立て等については、

民訴法第１３２条の１０の規定を適用し、全ての裁判所に対し、一般的に、インターネット（電子情報処理組織）を用いてすることができるものとする。

(2)　インターネットを用いてする申立て等の義務付け
　　　人事訴訟に関する手続において、民訴法第１３２条の１１の規定を適用し、民事訴訟手続においてインターネットを用いて申立て等をしなければならない委任を受けた訴訟代理人等は、裁判所に対して行う申立て等をインターネットを用いてしなければならないものとする。

2　提出された書面等及び記録媒体の電子化
(1)　民事訴訟のルールの適用
　　　裁判所に提出された書面等及び記録媒体について、民訴法第１３２条の１２及び第１３２条の１３の規定を適用し、次のような規律を設けるものとする（書面等及び記録媒体については、事実の調査に係るものを含むものとする。）。
　①　申立て等が書面等により行われたときは、裁判所書記官は、当該書面等に記載された事項をファイルに記録しなければならない。ただし、当該事項をファイルに記録することにつき困難な事情があるときは、この限りでない。
　②　裁判所書記官は、①の申立て等に係る書面等のほか、人事訴訟に関する手続において裁判所に提出された書面等又は記録媒体に記載され、又は記録されている事項をファイルに記録しなければならない。ただし、当該事項をファイルに記録することにつき困難な事情があるときは、この限りでない。
　③　裁判所に提出された書面等又は記録媒体に記載され、又は記録されている事項のうち、次のものについては、①及び②の規律にかかわらず、ファイルに記録することを要しない。
　　ⅰ　第三者の閲覧等の制限の申立てがあった営業秘密のうち特に必要があるもの
　　ⅱ　秘匿決定の申立てがあった場合における秘匿事項の届出に係る事項
　　ⅲ　当事者の閲覧等の制限の申立て又は当事者の閲覧等の制限の決定があった閲覧等の制限がされるべき事項のうち必要があるもの
　(注)　民訴法第９２条第９項及び第１０項、第１３３条の２第５項及び第６項並びに第１３３条の３第２項の規定を適用し、インターネットを用いた提出によりファイルに記録された電子化された訴訟記録のうち、①第三者の閲覧等の制限の申立てがあった営

業秘密のうち特に必要がある部分又は②当事者の閲覧等の制限の申立て若しくは当事者の閲覧等の制限の決定があった閲覧等の制限がされるべき事項が記録された部分は、その内容を書面に出力し、又はこれを他の記録媒体に記録するとともに、当該部分を電子化された訴訟記録から消去する措置その他の当該部分の安全管理のために必要かつ適切なものとして最高裁判所規則で定める措置を講ずることができるものとする。

## (2) 人訴法特有のルール（事実の調査に係る提出書面等の電子化の例外）

**【甲案】**

　　事実の調査において裁判所に提出された書面等又は記録媒体に記載され、又は記録されている事項のうち、次のいずれかのものであり、かつ、裁判所が特に必要があると認めるものについては、当該事項をファイルに記録することを要しないものとする。

①　他の者が知ることにより子（当事者間に成年に達しない子がある場合におけるその子をいう。）の利益を害するおそれがある事項

②　他の者が知ることにより当事者又は第三者の私生活又は業務の平穏を害するおそれがある事項

③　明らかにされることにより、その者が社会生活を営むのに著しい支障を生じ、又はその名誉を著しく害するおそれがある当事者又は第三者の私生活についての重大な秘密

**【乙案】**

　　甲案に記載している特段の規律は設けないものとする。

（注）甲案を採用する場合には、事実の調査に係るインターネットを用いた提出によりファイルに記録された電子化された訴訟記録のうち、本文の甲案に掲げる①から③までの事項についても、裁判所が特に必要があると認めるときは、その内容を書面に出力し、又はこれを他の記録媒体に記録するとともに、当該部分を電子化された訴訟記録から消去する措置その他の当該部分の安全管理のために必要かつ適切なものとして最高裁判所規則で定める措置を講ずることができるものとする。

## 3　裁判書等及び報告書の電子化

### (1) 裁判書及び調書等の電子化

　　裁判官が作成する裁判書及び裁判所書記官が作成する調書等について、民訴法の規定を適用し、書面による作成に代えて、最高裁判所規則で定めるところにより、電磁的記録により作成するものとする。

(2)　家庭裁判所調査官の報告書の電子化

　　家庭裁判所調査官は、事実の調査の結果の書面による報告（人訴法第３４条第３項参照）に代えて、最高裁判所規則で定めることにより、当該書面に記載すべき事項をファイルに記録する方法又は当該事項を記録した記録媒体を提出する方法により報告を行うことができるものとする。

## 4　期日におけるウェブ会議及び電話会議の利用

### (1)　当事者の陳述を聴く審問期日

**【甲案】**

　　裁判所は、相当と認めるときは、当事者の意見を聴いて、最高裁判所規則で定めるところにより、ウェブ会議及び電話会議によって、当事者の陳述を聴く審問期日における手続を行うことができるものとする。

**【乙案】**

　　裁判所は、相当と認めるときは、当事者の意見を聴いて、最高裁判所規則で定めるところにより、ウェブ会議によって、当事者の陳述を聴く審問期日における手続を行うことができるものとし、電話会議の利用は認めないものとする。

（注）　乙案を原則としつつ、当事者双方に異議がない場合には、電話会議によって、当事者の陳述を聴く審問期日における手続を行うこともできるものとするとの考え方がある。

### (2)　参与員の立会い

　　家庭裁判所は、人訴法第９条第１項の規定により参与員を審理又は和解の試みに立ち会わせる場合において、相当と認めるときは、当事者の意見を聴いて、最高裁判所規則で定めるところにより、ウェブ会議又は電話会議によって、参与員に審理又は和解の試みに立ち会わせ、当該期日における行為を行わせることができるものとする。

（注）　本文と異なり、ウェブ会議によって、参与員に審理又は和解の試みに立ち会わせることができるものとし、電話会議の利用は認めないものとするとの考え方がある。

## 5　和解調書等の送達

　　人事訴訟に関する手続について、民訴法第２６７条第２項を適用し、和解又は請求の放棄若しくは認諾を記載した調書は、当事者に送達しなければならないものとする。

（注）　本文は、現行において実費精算する取扱いがなされている郵便費用を、申立ての手数

料に組み込み一本化することと併せて実現することを提案するものである。

## 6　電子化された訴訟記録の閲覧等

### (1)　電子化された訴訟記録（事実調査部分を除く。）の閲覧等

電子化された訴訟記録（事実調査部分を除く。）の閲覧等に関し、民訴法第91条の2及び第91条の3の規定を適用し、次のような規律を設けるものとする。

①　何人も、裁判所書記官に対し、最高裁判所規則で定めるところにより、電子化された訴訟記録の閲覧を請求することができる。

②　当事者及び利害関係を疎明した第三者は、裁判所書記官に対し、電子化された訴訟記録について、最高裁判所規則で定めるところにより、複写（ダウンロード）、訴訟記録に記録されている事項の内容を証明した文書若しくは電磁的記録の交付若しくは提供又は訴訟に関する事項を証明する文書若しくは電磁的記録の交付若しくは提供の請求をすることができる。

（注）電子化された訴訟記録の閲覧等の具体的な方法について、次のような規律を設けるものとする。

①　何人も、裁判所設置端末を用いた閲覧を請求することができる。

②　当事者及び利害関係を疎明した第三者は、裁判所設置端末及び裁判所外端末を用いた閲覧等を請求することができる。

③　当事者は、いつでも事件の係属中に裁判所外端末を用いた閲覧又は複写をすることができる。

### (2)　事実の調査に係る部分の閲覧等

#### ア　原則

電子化された訴訟記録中事実の調査に係る部分の閲覧等の請求については、請求の主体及び裁判所の許可に係る人訴法第35条の規律を基本的に維持し、次のような規律を設けるものとする。

①　当事者は、裁判所が人訴法第35条第2項の規定により許可したときに限り、電子化された訴訟記録中事実の調査に係る部分について、最高裁判所規則で定めるところにより、閲覧、複写（ダウンロード）又はその部分に記録されている事項の内容を証明した文書若しくは電磁的記録の交付若しくは提供（以下この(2)において「閲覧等」という。）の請求をすることができる。

②　利害関係を疎明した第三者は、裁判所が人訴法第35条第3項の規定により許可したときに限り、電子化された訴訟記録中事実の調査に係る

部分について、最高裁判所規則で定めるところにより、閲覧等の請求をすることができる。

（注1）　電子化された訴訟記録中事実の調査に係る部分の閲覧等の具体的な方法について、次のような規律を設けるものとする。

① 　当事者及び利害関係を疎明した第三者は、裁判所設置端末及び裁判所外端末を用いた閲覧等を請求することができる。

② 　当事者は、いつでも事件の係属中に裁判所外端末を用いた閲覧又は複写をすることができる。

（注2）　本文のとおり、法律上、裁判所の閲覧等に許可を要するとの規律を維持した上で、当事者がいつでも事件の係属中に裁判所外端末を用いた閲覧又は複写をすることができる（（注1）②）ようにするための閲覧又は複写の許可の在り方として、例えば、同一の当事者が一度閲覧又は複写の許可を得た部分を再度閲覧又は複写する場合には別途の許可を不要とするとの考え方や、閲覧又は複写を許可する部分の特定（人訴規則第25条参照）に関し一定の場合には今後提出されるものも含めた範囲の指定を可能とする（将来的な閲覧等を見越して、一定範囲のものについては、あらかじめ許可を得られるようにして、都度許可を得なくてもよいこととする）との考え方がある。ここでいう「一定の場合」としては、例えば、訴訟代理人が相手方等に閲覧等させても問題ないと判断した上で提出する資料を相手方等が閲覧等する場合に、このような取扱いを可能とする考え方がある。

### イ　自己の提出したものの閲覧等の請求

当事者は、電子化された訴訟記録中事実の調査に係る部分のうち当該当事者が提出したものに係る事項については、裁判所の許可を得ないで、裁判所書記官に対し、閲覧等の請求をすることができるものとする。

（注1）　当事者は、電子化されていない訴訟記録中当該当事者が提出したものに係る事項については、裁判所の許可を得ないで、裁判所書記官に対し、閲覧等の請求をすることができるものとする。

（注2）　本文のほか、訴訟代理人が相手方等に閲覧等させても問題ないと判断した上で提出する資料を相手方等が閲覧等する場合についても、裁判所の許可を得ないで、裁判所書記官に対し、閲覧等の請求をすることができるものとするとの考え方がある。

## 7　送達

### (1)　電磁的記録の送達

人事訴訟に関する手続における電磁的記録の送達について、民訴法第10

９条から第１０９条の４までの規定を適用するものとする。

## （2）公示送達

人事訴訟に関する手続における公示送達について、民訴法第１１１条の規定を適用するものとする。

## 8　その他
（注１）　システムを使った電磁的記録に記録された情報の内容に係る証拠調べの申出や、書面の提出に代えて電磁的記録をファイルに記録する方法による陳述、ウェブ会議による裁判所外の尋問など、ＩＴを活用した証拠調べ手続について、民訴法の規定を適用するものとする。

（注２）　費用額確定の申立ての期限について民訴法第７１条第２項を適用するものとする。

（注３）　民訴法の改正を踏まえて裁判官の権限のうち定型的な判断事項を裁判所書記官の権限とする見直しなど実務上必要な見直しがないのか検討すべきとの考え方がある。

# 第9　家事事件

## 1　裁判所に対する申立て等

### （1）インターネットを用いてする申立て等の可否

家事事件の手続において裁判所に対して行う申立て等については、民訴法第１３２条の１０の規定を準用し、全ての裁判所に対し、一般的に、インターネット（電子情報処理組織）を用いてすることができるものとする。

（注）申立て等をインターネットを用いてする際の方法としては、システム上のフォーマット入力の方式を検討すべきとの考え方がある。

### （2）インターネットを用いてする申立て等の義務付け

#### ア　委任を受けた手続代理人等

家事事件の手続において、民訴法第１３２条の１１の規定を準用し、民事訴訟手続においてインターネットを用いて申立て等をしなければならない委任を受けた手続代理人等は、裁判所に対して行う申立て等をインターネットを用いてしなければならないものとする。

#### イ　家事事件の手続において裁判所から選任された者
【甲案】

家事事件の手続において裁判所から選任された者は、その選任された者として関与する家事事件の手続においては、裁判所に対して行う申立

て等をインターネットを用いてしなければならないものとする。

　【乙案】

　　　家事事件の手続において裁判所から選任された者について、特段の規律を設けないものとする。

２　提出された書面等及び記録媒体の電子化

（1）提出された書面等及び記録媒体の電子化の対象事件等

　【甲案】

　　　家事調停事件及び別表第２に掲げる事項の家事審判事件については、下記(2)の電子化のルールを適用し、裁判所書記官において提出された書面等及び記録媒体をファイルに記録しなければならないものとするが、その余の家事事件については、ファイルに記録するかどうかは、裁判所の適切な運用に委ねるものとする。

　【乙案】

　　　全ての家事事件において、当事者又は利害関係を疎明した第三者の申出があったときは、下記(2)の電子化のルールを適用し、裁判所書記官において提出された書面等及び記録媒体をファイルに記録しなければならないものとする。

　【丙案】

　　　全ての家事事件について、下記(2)の電子化のルールを適用し、裁判所書記官において提出された書面等及び記録媒体をファイルに記録しなければならないものとする。

　（注１）　甲案を採用する場合に、別表第１に掲げる事項についての家事審判事件については、本文のとおり、電子化をするかどうかは個々の裁判所の適切な運用に委ねるとする考え方（甲－１案）のほか、一定のものについては、法律上の定めとして、同様に電子化しなければならないとするとの考え方がある。具体的には、次のとおりである。

　　　①　別表第１に掲げる事項についての家事審判事件のうちの電子化のメリット等が高いと考えられる一定の事件類型にも下記(2)の電子化のルールを適用するとの案（甲－２案）

　　　②　別表第１に掲げる事項についての家事審判事件は、電子化のメリット等が特に高くないと認めるものを除いて、下記(2)の電子化のルールを適用するとの案（甲－３案）

　（注２）　丙案を採用する場合について、本文のとおり下記(2)の電子化のルールをそのまま適用するとの考え方（丙－１案）のほかに、申立て等以外の書面等及び記録媒体のルールである下記(2)ア②の電子化をしない場合の要件につき「ファイルに記録する

ことにつき困難な事情があるとき」に代えて、家事事件の手続の特性を考慮し、より柔軟な運用を可能とする要件を置いた上で、下記(2)の電子化のルールを適用するとの考え方（丙－2案）がある。

## (2) 提出された書面等及び記録媒体の電子化のルール

### ア　民事訴訟と同様のルール

民訴法第132条の12及び第132条の13と同様に、裁判所に提出された書面等及び記録媒体の電子化のルールとして、次のような規律を設けるものとする。

① 申立て等が書面等により行われたときは、裁判所書記官は、当該書面等に記載された事項をファイルに記録しなければならない。ただし、当該事項をファイルに記録することにつき困難な事情があるときは、この限りでない。

② 裁判所書記官は、①の申立て等に係る書面等のほか、家事事件の手続において裁判所に提出された書面等又は記録媒体に記載され、又は記録されている事項をファイルに記録しなければならない。ただし、当該事項をファイルに記録することにつき困難な事情があるときは、この限りでない。

③ 裁判所に提出された書面等又は記録媒体に記載され、又は記録されている事項のうち、秘匿決定の申立てがあった場合における秘匿事項の届出に係る事項については、①及び②の規律にかかわらず、ファイルに記録することを要しない。

### イ　家事法特有のルール

【甲案】

家事事件の手続において裁判所に提出された書面等又は記録媒体に記載され、又は記録されている事項のうち、次のいずれかのものであり、かつ、裁判所が特に必要があると認めるものについては、ファイルに記録することを要しないものとする。

① 他の者が知ることにより事件の関係人である未成年者の利益を害するおそれ又は当事者若しくは第三者の私生活若しくは業務の平穏を害するおそれがある事項

② 明らかにされることにより、その者が社会生活を営むのに著しい支障を生じ、又はその者の名誉を著しく害するおそれがある当事者又は第三者の私生活についての重大な秘密

　　　③　事件の性質、審理の状況、記録の内容等に照らして、他の者が知る
　　　　ことを不適当とする特別の事情がある事項
　　【乙案】
　　　　甲案に記載している特段の規律は設けないものとする。
　　（注）甲案を採用する場合には、インターネットを用いた提出によりファイルに記録さ
　　　　れた電子化された事件記録のうち、本文の甲案に掲げる①から③までの事項につい
　　　　ても、裁判所が特に必要があると認めるときは、その内容を書面に出力し、又はこ
　　　　れを他の記録媒体に記録するとともに、当該部分を電子化された事件記録から消去
　　　　する措置その他の当該部分の安全管理のために必要かつ適切なものとして最高裁
　　　　判所規則で定める措置を講ずることができるものとする。

## ３　裁判書等及び報告書の電子化
### (1)　裁判書及び調書等の電子化
　　　裁判官が作成する審判書その他の裁判書及び裁判所書記官が作成する調書
　　等について、書面による作成に代えて、最高裁判所規則で定めるところによ
　　り、電磁的記録により作成するものとする。

### (2)　家庭裁判所調査官の報告書の電子化
　　　家庭裁判所調査官は、事実の調査の結果の書面による報告（家事法第５８
　　条第３項参照）に代えて、最高裁判所規則で定めることにより、当該書面に
　　記載すべき事項をファイルに記録する方法又は当該事項を記録した記録媒
　　体を提出する方法により報告を行うことができるものとする。

## ４　期日におけるウェブ会議及び電話会議の利用
### (1)　当事者の期日参加等
　　ア　遠隔地要件の削除
　　　　（いわゆる遠隔地要件を削除し、）裁判所は、相当と認めるときは、当
　　　事者の意見を聴いて、最高裁判所規則で定めるところにより、ウェブ会議
　　　又は電話会議によって、家事事件の手続の期日における手続（証拠調べを
　　　除く。）を行うことができるものとする。
　　イ　当事者が立会権を有する審問期日
　　　【甲案】
　　　　　裁判所は、相当と認めるときは、当事者の意見を聴いて、最高裁判所
　　　　規則で定めるところにより、当事者が立会権を有する審問期日における
　　　　手続についても、ウェブ会議及び電話会議によって、その審問期日にお

ける手続を行うことができるものとする。

【乙案】

　　裁判所は、相当と認めるときは、当事者の意見を聴いて、最高裁判所規則で定めるところにより、当事者が立会権を有する審問期日における手続については、ウェブ会議によって、その審問期日における手続を行うことができるものとし、電話会議の利用は認めないものとする。

（注）　乙案を原則としつつ、当事者双方に異議がない場合には、電話会議によって、当事者が立会権を有する審問期日における手続を行うこともできるものとするとの考え方がある。

(2)　参与員の立会い

　　裁判所は、相当と認めるときは、当事者の意見を聴いて、最高裁判所規則で定めるところにより、ウェブ会議又は電話会議によって、参与員に家事審判の手続の期日に立ち会わせ、当該期日における行為を行わせることができるものとする。

（注）　本文と異なり、ウェブ会議によって、参与員に家事審判の手続の期日に立ち会わせることができるものとし、電話会議の利用は認めないものとするとの考え方がある。

(3)　家庭裁判所調査官及び裁判所技官の期日参加等

①　裁判所は、相当と認めるときは、当事者の意見を聴いて、最高裁判所規則で定めるところにより、裁判所及び当事者が家庭裁判所調査官との間でウェブ会議又は電話会議によって、家庭裁判所調査官に家事事件の手続の期日に立ち会わせることができるものとするとともに、当該期日において家事法第59条第2項（同法第258条第1項において準用する場合を含む。）の意見を述べさせることができるものとする。

②　前記①の規律は、裁判所技官の期日への立会い及び意見の陳述について準用するものとする。

（注1）　本文と異なり、裁判所は、相当と認めるときは、当事者の意見を聴いて、最高裁判所規則で定めるところにより、ウェブ会議によって、家庭裁判所調査官及び裁判所技官に期日参加等をさせることができるものとし、電話会議の利用は認めないものとするとの考え方がある。

（注2）　ウェブ会議又は電話会議を利用して、当該調停委員会を組織していない家事調停委員から意見を聴取することができるものとする。

5　当事者双方が受諾書を提出する方法による調停

当事者双方が出頭することが困難であると認められる場合において、当事者双方があらかじめ調停委員会（裁判官又は家事調停官のみで家事調停の手続を行う場合にあっては、その裁判官又は家事調停官）から調停が成立すべき日時を定めて提示された調停条項案を受諾する旨の書面を提出し、その日時が経過したときは、その日時に、当事者間に合意が成立したものとみなすものとする。

## 6　調停調書の送達又は送付

**【甲案】**

　調停における合意を記載した調書は、当事者に送達しなければならないものとする。

**【乙案】**

　調停における合意を記載した調書は、当事者に送達又は送付しなければならないものとする。

（注）　甲案、乙案のいずれについても、現行において実費精算する取扱いがなされている郵便費用を、申立ての手数料に組み込み一本化することと併せて実現することを提案するものである。

## 7　電子化された事件記録の閲覧等

### （1）原則

　電子化された事件記録についても請求の主体及び裁判所の許可に係る家事法第47条第1項及び第254条第1項の規律を基本的に維持し、当事者又は利害関係を疎明した第三者は、電子化された事件記録について、裁判所の許可を得て、最高裁判所規則で定めるところにより、閲覧、複写（ダウンロード）、事件記録に記録されている事項の内容を証明した文書若しくは電磁的記録の交付若しくは提供又は事件に関する事項を証明した文書若しくは電磁的記録の交付若しくは提供（以下この7において「閲覧等」という。）の請求をすることができるものとする。

（注1）　電子化された事件記録の閲覧等の具体的な方法について、次のような規律を設けるものとする。

　①　当事者及び利害関係を疎明した第三者は、裁判所設置端末及び裁判所外端末を用いた閲覧等を請求することができる。

　②　当事者は、いつでも事件の係属中に裁判所外端末を用いた閲覧又は複写をすることができる。

（注2）　本文のとおり、法律上、裁判所の閲覧等に許可を要するとの規律を維持した上で、当事者がいつでも事件の係属中に裁判所外端末を用いた閲覧又は複写をすることが

できる（（注1）②）ようにするための閲覧又は複写の許可の在り方として、例えば、同一の当事者が一度閲覧又は複写の許可を得た部分を再度閲覧又は複写する場合には別途の許可を不要とするとの考え方や、閲覧又は複写を許可する部分の特定（家事規則第35条参照）に関し一定の場合には今後提出されるものも含めた範囲の指定を可能とする（将来的な閲覧等を見越して、一定範囲のものについては、あらかじめ許可を得られるようにして、都度許可を得なくてもよいこととする）との考え方がある。ここでいう「一定の場合」としては、例えば、手続代理人が相手方等に閲覧等させても問題ないと判断した上で提出する資料を相手方等が閲覧等する場合に、このような取扱いを可能とする考え方がある。

（注3）　（注1）の①につき裁判所外端末を用いて閲覧等をすることができるのは当事者及び審判を受ける者となるべき者のみに限るとすべきとの考え方がある。

### (2)　自己の提出した書面等及び裁判書等

①　当事者は、電子化された事件記録中当該当事者が提出したものに係る事項については、裁判所の許可を得ないで、裁判所書記官に対し、閲覧等の請求をすることができるものとする。

②　当事者は、電子審判書その他の電子裁判書については、裁判所の許可を得ないで、裁判所書記官に対し、閲覧等の請求をすることができるものとする。審判を受ける者が当該審判があった後に請求する場合も、同様とするものとする。

③　当事者は、事件に関する事項を証明した文書又は電磁的記録については、裁判所の許可を得ないで、裁判所書記官に対し、その交付又は提供の請求をすることができるものとする。審判を受ける者が当該審判があった後に請求する場合も、同様とするものとする。

④　当事者は、調停における合意を記載した調書及び調停が終了した際の調書については、裁判所の許可を得ないで、裁判所書記官に対し、閲覧等の請求をすることができるものとする。

（注1）　当事者は、電子化されていない事件記録中当該当事者が提出したものに係る事項については、裁判所の許可を得ないで、裁判所書記官に対し、閲覧等の請求をすることができるものとする。

（注2）　本文のほか、手続代理人が相手方等に閲覧等をさせても問題ないと判断した上で提出する資料を相手方等が閲覧等する場合についても、裁判所の許可を得ないで、裁判所書記官に対し、閲覧等の請求をすることができるものとするとの考え方がある。

### 8　送達等

（前注）　家事事件の手続では、送付、相当な方法による告知又は通知がされることがあるが、送達はここでいう送付、相当な方法による告知及び通知の方法の一つであり、送達がされれば、送付、相当な方法による告知及び通知がされたものと評価されることを前提としている。

## (1)　電磁的記録の送達

家事事件の手続における電磁的記録の送達について、民訴法第１０９条から第１０９条の４までの規定を準用するものとする。

## (2)　公示送達

家事事件の手続における公示送達について、民訴法第１１１条の規定を準用するものとする。

（後注1）　家事事件の手続において裁判所が行う公告について、最高裁判所規則で認められている裁判所の掲示場への掲示に代えて、裁判所設置端末で閲覧することができるようにする措置をとることができるものとする。

（後注2）　（後注１）を前提とした上で、裁判所の掲示場又は裁判所設置端末等への掲示、及び官報への掲載に加えて、裁判所のウェブサイトに掲載する方法をとらなければならないものとするとの考え方がある。

## 9　その他

（注1）　システムを使った電磁的記録に記録された情報の内容に係る証拠調べの申出や、書面の提出に代えて電磁的記録をファイルに記録する方法による陳述、ウェブ会議による裁判所外の尋問など、ＩＴを活用した証拠調べ手続について、民事訴訟手続と同様の規律を設けるものとする。

（注2）　費用額確定の申立ての期限や、申立て手数料の納付がない場合の納付命令の裁判所書記官の権限について民事訴訟手続と同様の規律を設けるものとするほか、申立て手数料を納付しないことを理由とする申立書却下に対して申立て手数料を納付しないまました即時抗告は原裁判所において却下しなければならないとの規律を設けるものとする。

（注3）　民訴法の改正を踏まえて裁判官の権限のうち定型的な判断事項を裁判所書記官の権限とする見直しなど実務上必要な見直しがないのか検討すべきとの考え方がある。

## 第１０　子の返還申立事件の手続（ハーグ条約実施法）

子の返還申立事件の手続（ハーグ条約実施法）について、第９の家事事件に関

する検討を踏まえ、基本的に、これと同様にＩＴ化するものとする。

## 第１１　その他

（注）　仲裁法所定の裁判手続等他の民事・家事関係の裁判手続についても、第１から第１０ま
　　　での規律を踏まえて、ＩＴ化を検討する。

# 民事執行・民事保全・倒産及び家事事件等に関する手続（ＩＴ化関係）の見直しに関する中間試案の補足説明

この文書は、法制審議会民事執行、民事保全、倒産及び家事事件等に関する手続（ＩＴ化関係）部会が令和４年８月５日に決定した「民事執行・民事保全・倒産及び家事事件等に関する手続の見直しに関する中間試案」の全文を掲載した上で、項目ごとに説明を加える「（補足説明）」欄を付したものである。この「（補足説明）」欄は、いずれも同部会における審議の対象とされたものではなく、専ら事務当局（法務省民事局参事官室）の文責において、中間試案の内容を理解していただく一助とする趣旨で記載したものである。

令和４年８月

法務省民事局参事官室

# はじめに

　近年の科学技術の進展により、ＩＴの利用が国民にとって身近な存在になったことを踏まえ、利用者の目線に立って裁判手続の利便性を向上させることが重要な課題となっている。

　民事訴訟手続については、令和４年２月、法制審議会第１９４回会議において、民事訴訟手続を全面的にＩＴ化することを内容とする「民事訴訟法（ＩＴ化関係）等の改正に関する要綱」が取りまとめられた。その後、同年３月に同要綱に基づいて民事訴訟法等の一部を改正する法律案が国会に提出され、同年５月１８日、民事訴訟法等の一部を改正する法律（令和４年法律第４８号）が成立した。この法改正によって、民事訴訟手続は全面的にＩＴ化されることとなる。

　他方で、裁判手続には民事訴訟手続以外にも、民事執行、民事保全、倒産及び家事事件の手続などといった重要な民事・家事関係の裁判手続があり、これらの裁判手続についてもＩＴ化を進めることは、重要な課題である。令和３年６月に閣議決定された「成長戦略フォローアップ工程表」及び「規制改革実施計画」においては、家事事件手続及び民事保全、執行、倒産手続等のＩＴ化に関する検討を継続し、令和４年度中に一定の結論を得ることとされ、同年１２月に閣議決定された「デジタル社会の実現に向けた重点計画」においては、令和５年の通常国会に必要な法案を提出することとされた。

　このような状況を踏まえ、令和４年２月、上記の法制審議会第１９４回会議において、法務大臣から、近年における情報通信技術の進展等の社会経済情勢の変化への対応を図るとともに、時代に即して、民事執行手続、民事保全手続、倒産手続、家事事件手続といった民事・家事関係の裁判手続をより一層、適正かつ迅速なものとし、国民に利用しやすくするという観点から、これらの手続に係る申立書等のオンライン提出、事件記録の電子化、情報通信技術を活用した各種期日の実現など法制度の見直しについて諮問がされ（第１２０号）、その調査審議のため、民事執行・民事保全・倒産及び家事事件等に関する手続（ＩＴ化関係）部会（部会長・山本和彦一橋大学大学院教授）が設置された。

　部会は、令和４年４月から調査審議を開始し、同年８月の第８回会議において、「民事執行・民事保全・倒産及び家事事件等に関する手続の見直しに関する中間試案」を取りまとめ、これを事務当局である法務省民事局（参事官室）において公表し、意見募集手続を行うこととされた。

　今後、本試案に対して寄せられた意見を踏まえ、部会において、要綱案の取りまとめに向けて、引き続き審議を行うことが予定されている。

　なお、この補足説明は、本試案の内容の理解に資するため、部会での審議状況を

踏まえ、本試案の各項目について、その趣旨等を補足的に説明するものであり、事務当局である法務省民事局（参事官室）の責任において作成したものである。

# 用語の定義

**令和４年改正法**　民事訴訟法等の一部を改正する法律（令和４年法律第４８号）

**部会**　民事執行・民事保全・倒産及び家事事件等に関する手続（ＩＴ化関係）部会

**民執法**　民事執行法

**民執規則**　民事執行規則

**民保法**　民事保全法

**民再法**　民事再生法

**非訟法**　非訟事件手続法

**民調法**　民事調停法

**民調規則**　民事調停規則

**特定調停法**　特定債務等の調整の促進のための特定調停に関する法律

**労審法**　労働審判法

**人訴法**　人事訴訟法

**人訴規則**　人事訴訟規則

**家事法**　家事事件手続法

**家事規則**　家事事件手続規則

**ハーグ条約実施法**　国際的な子の奪取の民事上の側面に関する条約の実施に関する法律

※　中間試案又は補足説明中で掲げている現行法の規定は、いずれも令和４年改正法による改正後のものである（令和４年改正法の内容は、別添の「参照条文（民事訴訟法等の一部を改正する法律（令和４年法律第４８号）による改正後の条文）」と題する資料及び法務省ホームページ（https://www.moj.go.jp/MINJI/minji07_00293.html）に掲載している新旧対照条文参照）。

目次

（前注）　本試案では、特段の断りがない限り、民事訴訟法等の一部を改正する法律（令和４年法律第４８号）による改正後の民事訴訟法を指して、「民訴法」の用語を用いている。

## 第1　民事執行
### 1　裁判所に対する申立て等
#### (1) インターネットを用いてする申立て等の可否

民事執行の手続において裁判所（執行官を除く。以下１及び２において同じ。）に対して行う申立てその他の申述（以下「申立て等」という。）については、民訴法第１３２条の１０の規定を準用し、全ての裁判所に対し、一般的に、インターネット（電子情報処理組織）を用いてすることができるものとする。

（注）　申立て等をインターネットを用いてする際の方法としては、システム上のフォーマット入力の方式を検討すべきとの考え方がある。

（補足説明）

1　令和４年改正法による民訴法改正及び現行の民執法

(1)　令和４年改正法による民訴法改正

令和４年改正法により、民訴法においては、民事訴訟手続において、全ての裁判所に対する申立て等について一般的にインターネットを用いてすることができるとされている（民訴法第１３２条の１０）。

(2)　現行の民執法

現行の民執法においては、民事執行の手続における申立て等のうち、最高裁判所の定める裁判所に対してするものについては、最高裁判所規則で定めるところにより、インターネットを用いてすることができるとされている（同法第１９条の２）。

2　インターネットによる申立て等の可否（試案の１(1)）

試案の１(1)は、民事執行の手続において裁判所に対して行う申立て等についても、手続の利便性を向上するとともに、迅速な手続を実現する観点から、民訴法第１３２条の１０の規定を準用し、全ての裁判所に対し、一般的に、インターネット（電子情報処理組織）を用いてすることができるものとすることを提案している。

なお、民事執行の手続において裁判所に対して行う申立て等としては、強制執行の申立てのほか、債権者等による配当要求（民執法第５１条等）や債権執行における第三債務者の陳述（同法第１４７条）、第三者からの情報取得手続における情報の提供（同法第２０８条）などがある。

また、ここでいう「裁判所」には「裁判所書記官」も含まれる（民訴法第１３２条の１０

における「裁判所」は、裁判所書記官等を含むものとして定義されている。）ので、試案の
１(1)は、裁判所書記官に対して行う申立て等も、一般的にインターネットを用いてすることができることとすることも提案している。なお、執行官に対して行う申立て等については、試案の９で取り上げている。

### 3　インターネットによる申立て等の方法（試案の（注））

　民事執行の手続における申立て等をインターネットを用いてすることを可能とした場合には、それは、今後構築される裁判所のシステムを通じて行うことが想定されている。そのため、インターネットによる申立て等の具体的な方法については、システムの具体的な内容も踏まえて検討されることとなる。

　部会においては、インターネットによる申立て等の具体的な方法についても議論がされ、申立て等に係るデータ（例えば、ＰＤＦ化されたデータ）をアップロードする方法のほかに、利用者の便宜のため、例えば、システム上、申立て等に利用することができる定型的なフォームを用意し、当該フォームに必要事項を入力することにより申立て等をすることができるような仕組みを導入すべきであるとの意見があった。このような議論は、今後の検討に際しても参考になると思われることから、試案の（注）では、このような考え方があったことを記載している。

### (2)　インターネットを用いてする申立て等の義務付け

#### ア　委任を受けた代理人等

　民事執行の手続において、民訴法第１３２条の１１の規定を準用し、民事訴訟手続においてインターネットを用いて申立て等をしなければならない委任を受けた代理人等は、裁判所に対して行う申立て等をインターネットを用いてしなければならないものとする。

#### イ　管理人等

**【甲案】**

　強制管理の手続における管理人等の民事執行の手続において裁判所から選任された者は、当該選任を受けた民事執行の手続において裁判所に対して行う申立て等をインターネットを用いてしなければならないものとする。

**【乙案】**

　強制管理の手続における管理人等の民事執行の手続において裁判所から選任された者について、特段の規律を設けないものとする。

（補足説明）

1　検討の必要性及び令和４年改正法による民訴法改正

　　申立て等がインターネットを用いてされることにより、関係者間における情報のやり取りがより円滑なものとなり、効率的なものとなることが期待される。また、インターネットを用いて申立て等がされると、その内容は、スキャン等の作業を要せずに、そのまま電子的な事件記録とすることが可能となり、書面管理等のコストを削減でき、さらには、手続の迅速化・効率化が図られることとなって、手続に関する社会全体のコストが削減されることとなる。このような観点からすれば、可能な限り、その申立て等がインターネットを用いてされることが望ましいと考えられる。

　　令和４年改正法により、民訴法においては、①委任を受けた訴訟代理人（同法第５４条第１項ただし書の許可を得て訴訟代理人となったものを除く。）、②国の利害に関係のある訴訟についての法務大臣の権限等に関する法律の規定による指定を受けた者及び③地方自治法第１５３条第１項の規定による委任を受けた職員は、裁判所に対して申立て等を行う場合には、インターネットを用いてしなければならないこととされた（民訴法第１３２条の１１）。これは、これらの者は職務として民事訴訟手続に関与するものであるから、手続の迅速化・効率化に率先して取り組むことを期待することができ、また、一般に、インターネットによる申立て等に対応する能力を十分に有していると考えられたことなどによる。他方で、委任を受けた訴訟代理人等以外の者については、インターネットを用いて申立て等をすることを義務付けることとはされていない。委任を受けた訴訟代理人等以外の者にインターネットを用いた申立て等を義務付けることとすると、現状では、これに十分に対応することができない者が一定数存在するものと考えられ、これらの者の裁判を受ける権利にも影響を及ぼすことが危惧されたためである。

　　部会においては、民訴法改正の趣旨を踏まえつつ、民事執行の手続においても、インターネットによる申立て等の義務付けに関する規律を設けることが検討されている。

2　委任を受けた代理人等（試案の１(2)ア）

　　試案の１(2)アでは、民事執行の手続においても、令和４年改正法による民訴法改正の考え方が妥当すると考えられることから、民訴法第１３２条の１１の規定を準用し、民事訴訟手続と同様に、民事執行の手続における委任を受けた代理人等について、インターネットによる申立て等を義務付けることを提案し、他方で、それ以外の者については、インターネットを用いて申立て等をすることを義務付けることは提案していない（ただし、管理人等及び他の考え方については、試案の１(2)イ及び（後注）参照）。

3　管理人等（試案の１(2)イ）

（1）議論の状況等

3

　　民事執行の手続においては、裁判所から選任された者が手続に関与することがある。具体的には、評価人（民執法第５８条第１項）、管理人（同法第９４条第１項）及び保管人（同法第１１６条第１項）がこれに当たり、これらの者について、インターネットによる申立て等を義務付けるかどうかが問題となり得る。

　　部会においては、民事執行の手続のＩＴ化を進めるためには、これらの者に対してインターネットによる申立て等を義務付ける必要性があるとの意見もあった。他方で、委任を受けた代理人等と異なり、弁護士等に限らず、様々な背景を有する者が選任されることもあり得ることや、インターネットを利用することができることがこれらの者等に選任される際の一種の資格となることは妥当ではないこと、管理人等に就任する者がインターネットを利用することができる者であれば、法律上特段義務付けなくともインターネットを利用して申立て等をすることが期待されることなどの理由から、インターネットによる申立て等の義務付けを行うことは相当でないという意見もあった。

（2）甲案

　　甲案は、上記の意見を踏まえ、管理人等の民事執行の手続において裁判所から選任された者について、その選任された者として関与する手続においてはインターネットによる申立て等を義務付けるものとすることを提案するものである。

　　なお、この甲案は、裁判所から選任された者が、その選任された者として関与する手続において申立て等をする際にインターネットの利用を義務付けるものであり、その選任された手続以外の手続でのインターネットの利用を義務付けるものではない。

（3）乙案

　　乙案は、上記の意見を踏まえ、特段の規律を設けない（インターネットによる申立て等を義務付けない）ものとすることを提案するものである。

　　（後注）　本文の考え方のほか、民事執行の手続における申立て等については、インターネットを用いて申立て等をすることが困難であると認められる者を除き、全ての者が、インターネットを用いてこれをしなければならないものとするとの考え方がある。

（補足説明）

　　前記のとおり、試案の１(2)ア及びイの甲案は、委任を受けた代理人等や、裁判所から選任された者（管理人等）に対してインターネットによる申立て等を義務付けることを提案するものであるが、それ以外の者については、インターネットを用いて申立て等をすることができるようにしているものの、これを義務付けることとはしないものである。

　　他方で、部会では、これとは別に、民事執行の手続において申立て等を行う全ての者について、原則としてインターネットによる申立て等を義務付けた上で、インターネットによる申立

て等に対応することが困難である者に限り、例外的に書面による申立て等を認めることとすべきであるとの考え方もあり、試案の（後注）は、この考え方を記載するものである。

　この考え方は、民事執行の手続については、類型化可能な申立て等が多いため、システムを使いやすいものとすることにより、ほとんどの者がインターネットによる申立て等に対応することが可能であると考えられること、例外的にそのような申立て等に対応することが難しい者については、例外として書面による申立てを認めることとすれば、そのような者の手続保障に欠けるところはないと考えられること等をその根拠とするものである。

　ただし、この考え方に対しては、民事訴訟手続と区別する合理的な理由がなく、委任を受けた代理人等以外の者にインターネットを用いた申立て等を義務付けることとすると、現状では、これに十分に対応することができない者が一定数存在するものと考えられ、これらの者の裁判を受ける権利にも影響を及ぼすことが危惧されるために、反対する意見があることは、前記のとおりである。

## ２　提出された書面等及び記録媒体の電子化
### （1）提出された書面等及び記録媒体の電子化の対象事件等

　（注）のいずれかの考え方を採用した上で、裁判所に提出された書面等（民訴法第１３２条の１０第１項に規定する書面等をいう。以下同じ。）及び記録媒体（電磁的記録を記録した記録媒体をいう。以下同じ。）につき、下記(2)の電子化のルールを適用し、裁判所書記官において提出された書面等及び記録媒体を裁判所の使用に係る電子計算機に備えられたファイル（以下単に「ファイル」という。）に記録しなければならないものとする。

（注）　裁判所に提出された書面等及び記録媒体について、法律上、全ての事件につき下記(2)の電子化のルールを適用するとの考え方（A案）と、電子化を目指しつつも、民事執行の手続の特性を考慮し、裁判所の判断で電子化することが可能であることを前提とした上で、法律の定めとしては、一定の範囲で、下記(2)の電子化のルールを適用するとの考え方（B案）がある。

　　　A案の中には、全ての事件につき、下記(2)の電子化のルールをそのまま適用するとの考え方（A−１案）のほかに、申立て等以外の書面等及び記録媒体のルールである下記(2)②の電子化をしない場合の要件につき「ファイルに記録することにつき困難な事情があるとき」に代えて、民事執行の手続の特性を考慮し、より柔軟な運用を可能とする要件を置いた上で、下記(2)の電子化のルールを適用するとの考え方がある（A−２案）。

　　　B案の中には、①法律上、下記(2)の電子化のルールを適用する事件を一定の範囲のものとする考え方（B−１案）、②一定の基準を定めて下記(2)の電子化のルールを適用する（電子化の意義を踏まえて一定の基準を定めて法律上電子化しなければな

らないものとする）考え方（B－2案）、③当事者を含む利害関係を有する者の申出
があった場合に下記(2)の電子化のルールを適用する（当事者を含む利害関係を有す
る者の申出があった場合に電子化しなければならないものとする）考え方（B－3案）
がある。


（補足説明）
1　現行の民執法及び令和4年改正法による民訴法改正
　(1)　現行の民執法
　　　　現行の民執法の下では、事件記録は書面により管理されており、裁判所に提出された書
　　面等や記録媒体（以下、これらを併せて単に「書面等」という。）については、これらを
　　そのまま編てつすることにより事件記録が作成されている。
　(2)　令和4年改正法による民訴法改正
　　　　令和4年改正法により、民訴法においては、裁判所書記官は、書面等が提出された場合
　　には、その内容を裁判所の使用に係る電子計算機に備えられたファイル（裁判所のサー
　　バ）に記録し、これを電子化しなければならないなどとしている（民訴法第132条の1
　　2及び第132条の13）。これは、提出された書面等をファイルに記録することによ
　　り、インターネットを用いて裁判所外からこれを閲覧することや、インターネットを用い
　　てこれを送達することなどを可能とし、当事者の利便性を向上させること等を目的とす
　　るものである。


2　提出書面等及び記録媒体の電子化（試案の2(1)）
　　　民事執行の手続においても、民事訴訟手続と同様に、利便性向上の観点から、裁判所に提
　　出された書面等をファイルに記録し、これを電子化することとすることが考えられ、部会で
　　は、その電子化をすることにつき積極的な意見が出された。他方で、民事訴訟と異なり対立
　　構造にない民事執行の手続では、提出した書面等を電子化してもインターネットを通じた
　　閲覧等が想定されない局面が相当程度存在し、そのような局面でも、裁判所書記官（裁判
　　所）において一律に全ての書面等を電子化するコストをかけなければならないとすること
　　には疑問があるなどとして、将来的には、提出された書面等を含む事件記録の全面電子化を
　　目指すとしても、民事訴訟手続における電子化のルールを全ての事件に直ちに適用するこ
　　と等に慎重な意見もあった。
　　　民事執行の手続についても、基本的に、試案の2(2)の電子化のルールを適用し、提出さ
　　れた書面等を電子化していくことが考えられるが、その具体的な規律については、試案の
　　（注）のとおり、検討することが考えられ、試案の2(1)は、このことについて記載するも
　　のである。

3　各案の内容（試案の（注））

　　試案の（注）は、提出された書面等の電子化のルールを適用する事件等の範囲について、想定される具体的な考え方の例を提示するものである（なお、適用される電子化のルールの具体的な内容については、試案の2(2)で取り上げている。）。

(1)　A案（全ての事件について電子化のルールを適用する考え方）

　　前記のとおり、提出された書面等を電子化することにより、インターネットを通じた事件記録の閲覧等をすることが可能となり、申立債権者や債務者の利便性の向上が図られる等のメリットがある。このようなメリットを最大化する観点からは、民事執行の手続においても、裁判所に提出された全ての書面等について、電子化のルールを適用することが望ましいとの考え方がある。試案の（注）では、このような考え方をA案として記載している。

　　一方で、このような考え方の中でも、適用すべき電子化のルールの内容をどのように考えるかによって、異なる考え方があり得る。具体的には、まず、①民事訴訟手続におけるのと同様の電子化のルールを適用する考え方（A−1案）がある。

　　そのほか、②申立て等以外の書面等の電子化のルールである試案の2(2)②の電子化をしない場合の要件につき「ファイルを記録することにつき困難な事情があるとき」に代えて、民事執行の手続の特性を考慮し、より柔軟な運用を可能とする要件を置いた上で、試案の2(2)の電子化のルールを適用するとの考え方がある（A−2案）。これは、民事執行の手続において申立て等以外で裁判所に提出される書面等には種々雑多なものが含まれるものであるため、その電子化について柔軟な運用を可能とすることを意図するものである。

(2)　B案（一定の範囲で電子化のルールを適用する考え方）

　　民事執行の手続は、民事訴訟手続のような当事者対立構造が採られていないこと等との関係で、全ての事件における全ての提出書面等につき電子的な閲覧等のニーズがあるとは限らないため、電子化のルールを全ての事件につき当然に適用するのではなく、一定の範囲で適用するとの考え方もある。試案の（注）では、このような考え方をB案として記載している。なお、B案は、電子化のルールが適用されないものについて、裁判所書記官の裁量により電子化することもできることを前提としている。

　　B案の中には、①法律上、試案の2(2)の電子化のルールを適用する事件を一定の範囲のものとする考え方（B−1案）と、②一定の基準を定めて試案の2(2)の電子化のルールを適用する（電子化の意義を踏まえて事件類型以外の一定の基準を定めて法律上電子化しなければならないものとする）考え方（B−2案）、③当事者を含む利害関係を有する者の申出があった場合に試案の2(2)の電子化のルールを適用する（当事者を含む利害関係を有する者の申出があった場合に電子化しなければならないものとする）考え方（B−3案）がある。

7

　　B－1案は、コストに比しても電子化のニーズが高い事件類型については、電子化のルールを適用し、他方で、コストに比して電子化のニーズが高いとはいえない事件類型については、裁判所の裁量で適宜電子化することとするものである。もっとも、この案については、事件類型を適切に抽出することが可能であるかが課題となる。

　　B－2案は、一定の事件類型かどうかに関係なく、必要に応じて、電子化することを担保するために、電子化の意義を踏まえて一定の基準を定めて電子化のルールを適用するとの考え方である。例えば、インターネットによる記録の閲覧等を認める必要があると認められるときは、電子化のルールを適用するといったことが考えられるが、その基準を適切に定めることができるのかなどが課題となる。

　　B－3案は、当事者を含む利害関係を有する者の申出があった場合に試案の2(2)の電子化のルールを適用する考え方である。これは、提出書面等の電子化によるメリットのうち大きなものは、インターネットを利用した閲覧等を可能とすることであるが、そのメリットがどの事件で必要であるかどうかは、基本的には、事件ごとの利用者の判断であって一律の線引きは困難と思われることや、一律に、電磁的記録で提出されたもののほか、提出された書面等をその都度電子化する作業を要求することにより生ずる負担等を考慮するものである。この案については、提出された書面等を含む事件記録の電子化のメリットは、オンラインによる閲覧等が可能となるという当事者を含む利害関係を有する者が享受するものだけではなく、記録の管理や保管の効率化といったより公益的な観点によるものも想定されるところ、提出された書面等を電子化しなければならないかどうかを閲覧等の請求ができる者（当事者を含む利害関係を有する者）の申出にかからしめることにより、これらの者のニーズのみによることになることが、制度として合理的といえるか、といった指摘がある。

　　そのほか、試案の（注）のB－1案とB－3案は矛盾するものではなく、例えば、電子化のルールを当然に適用する事件を一定の範囲のものとしつつ、そのような事件以外の事件については当事者を含む利害関係を有する者の申出があった場合に電子化するという考え方もあり得る。

## (2) 提出された書面等及び記録媒体の電子化のルール

　　民訴法第132条の12及び第132条の13と同様に、裁判所に提出された書面等及び記録媒体の電子化のルールとして、次のような規律を設けるものとする。

① 申立て等が書面等により行われたときは、裁判所書記官は、当該書面等に記載された事項をファイルに記録しなければならない。ただし、当該事項をファイルに記録することにつき困難な事情があるときは、この限りでない。

②　裁判所書記官は、①の申立て等に係る書面等のほか、民事執行の手続において裁判所に提出された書面等又は記録媒体に記載され、又は記録されている事項をファイルに記録しなければならない。ただし、当該事項をファイルに記録することにつき困難な事情があるときは、この限りでない。

③　裁判所に提出された書面等又は記録媒体に記載され、又は記録されている事項のうち、次のものについては、①及び②の規律にかかわらず、ファイルに記録することを要しない。

　i　第三者の閲覧等の制限の申立てがあった営業秘密（不正競争防止法第２条第６項に規定する営業秘密をいう。以下同じ。）のうち特に必要があるもの

　ii　秘匿決定の申立てがあった場合における秘匿事項の届出（民訴法第１３３条第２項の規定による届出をいう。以下同じ。）に係る事項

　iii　当事者の閲覧等の制限の申立て又は当事者の閲覧等の制限の決定があった閲覧等の制限がされるべき事項のうち必要があるもの

(注)　民訴法第９２条第９項及び第１０項、第１３３条の２第５項及び第６項並びに第１３３条の３第２項と同様に、インターネットを用いた提出によりファイルに記録された電子化された事件記録のうち、①第三者の閲覧等の制限の申立てがあった営業秘密のうち特に必要がある部分又は②当事者の閲覧等の制限の申立て若しくは当事者の閲覧等の制限の決定があった閲覧等の制限がされるべき事項が記録された部分は、その内容を書面に出力し、又はこれを他の記録媒体に記録するとともに、当該部分を電子化された事件記録から消去する措置その他の当該部分の安全管理のために必要かつ適切なものとして最高裁判所規則で定める措置を講ずることができるものとする。


（補足説明）

1　令和４年改正法による民訴法の改正

　　令和４年改正法により、民訴法は、民事訴訟手続では、申立て等に係る書面等のほか、裁判所に対して提出された書面等及び記録媒体については、これらに記載され、又は記録された事項をファイルに記録しなければならないとしている（民訴法第１３２条の１２第１項及び第１３２条の１３）。

　　他方で、ファイルに記録することの例外（その書面等や記録媒体のまま記録とすること）についても定められており、当該事項をファイルに記録することにつき困難な事情がある場合には、ファイルに記録することを要しないこととされている（民訴法第１３２条の１２第１項ただし書及び第１３２条の１３ただし書）。ここでいう、困難な事情がある場合としては、例えば、提出されたものが建築図面であり、的確に電子化することが困難であるときや、書籍が一冊提出されており、その内容を全て電子化して記録することが困難であるとき

が該当し、物理的にこれをファイルに記録することが困難であるときが想定されている。

　また、次の各事項については、ファイルに記録することなく、書面等や記録媒体のまま保管し、他の記録と別に管理することを可能とするため、ファイルに記録することを要しないこととされている。

①　民訴法第９２条第１項の申立て（第三者閲覧等の制限の申立て）があった営業秘密のうち特に必要があるもの（同法第１３２条の１２第１項第１号及び第１３２条の１３第１号）

②　民訴法第１３３条第１項の申立て（秘匿決定の申立て）があった場合における同条第２項の秘匿事項の届出に係る事項（同法第１３２条の１２第１項第２号及び第１３２条の１３第２号）

③　民訴法第１３３条の２第２項の申立て（当事者の閲覧等の制限の申立て）又は同法第１３３条の３第１項の規定による決定（当事者の閲覧等の制限の決定）があった閲覧等の制限がされるべき事項（秘匿事項等）のうち必要があるもの（同法第１３２条の１２第１項第３号並びに第１３２条の１３第３号及び第４号）

2　提出された書面等及び記録媒体の電子化のルール（試案の２(2)）

　試案の２(2)は、民事執行の手続においても、民事訴訟手続と同様の電子化のルールを適用することを提案するものである（ただし、試案の２(1)の（注）のとおり、民事執行の手続においてより柔軟な運用を可能とするため、一定の修正を施す考え方（Ａ－２案）があることは前記のとおりである。）。

　なお、試案の２(2)①及び②の「ファイルに記録することにつき困難な事情があるとき」とは、前記における民訴法におけるものと同様に、物理的にこれをファイルに記録することが困難であるときを想定している。

3　ファイルに記録された事項に係る安全管理措置（試案の（注））

(1) 令和４年改正法による民訴法の改正

　　前記のとおり、民訴法は、裁判所に提出された書面等のうち、営業秘密や秘匿事項等が記載された部分については、ファイルへの記録を要しないこととしているが、裁判所に対し、書面等ではなく、インターネットにより電子データが提出され、それがファイルに記録された場合においても、同様の観点から、ファイルに記録された営業秘密や秘匿事項等に係る部分について、書面に出力してこれを訴訟記録として保管し、ファイルに記録された部分は当該ファイルから消去する等の措置をとることができることとしている（民訴法第９２条第９項及び第１０項、第１３３条の２第５項及び第６項並びに第１３３条の３第２項）。

(2) 試案の（注）の提案

　　　試案の（注）は、民事執行の手続においても、民事訴訟手続と同様に、ファイルに記録された営業秘密や秘匿事項等に係る部分について、このような措置をとることができることとすることを提案している。

## 3　裁判書及び調書等の電子化

　　裁判官が作成する裁判書並びに裁判所書記官が作成する調書及び配当表等について、書面による作成に代えて、最高裁判所規則で定めるところにより、電磁的記録により作成するものとする。

（補足説明）

　　令和４年改正法により、民訴法においては、裁判所が作成する判決書や裁判所書記官が作成する調書等について、電磁的記録によりこれを作成することとされている（同法第１６０条第１項及び第２５２条第１項）。

　　民事執行の手続においても、裁判所は、裁判書や交付計算書（民執法第８４条第２項）を作成することがあり、また、裁判所書記官は、物件明細書（同法第６２条第１項）や配当表（同法第８５条第５項）を作成することがある。これらについては、現行の民執法上、書面で作成することが前提とされているが、試案の３は、民事訴訟手続と同様に、これらについても電磁的記録により作成するものとする（電磁的記録がいわゆる原本となる）ことを提案するものである。

　　なお、試案の２(1)では、一定の範囲で、試案の２(2)の電子化のルールを適用しないことも検討しているが、試案の３の提案は、仮に、一定の範囲で、試案の２(2)の電子化のルールを適用しないとしても、それとは関係なく、裁判書や調書等は、一律に、電磁的記録により作成することを提案するものである。

　　また、電磁的記録により作成された裁判書等は、当該電磁的記録がいわゆる原本となるが、例えば、そのような裁判がされたことを証明する文書の交付を請求することは可能である（試案の６参照）。

## 4　期日におけるウェブ会議及び電話会議の利用

### (1)　口頭弁論の期日

　　　口頭弁論の期日について、民訴法第８７条の２第１項及び第３項の規定を準用し、裁判所は、相当と認めるときは、当事者の意見を聴いて、最高裁判所規則で定めるところにより、映像と音声の送受信により相手の状態を相互に認識しながら通話をすることができる方法（以下「ウェブ会議」という。）を当事者に利用させることができるものとする。

（補足説明）

　　民事執行の手続においても、任意で、口頭弁論の期日を開くことができる（任意的口頭弁論の原則。民執法第４条参照）。

　　ところで、令和４年改正法により、民訴法においては、当事者の利便性を向上するとともに、迅速かつ効率的な手続を実現する観点から、口頭弁論の期日につき、裁判所が相当と認めるときは、当事者の意見を聴いて、当事者が現実に出頭することなく、ウェブ会議により参加する方法で手続を行うことが認められている（同法第８７条の２第１項。ただし、電話会議による参加は認められていない。）。

　　試案の４(1)は、民事執行の手続においても、上記の民事訴訟と同様のルールにより、口頭弁論の期日につき、ウェブ会議を利用することができるものとする（民訴法と同様の規律とする）ことを提案するものである。

　　なお、試案の４(1)は、裁判所において、口頭弁論の期日が開かれ、その期日に裁判所（裁判官）が現実に在廷していることを前提に、現実に出頭していない当事者がその期日に関与することを認めるものであり、当事者が裁判所におけるその期日に現実に出頭して、手続に関与することを妨げるものではない。

### （2）審尋の期日

　　①　審尋の期日について、民訴法第８７条の２第２項及び第３項の規定を準用し、裁判所は、相当と認めるときは、当事者の意見を聴いて、最高裁判所規則で定めるところにより、ウェブ会議及び音声の送受信により同時に通話をすることができる方法（以下「電話会議」という。）を当事者に利用させることができるものとする。

　　②　参考人等の審尋について、民訴法第１８７条第３項及び第４項の規定を準用し、裁判所は、相当と認めるときは、最高裁判所規則で定めるところにより、ウェブ会議により参考人又は当事者を審尋することができるものとするとともに、当事者双方に異議がないときは、電話会議により参考人又は当事者を審尋することができるものとする。

（補足説明）

　　民事執行の手続においても、民事訴訟手続と同様に、裁判所が必要と認めるときに、審尋がされることがある（民執法第５条参照）。

　　令和４年改正法により、民訴法においては、当事者の利便性を向上するとともに、迅速かつ効率的な手続を実現する観点から、（口頭弁論に代わる）審尋の期日につき、裁判所が相当と認めるときは、当事者の意見を聴いて、当事者が現実に出頭することなく、ウェブ会議又は電話会議により参加する方法で手続を行うことが認められている（同法第８７条の２第２項）。

また、証拠調べとしての参考人等の審尋についても、裁判所は、相当と認めるときは、ウェブ会議により現実に出頭していない参考人や当事者を審尋することができる（当事者双方に異議がないときは、電話会議によることも認められる）とされている（同法第１８７条第３項及び第４項）。

　試案の４(2)は、民事執行の手続においても、上記の民事訴訟と同様のルールにより、審尋の期日における手続や参考人等の審尋につき、ウェブ会議や電話会議を利用することができるものとする（民訴法と同様の規律とする）ことを提案するものである。

　なお、口頭弁論の期日におけるのと同様に、試案の４(2)は、当事者等が裁判所における審尋の期日に現実に出頭して手続に関与することを妨げるものではない。

### (3)　売却決定期日及び配当期日

（前注）　ここでは、売却決定期日及び配当期日があることを前提としているが、後記５のとおり、売却決定期日及び配当期日を廃止するとの考え方もある。

【甲案】

①　裁判所は、相当と認めるときは、最高裁判所規則で定めるところにより、ウェブ会議及び電話会議によって、売却決定期日及び配当期日における手続を行うことができるものとする。

②　①の期日に出頭しないでその手続に関与した者は、その期日に出頭したものとみなすものとする。

【乙案】

①　裁判所は、相当と認めるときは、最高裁判所規則で定めるところにより、ウェブ会議によって、売却決定期日及び配当期日における手続を行うことができるものとし、電話会議の利用は認めないものとする。

②　甲案②と同じ。

（注）　ウェブ会議（又は電話会議）により手続を行うことを決定するに当たり、関係人の意見を聴くことを要件とすべきであるとする考え方がある。

（補足説明）

1　売却決定期日等におけるウェブ会議・電話会議の利用（試案の４(3)）

　　民事執行の手続においては、不動産の売却の許可又は不許可の決定は、売却決定期日において言い渡さなければならないものとされており（民執法第６９条）、売却の許可又は不許可に関し利害関係を有する者は、当該期日において意見を陳述することができることとされている（同法第７０条）。また、不動産の売却代金の配当に当たっては、配当期日を指定し、当該期日において配当表を作成することとされており（同法第８５条第５項）、配当表の記載に不服のある債権者及び債務者は、配当期日において、配当異議の申出をすることが

できることとされている（同法第８９条第１項）。

　現行の民執法上、これらの期日について、ウェブ会議や電話会議を用いて手続を行うことは認められていないが、当事者の利便性を向上する等の観点から、口頭弁論の期日や審尋の期日と同様に、ウェブ会議や電話会議を用いて当該期日に出頭することを認めることが考えられる。もっとも、部会においては、期日において執行裁判所が審尋等を行うことも想定されること（同法第８５条第４項参照）等からすると、映像を伴わない電話会議によることは認めるべきではないとの意見もあった。

　そこで、試案の４(3)では、売却決定期日及び配当期日について、ウェブ会議及び電話会議による手続を認める案を甲案、ウェブ会議を利用することを認めるが、電話会議を利用することは認めない案を乙案として、両案を併記している。

　なお、（前注）にあるとおり、売却決定期日及び配当期日を廃止すべきとの考え方もあるが、この点については、試案の５の（後注）で取り上げることとし、ここでは、これらの期日を維持することをひとまずの前提としている。

2　ウェブ会議・電話会議により手続を行うための必要的意見聴取の要否（試案の（注））

　民訴法においては、口頭弁論の期日においてウェブ会議を利用する場合には、当事者の意見を聴くこととされており（同法第８７条の２第１項）、審尋の期日や弁論準備手続の期日におけるウェブ会議又は電話会議の利用についても、同様とされている（同条第２項、同法第１７０条第３項）。そのため、民事執行の手続において、売却決定期日や配当期日についてウェブ会議等の利用を認める場合についても、関係人からの意見聴取を要件とすべきであるとの考え方がある。試案の（注）は、このような考え方を記載するものである。

　このような考え方をとった場合には、どのような者について意見聴取を必要とするかどうかについて検討する必要がある。例えば、これらの期日に出頭することが想定される者（売却決定期日については民執規則第３７条に列挙されている者が、配当期日については民執法第８５条第１項に規定されている債権者及び債務者が、それぞれ考えられる。）について、その意見を聴くべきこととすることが考えられるが、その全てから意見を聴く必要があるかや、債権者が多数に及ぶ場合等にそのような取扱いをすることが支障なく行えるのかどうかについては、検討する必要がある。

　部会では、ウェブ会議等の実施に関する関係人の意向については、裁判所の相当性判断の中で適宜考慮すればよく、関係人からの意見聴取を独立の要件とする必要はないとの意見もあった。


(4)　財産開示期日

　ア　申立人のウェブ会議・電話会議による参加

　　【甲案】

①　裁判所は、相当と認めるときは、最高裁判所規則で定めるところにより、財産開示期日においては、ウェブ会議及び電話会議によって、申立人を財産開示期日の手続に関与させることができるものとする。

②　①の期日に出頭しないでその手続に関与した申立人は、その期日に出頭したものとみなすものとする。

【乙案】

①　裁判所は、相当と認めるときは、最高裁判所規則で定めるところにより、財産開示期日においては、ウェブ会議によって、申立人を財産開示期日の手続に関与させることができるものとし、電話会議の利用は認めないものとする。

②　甲案②と同じ。

（注）　申立人のウェブ会議（又は電話会議）による手続参加を認めるに当たり、関係人（申立人及び債務者（開示義務者）の双方又は申立人のみ）の意見を聴くことを要件とすべきであるとする考え方がある。

イ　債務者（開示義務者）のウェブ会議による陳述

財産開示期日においては、ウェブ会議を利用して、債務者（開示義務者）が財産について陳述をすることができるものとすることとし、その具体的な規律の内容を以下のとおりとする。

①　裁判所は、財産開示期日において、次に掲げる場合であって、相当と認めるときは、最高裁判所規則で定めるところにより、ウェブ会議によって、債務者から陳述を聴取することができる。

a　債務者の住所、年齢又は心身の状態その他の事情により、債務者が執行裁判所に出頭することが困難であると認める場合

b　事案の性質、債務者の年齢又は心身の状態、債務者と申立人本人又はその法定代理人との関係その他の事情により、債務者が執行裁判所及び申立人が在席する場所において陳述するときは圧迫を受け精神の平穏を著しく害されるおそれがあると認める場合

c　申立人に異議がない場合

②　①の規律により債務者が陳述をした場合には、財産開示期日に出頭し、当該期日において陳述をしたものとみなす。

（注）　本文とは別に、本文イ①bの事由がある場合に、ウェブ会議の利用を認めることを否定する考え方がある。

（補足説明）

1　申立人のウェブ会議・電話会議による参加等（試案の４(4)ア）

(1) 申立人のウェブ会議・電話会議による参加（試案の４(4)ア）

　　民事執行の手続においては、債務者の財産の開示に関する手続（財産開示手続）が設けられており、この手続においては、執行裁判所は、債務者（開示義務者）に対してその者の財産に関する陳述をさせるための期日である財産開示期日を指定し、申立人及び債務者を呼び出すこととされている（民執法第１９８条第１項及び第２項）。

　　他方で、現行の民執法においては、申立人がウェブ会議や電話会議により財産開示期日に出頭することは認められていない。部会では、売却決定期日及び配当期日（試案の４(3)）と同様に、利便性の向上等の観点から、ウェブ会議や電話会議の利用を認めるべきとの意見がある。

　　試案の４(4)アは、以上を踏まえ、財産開示期日における申立人の手続参加について、売却決定期日等と同様に、ウェブ会議及び電話会議によることを認める案を甲案、ウェブ会議によることのみを認める案を乙案として、両案を併記している。

　　申立人の利便性を向上させる観点からは、電話会議の利用も認める甲案をとることが考えられるが、他方で、債務者についてはウェブ会議の利用のみを認めることとのバランス等を考慮して、乙案をとり、電話会議の利用を認めないことも考えられる。

(2) 必要的意見聴取（試案の４(4)アの（注））

　　財産開示期日についてウェブ会議や電話会議の利用を認めることとする場合には、売却決定期日や配当期日におけるのと同様に、関係人からの意見聴取を要件とすべきかどうかも問題となる。

　　この場合においては、申立人及び債務者の双方からの意見聴取を要件とする考え方と、申立人からの意見聴取のみを要件とする（債務者からの意見聴取は法律上の要件とはしないものとする）考え方の双方があり得る。債務者からの意見聴取を必要とすべきかどうかは、そのような手続を設ける必要性（債務者に、申立人がウェブ会議や電話会議により出席することについて意見を述べる法律上の利益があるかどうか）の観点から検討すべきものと考えられる。

2　債務者（開示義務者）のウェブ会議による陳述等（試案の４(4)イ）

(1) 債務者（開示義務者）のウェブ会議による陳述（試案の４(4)イ）

ア　民事執行の手続においては、財産開示手続において、債務者（開示義務者）は、財産開示期日に出頭し、財産に関して陳述をしなければならないこととされている（民執法第１９９条第１項）。他方で、現行の民執法では、債務者がウェブ会議や電話会議を利用して陳述をすることは認められていない。

　　財産開示期日においては、適切に財産の開示が行なわれるように、裁判官の面前で債務者が陳述をする必要があるが、証人尋問においても、一定の要件の下で、ウェブ会議

の利用が認められている。

　　そこで、試案の４(4)イは、債務者の陳述方法について柔軟な方法をとる余地を認め、手続の迅速化を図る観点から、民事訴訟手続における証人尋問と同様に、一定の要件の下で、ウェブ会議の利用を認めることを提案するものである。なお、この提案では、証人尋問と同様に、電話会議の利用は認めていない。

　　また、試案の４(4)イにおいて「債務者」とあるのは、民執法第１９８条第２項に規定する債務者（債務者に法定代理人がある場合には当該法定代理人、債務者が法人である場合にはその代表者）を指す趣旨である。

イ　試案の４(4)イ①において、ウェブ会議の利用を認める具体的な要件は、次のいずれかの場合であって、裁判所が相当と認めるときである。いずれも、証人尋問におけるウェブ会議の利用の要件（民訴法第２０４条）を参考としたものであり、これと同様の要件を設けることとしている。

　　①　債務者の住所、年齢又は心身の状態その他の事情により、債務者が執行裁判所に出頭することが困難であると認める場合

　　②　事案の性質、債務者の年齢又は心身の状態、債務者と申立人本人又はその法定代理人との関係その他の事情により、債務者が執行裁判所及び申立人が在席する場所において陳述するときは圧迫を受け精神の平穏を著しく害されるおそれがあると認める場合

　　③　申立人に異議がない場合

ウ　また、試案の４(4)イ②は、ウェブ会議により関与した債務者は、当該期日に出頭し、陳述をしたものとみなされることを提案しており、これによれば、期日の不出頭や不陳述による制裁（民執法第２１３条第１項）は受けないこととなる。

(2)　試案の４(4)イ①ｂとは別の考え方（試案の（注））

　　試案の４(4)イ①ｂでは、債務者が執行裁判所及び申立人が在席する場所において陳述するときは圧迫を受け精神の平穏を著しく害されるおそれがあると認める場合であって、相当と認めるときにも、ウェブ会議の利用を認めている（この要件は、民訴法第２０４条第２号を参考としたものである。）。

　　これに対し、部会では、既に債務名義が存在し、債務者は強制執行を受けるべき立場にある者であるし、財産開示期日の性質上、当該期日において陳述する債務者には一定の精神的緊張が伴うことは避けられないものであり、それを避けるためにウェブ会議の利用は認めるべきではないなどの理由から、上記の場合には、ウェブ会議を認めるべきではない（試案の４(4)イ①ｂについては、これを要件とすべきではない）との意見がある。そこで、試案の（注）は、このような考え方を記載するものである。

　　なお、この考え方に対しては、同様の要件を定める民訴法においては、例えば、証人が当事者本人又はその法定代理人が行った犯罪により被害を被ったものである場合等が想

定されているところであり、当該要件は単に精神的緊張を伴うことのみで充足されるものではなく、当該要件を設けても、その解釈によって適切に事案に対応することは可能であるとの指摘などがあり、試案の本文では、上記の場合（試案の４(4)イ①ｂ）にもウェブ会議の利用を認めることを提案している。

　　（後注）　入札期日や開札期日、競り売り期日といった民執規則上の期日についても、ウェブ会議や電話会議による手続を認めるとの考え方がある。

（補足説明）

　民事執行の手続においては、民執法に規定が設けられている期日のほか、民執規則に規定が設けられている期日がある。具体的には、入札期日（民執規則第３５条第１項）や開札期日（同規則第４６条第１項）、競り売り期日（同規則第５０条第１項）がこれに当たる。

　試案の（後注）は、これらの期日においても、売却決定期日や配当期日等と同様に、利便性の向上等の観点から、ウェブ会議や電話会議による手続を認めるとの考え方を記載するものである。このような考え方について検討するに当たっては、期日において予定されている手続がウェブ会議等の利用に適するかという問題や、これらの期日についてウェブ会議等の利用を認めるニーズがあるかという点を検討する必要があると考えられる（部会では、動産執行における競り売り期日についてウェブ会議等の利用を認めると、直ちに代金を支払うことが困難となるおそれがある（民執規則第１１８条第１項参照）との指摘や、実務上、不動産競売については、そもそも入札期日や競り売り期日が指定されることはほとんどないとの指摘もあった。）。

## 5　売却及び配当

### (1)　売却決定期日を経ない売却

　　売却決定期日において売却の許可又は不許可の決定を行う仕組みとは別に、売却の許可又は不許可に関する意見を陳述するための一定の期間を設定することにより、売却決定期日を経ることなく売却をする仕組みを設けることとし、その具体的な内容を以下のとおりとする。

　　①　裁判所書記官は、売却を実施させる旨の処分と同時に、売却決定期日を指定し、又は、売却の許可若しくは不許可に関する意見を陳述すべき期間（以下「意見陳述期間」という。）及び売却の許可若しくは不許可の決定をする日（以下「売却決定の日」という。）を指定する。

　　②　①において売却決定期日を指定した場合には、当該期日において売却の許可又は不許可の決定をする。

　　③　①において意見陳述期間及び売却決定の日を指定した場合には、当該売

却決定の日に売却の許可又は不許可の決定をするが、当該決定に対する執行抗告期間は、民執法第10条第2項の規定にかかわらず、当該売却決定の日から起算する。
(注)　①で指定した意見陳述期間や売却決定の日については、現行の民執規則において公告及び差押債権者等への通知をすべきものとされている売却決定期日の日時・場所等（同規則第36条、第37条）と同様に、公告及び通知をすべきものとする。

(補足説明)

1　期日を経ることなく売却又は配当を行う仕組みの導入

　　現行の民執法においては、不動産の売却の許可又は不許可に関し利害関係を有する者は、売却決定期日において意見を陳述することができることとされており（同法第70条）、執行裁判所は、当該意見も踏まえつつ、売却決定期日において、売却の許可又は不許可の決定（以下「売却決定」という。）を言い渡すこととされている（同法第69条）。また、配当表の記載に不服のある債権者又は債務者は、配当期日において配当異議の申出をすることができることとされている（同法第89条第1項）。

　　部会では、関係者の手続関与の方法をより柔軟なものとし、手続関与に伴う負担を軽減する観点から、売却決定期日や配当期日に代えて、売却の許可又は不許可に関する意見を陳述し、又は配当異議の申出をするための期間を指定し、当該期間内にいつでも意見陳述又は配当異議の申出をすることができることとすることにより、売却決定期日や配当期日を経ることなく、売却や配当をすることができる仕組みを設けることが検討されている（以下、売却決定期日や配当期日を指定する方式を総称して「期日方式」といい、意見陳述や配当異議の申出をするための期間を設けることにより、期日を経ずに売却又は配当を行う方式を総称して「期間方式」という。）。

　　試案の5(1)は、このうち、売却決定期日を経ることなく売却を行う仕組みを導入することを提案している（配当期日を経ることなく配当を行う仕組みについては、試案の5(2)で取り上げている。）。

2　売却決定期日を経ない売却（試案の5(1)・(注)）
(1)　意見陳述期間の指定等（試案の5(1)①及び②）

　　現行の民執法における期日方式では、裁判所書記官は、売却を実施させる旨の処分と同時に、売却決定期日を指定することとされている（民執法第64条第4項）。試案の5(1)①では、売却決定期日又は意見を陳述すべき期間（意見陳述期間）を選択的に指定すべきこととしている。

　　また、期日方式においては、売却決定は、売却決定期日において言い渡すこととされているため（民執法第69条。試案の(1)②）、売却決定期日が指定されれば、売却決定が

19

される日も自動的に明らかになるが、期間方式を採る場合には、売却決定は期日外でされることとなるため、いつ決定が行われるかは必ずしも明確でない。そこで、試案の５(1)①では、意見陳述期間を指定する場合には、売却決定をすべき日（売却決定の日）も併せて指定することとし、その日に売却決定をすることとしている。

(2) 売却決定に対する執行抗告（試案の５(1)③）

　期日方式においては、売却決定は、言渡しの時に告知の効力を生ずることとされ、その時から執行抗告期間が起算されることとなる（民執法第１０条第２項、民執規則第５４条）。

　これに対し、期間方式を採る場合には、執行抗告期間の起算日をどのように考えるかが問題となる。この点について、売却決定を差押債権者等に通知すべきこととし、民執法第１０条第２項の原則どおり決定の告知の日から起算することとすることも考えられるが、このような考え方を採る場合には、執行抗告期間の起算日が区々となることとなり、画一的な処理が困難となる。売却決定の日をあらかじめ指定することとし（試案の５(1)①）、これを公告・通知することとすれば（試案の（注））、債権者等にとって売却決定がされる日は明らかであるから、その日以降に決定書の閲覧等を行うことにより決定の内容を確認し、執行抗告を行うことは可能であると考えられる。

　そこで、試案の５(1)③では、期間方式を採った場合における売却決定に対する執行抗告期間は、当該売却決定の日から起算するものとすることを提案している。

(3) 意見陳述期間の公告等（試案の（注））

　期日方式では、売却決定期日を指定する場合には、当該期日を開く日時及び場所等を公告するとともに、差押債権者等に対して通知しなければならないこととされている（民執規則第３６条第１項第２号、第３７条）。

　期間方式を採る場合であっても、債権者に対し同様の手続保障を図る必要があると考えられることから、試案の（注）では、指定された意見陳述期間や売却決定の日については、売却決定期日と同様に、公告及び通知をすべきことを提案している。


(2) 配当期日を経ない配当

　　配当期日を経て配当を実施する仕組みとは別に、配当異議の申出をするための一定の期間を設定することにより、配当期日を経ることなく配当を実施する仕組みを設けることとし、その具体的な内容を以下のとおりとする。

　① 　裁判所は、配当期日の指定に代えて、配当異議の申出をすべき期間（以下「異議申出期間」という。）を指定することができる。

　② 　民執法第８５条第１項の規定による配当の順位・額等の決定及び配当表の作成は、配当期日を指定した場合には、当該配当期日において行うが、異議申出期間を指定した場合には、当該期間に先立ち、期日外において行

う。
③　①において異議申出期間を指定した場合には、当該指定に係る裁判書及び②において作成した配当表を民執法第85条第1項に規定する債権者及び債務者に送達又は送付しなければならない。
④　配当異議の申出は、配当期日を指定した場合には、当該配当期日において、①において異議申出期間を指定した場合には、当該期間内に、これを行わなければならない。

（補足説明）

1　異議申出期間の指定等（試案の5(2)①及び④）

　　試案の5(2)①及び④では、期間方式を採る場合には、裁判所は、配当期日の指定に代えて、配当異議の申出をすべき期間（異議申出期間）を指定することとし、この場合には、配当異議の申出は当該期間内にしなければならないこととしている。

2　配当表の作成等（試案の5(2)②及び③）

　　異議申出期間を指定する場合には、当該期間内に配当異議の申出をすることの前提として、当該期間の開始に先立ち、配当表が作成され、債権者及び債務者に対しその内容を了知する機会が与えられていなければならないと考えられる。

　　そこで、試案の5(2)②及び③では、期間方式を採る場合には、異議申出期間に先立ち配当表を作成し、これを債権者及び債務者に送達又は送付しなければならないこととしている。

　　なお、債権者及び債務者に対する通知の方法としては、期日方式における配当期日の呼出しが呼出状の送達等により行われること（民執法第15条の2及び第85条第3項）との平仄から、送達を要することとする考え方がある。一方で、期間方式は、配当異議の申出がされる可能性が低いと考えられる事案において、より簡易な手続により配当を行うために活用されることが想定されるとすると、通知の方法としてもより簡易な手続を認めることが相当であり、送付することで足りるものとする考え方もある。試案の5(2)③においては、差し当たり「送達又は送付」と記載し、送付も可能である案を提示している。

3　その他の論点

　　期日方式においては、配当期日が指定された場合には、裁判所書記官は、各債権者に対して計算書を提出するよう催告することとされている（民執規則第60条）。期間方式をとった場合にも、配当表を作成するのに先立って、計算書の提出の催告を行うこととすることも考えられる。

　　また、配当の順位及び額については、配当期日において全ての債権者間に合意が成立した

21

場合には、その合意の内容を配当表に記載することとされているが（民執法第８５条第１項ただし書及び第６項）、期間方式を採る場合に、この手続をどのようにするかについても、論点となり得る。

　以上のほか、部会においては、期日方式とは別途期間方式を設けることとする場合には、期日方式と期間方式の選択に当たり、債権者や債務者の意見を聴くこととすべきであるとの意見もあった。

　（後注）　本文(1)及び(2)に掲げた考え方とは別に、売却決定期日及び配当期日を指定する仕組みを廃止し、期日を経ることなく売却又は配当を行う仕組みのみとする考え方がある。

（補足説明）

　期間方式の導入を契機として、手続を簡明にする観点等から、売却及び配当について、期日方式を廃止し、期間方式のみとすべきであるとの考え方がある。試案の（後注）は、このような考え方を記載するものである。

　この論点については、期間方式の導入後においても、なお期日方式が必要となるような事案がないかの検討が必要になるものと考えられる。例えば、配当については、実務上、配当期日における配当表の作成及び配当異議の申出に先立ち、配当表の原案が作成され、債権者及び債務者に対してこれについて意見を述べる機会が与えられた上で、それを踏まえて配当表の作成等をする運用がされていることもあるとされる。期間方式の導入後においても、配当表の作成に先立ってその原案についての意見を聴くことにより、配当についての手続を慎重に行う必要がある事案もあるとすれば、期日方式を存続することも考えられるが、一方で、このような事案についても期間方式において十分に対応可能であるとすれば、期日方式を廃止し、期間方式のみとすることも考えられる。

### 6　電子化された事件記録の閲覧等

　電子化された事件記録についても請求の主体に係る民執法第１７条の規律を基本的に維持し、利害関係を有する者は、電子化された事件記録について、最高裁判所規則で定めるところにより、閲覧、複写（ダウンロード）、事件記録に記録されている事項の内容を証明した文書若しくは電磁的記録の交付若しくは提供又は事件に関する事項を証明した文書若しくは電磁的記録の交付若しくは提供（以下この６において「閲覧等」という。）の請求をすることができるものとする。

（注１）　電子化された事件記録の閲覧等の具体的な方法について、次のような規律を設けるものとする。

　①　利害関係を有する者は、裁判所設置端末及び裁判所外端末を用いた閲覧等を請求することができる。

　②　当事者（申立債権者及び債務者）は、いつでも事件の係属中に裁判所外端末を用いた閲覧又は複写をすることができる。

（注２）　一定の債権者（例えば、配当要求をした債権者）も、（注１）②の当事者と同様に、いつでも事件の係属中に裁判所外端末を用いた閲覧又は複写をすることができるものとするとの考え方がある。


（補足説明）

1　電子化された事件記録の閲覧等

　民事執行の手続において、インターネットを用いて申立て等をすることを認めることとした場合には（試案の1(1)）、インターネットを用いてされた申立て等については、当該申立て等に係る電磁的記録（電子データ）はそのまま事件記録となることが想定される。また、書面等が提出された場合に、当該書面等を裁判所のファイル（サーバ）に記録することとし（試案の2）、裁判官が作成する裁判書や裁判所書記官が作成する調書についても電磁的記録により作成することとした場合には（試案の3）、ファイルに記録された電磁的記録が事件記録となる。これらの電子化された事件記録の閲覧等に関する規律が問題となる。

　なお、執行官が執行機関となる場合における事件記録の閲覧等については、試案の9で取り上げている。


2　閲覧等の請求の主体（試案の6）

　民執法第17条は、執行裁判所の行う民事執行について、利害関係を有する者は、事件記録の閲覧等の請求をすることができることとしている。これは、電子化されていない事件記録についての規律であるが、電子化された事件記録についても、この請求の主体に関する規律を変更すべき理由はないことから、試案の6では、基本的に、請求の主体に係る民執法第17条の規律を基本的に維持することとしている。


3　請求の具体的な内容（試案の6及び(注)）

(1)　請求の内容（試案の6）

　ア　令和4年改正法により、民訴法においては、電子化された訴訟記録（電磁的訴訟記録）については、その閲覧、複写（電子情報処理組織（インターネット）を用いて、自己の端末に当該電磁的記録を記録（ダウンロード）すること）、訴訟記録の内容の証明書等（訴訟記録に記録されている事項の全部又は一部を記載した書面であって、その内容が訴訟記録に記録されている内容と同一であることを裁判所書記官が証明した書面又は電磁的記録）や訴訟に関する事項の証明書等（確定証明書等）の交付等を請求する

ことができることとされている（民訴法第９１条の２及び第９１条の３）。これは、電子化されていない訴訟記録（非電磁的訴訟記録）の閲覧・謄写及びその正本の交付並びに訴訟に関する証明書の交付等（民訴法第９１条及び第９１条の３）に対応するものである。

イ　試案の６は、民事執行の手続における電子化された事件記録についても、請求することができる内容につき、上記と同様の規律とすることを提案するものである。

(2) 閲覧等の方法（試案の（注１））

ア　民訴法においては、電子化された訴訟記録の閲覧等の具体的な方法については、最高裁判所規則に委任することとされている（民訴法第９１条の２及び第９１条の３）。

　　今後、最高裁規則の内容は検討されることとなるが、法制審議会では、そのことについても議論がされており、「民事訴訟法（ＩＴ化関係）等の改正に関する要綱」では、最高裁判所規則において、①何人も、裁判所設置端末を用いた閲覧を請求することができ、②当事者及び利害関係を疎明した第三者は、裁判所設置端末及び裁判所外端末を用いた閲覧等を請求することができ、③当事者は、いつでも事件の係属中に裁判所外端末を用いた閲覧又は複写をすることができるという内容の規律を設けるとの考え方が示されている（同要綱第１０の１の（注））。

　　これは、①裁判所に設置された端末で電子化された訴訟記録の閲覧をすることができることを基本としつつ、②当事者及び利害関係を有する第三者については、利便性向上の観点から、インターネットを利用して裁判所外端末により閲覧等をすることを可能とし、③その中でも当事者は、形式的に定まるものであり、利害関係の有無の判断等の必要がないため、事件の係属中はいつでも（例えば、いわゆる時間外であっても）裁判所外端末による閲覧又は複写を可能とするものである。

イ　試案の（注１）は、民事執行の手続における閲覧等の具体的な内容について、民事訴訟と同様の規律とすることを提案するものである。

　　具体的には、上記アの①から③までの規律に則して、利害関係を有する者は、裁判所設置端末及び裁判所外端末を用いた閲覧等を請求することができることとし（なお、民事執行の手続においては、もともと事件記録の閲覧の請求をすることができるのが利害関係を有する者に限られているため（民執法第１７条）、上記アの①と②の違いは問題とならない。）、民事執行の手続において当事者の立場にあり、形式的に定まる申立債権者及び債務者については、事件の係属中いつでも裁判所外端末により閲覧又は複写をすることができることとしている。

(3) 債権者の閲覧等の方法（試案の（注２））

　　部会においては、申立債権者や債務者のほかに、当該債務者に対して債権を有する他の債権者も、その手続において配当等を受けることがあり得るのであり、強い利害を有することから、事件の係属中いつでも閲覧又は複写をすることができることとすべきである

との考え方が検討されている。試案の（注2）では、そのような考え方を記載している。

　もっとも、申立債権者や債務者は、申立てによって形式的に定まるが、当該債務者に債権を有するかどうかは形式的に定まるものではなく、その請求の時期によっても変わり得るものであり、仮に、試案の（注1）②による閲覧等を認めるとしても、どのようにしてその資格を認めるのかが問題となる。試案の（注2）では、配当要求をした債権者であれば、配当要求の有無で形式的に判断することができるとも考えられるため、そのような閲覧等を認めることが検討される一つの例として挙げている。また、配当要求をした債権者以外にも債権者が存在するが、例えば、債権者として一度閲覧等を認めた者も、その後は、試案の（注1）②による閲覧等を認めることも考えられる。ただし、配当要求をした債権者や一度閲覧等を認められた債権者について、その後に債権を失った場合にどのように考えるのかが問題となる。

## 7　送達等

### (1)　電磁的記録の送達

　　民事執行の手続における電磁的記録の送達について、民訴法第１０９条から第１０９条の４までの規定を準用するものとする。

（注）　本文の考え方を基礎とした上で、申立債権者や送達を受ける第三債務者の利益等に配慮しつつ、電子情報処理組織による送達の活用の在り方について検討すべきとの考え方がある。

（補足説明）

1　電磁的記録の送達

　(1)　検討の必要性

　　　前記のとおり、民事執行の手続において、インターネットを用いて申立て等をすることを認めることとした場合には（試案の1(1)）、インターネットを用いてされた申立て等については、当該申立て等に係る電磁的記録（電子データ）はそのまま事件記録となる。また、書面等が提出された場合に、当該書面等に記載され、又は記録された事項を裁判所のファイル（サーバ）に記録することとし（試案の2）、裁判官が作成する裁判書や裁判所書記官が作成する調書についても電磁的記録により作成することとした場合には（試案の3）、ファイルに記録された電磁的記録が事件記録となる。これらのファイルに記録された電磁的記録を送達するための規律が必要となる。

　(2)　令和4年改正法による民訴法改正

　　　令和4年改正法により、民訴法においては、電磁的記録の送達について、概要、以下のような規律が設けられている（民訴法第１０９条から第１０９条の４まで）。

　　　①　電磁的記録の送達は、送達の対象となる電磁的記録（送達すべき電磁的記録）を出

力することにより作成した書面の郵送等により行う。

②　①にかかわらず、送達を受けるべき者が電子情報処理組織（インターネット）を用いた方法による送達を受ける旨の届出をしている場合には、裁判所書記官が、送達すべき電磁的記録の閲覧又は記録（ダウンロード）をすることができる状態に置き、送達を受けるべき者に対し、インターネットを用いて、その旨を通知する方法（通知の具体的な方法については最高裁判所規則に委任されているが、電子メールを送信する方法が定められることが想定されている。）により、電磁的記録の送達を行うことができる。なお、上記通知は、送達を受けるべき者が届け出た連絡先に対して行う。送達を受けるべき者は、当該届出の際に、送達受取人を届け出ることもできる。

③　②の方法による送達は、送達を受けるべき者が送達すべき電磁的記録を閲覧した時、ダウンロードした時又は②の通知が発出されてから１週間を経過した時のいずれか早い時にその効力を生ずる。ただし、送達を受けるべき者がその責めに帰することができない事由により閲覧又はダウンロードをすることができない期間は、１週間という期間に算入しない。

④　インターネットによる申立て等が義務付けられた者は②の届出をしなければならず（民訴法第１３２条の１１第２項参照）、その者が届出をしていない場合であっても、②の方法による送達をすることができる。この場合に、②の方法をとるときには、その者に通知をすることを要しない。

(3)　提案の内容

　　試案の７(1)は、民事執行の手続における電磁的記録の送達についても、民事訴訟と同様の規律とするために、民訴法第１０９条から第１０９条の４までの規定を準用することを提案している。


2　電子情報処理組織による送達の活用に当たっての検討課題（試案の（注））

　　部会では、特に、差押命令を（電磁的記録の送達の方法のうち）電子情報処理組織による送達の方法によりすることを念頭に、送達を受けるべき者が閲覧等をしない場合における送達の効力発生までの期間を民事訴訟手続と同様に１週間とすると、申立債権者の利益を害するおそれがあり、その期間をこれよりも短くすべきであるとの意見や、システム送達を受ける旨の届出がされている場合に書類による送達を行うかシステム送達を行うかについて申立債権者に選択を認めるなどといった方策を検討することも考えられるとの考え方も示された。

　　他方で、前記の期間を短くすることなどについては、送達を受ける第三債務者の立場から、対応が困難であるとの指摘や、システム送達を受ける旨の届出がされている場合には、書類による送達を行い得ないものとすべきであるとの意見もあった。

　　このような意見もあったが、法律上、民訴法に比して前記の期間を短くすることについて

は第三債務者の負担が大きくなり、これを正当化する理由を見出すことは難しい。また、民訴法では、送達を確実に行うこと等を確保するため、システム送達を受ける旨の届出がされていても、裁判所（裁判所書記官）において、電磁的記録を出力した書面を送達する方法をとることができることとしており、差押えのケースにおいて、システム送達を受ける旨の届出があったからといって、法律上、書面による送達を否定することは難しいように思われる。

そのため、これまでにあった指摘については、法律上の手当をするというよりは、それらの指摘を踏まえつつ、運用上の工夫をすることにより対処することが考えられる。いずれにしても、システム送達が実施され、第三債務者がそれを閲覧又はダウンロードをすることにより、書類の送達よりも速やかに送達がされるケースもあり得ると思われること等を踏まえ、実務上の活用の方法につき引き続き検討することが考えられる。

そこで、試案の（注）は、本文の考え方を基礎とした上で、申立債権者や送達を受ける第三債務者の利益等に配慮しつつ、電子情報処理組織による送達の活用の在り方について検討すべきとの考え方があることを明記している。

## (2) 公示送達

**民事執行の手続における公示送達について、民訴法第111条の規定を準用するものとする。**

（補足説明）

令和4年改正法により、民訴法においては、利便性を向上し、公示送達を実質化する観点から、公示送達につきインターネットを用いた方法を導入することとされている。具体的には、①必要な事項を不特定多数の者が閲覧することができる状態に置く措置をとるとともに（具体的な措置の内容は最高裁判所規則で定めることとされているが、裁判所のウェブサイトに掲載することを定めることが想定されている。）、②当該事項を裁判所の掲示場に掲示し、又は裁判所設置端末で閲覧することができる状態に置く措置をとることによって公示送達をすることとされている（同法第111条）。

試案の7(2)は、民事執行の手続における公示送達についても、民事訴訟と同様の規律とするために、民訴法第111条の規定を準用することを提案している。

（後注）　民事執行の手続における公告の方法を見直し、裁判所の掲示場に掲示し、又は裁判所設置端末を使用して閲覧することができるようにすることに加えて、公告事項又はその要旨を裁判所のウェブサイトで公示する方法を導入するとの考え方がある。

（補足説明）

　民事執行の手続においては、関係者に対する周知の方法として、公告が定められているものがある（強制競売の開始決定がされた旨及び配当要求の終期の公告（民執法第４９条第２項）、不動産執行における売却すべき不動産の表示、売却基準価額並びに売却の日時及び場所の公告（同法第６４条第５項）等）。公告の方法は、民執規則において定められており、公告事項を記載した書面を裁判所の掲示場等に掲示して行うこととされている（同規則第４条第１項）。

　試案の（後注）は、民事執行の手続における公告について、情報の周知方法としての効果を向上させる観点から、民事訴訟手続における公示送達と同様に、インターネットを用いた方法（裁判所のウェブサイトに掲載する方法）を導入する考え方を記載するものである。

## 8　債務名義の正本の提出・執行文の付与
### （1）債務名義の正本提出に関する規律の見直し

　　債務名義が裁判所において電磁的記録により作成されたものである場合には、強制執行は、当該債務名義に係る電磁的記録自体に基づいて実施することとし、債務名義を証明する文書の提出は不要とするものとする。

　（注）　本文に掲げるもののほか、民事執行の手続において裁判の正本を提出することとされている場合において、当該裁判に係る裁判書が電磁的記録により作成されたとき（強制執行を停止させる裁判が電磁的記録により作成された場合等）についても、本文の規律と同様に、当該裁判を証明する文書の提出を不要とするものとする。

（補足説明）

1　債務名義の正本提出に関する規律の見直し（試案の8(1)）

　　現行の民執法においては、強制執行は、原則として、執行文の付された債務名義の正本に基づいて実施することとされており（同法第２５条）、強制執行の開始を申し立てる申立債権者は、執行裁判所に対し、債務名義の正本を提出する必要がある。

　　しかし、債務名義が裁判所のファイル（サーバ）に記録されたものである場合（電子判決書や和解を記録した電子調書等が債務名義となる場合）については、申立債権者に当該債務名義の正本の提出を求めなくとも、裁判所のシステムが構築されることに伴い、執行裁判所がシステムを通じることにより直接その存在・内容を確認することが可能となることが見込まれる。

　　そこで、試案の8(1)は、申立債権者の利便性を向上する観点から、裁判所のファイルに記録された債務名義については、強制執行の申立てに当たり、その正本の提出を不要とすることを提案するものである。

2　その他の裁判の正本提出に関する規律の見直し（試案の（注））

　民事執行の手続においては、強制執行の開始の場面以外にも、債務名義を取り消す旨を記載した執行力のある裁判の正本を提出して強制執行の停止を申し立てる場合（民執法第39条第1項第1号）など、裁判の正本を提出することが手続の要件となっている場面がある。

　試案の（注）は、これらについても、本文と同様に、当該裁判が裁判所により電磁的記録により作成された場合には、その正本の提出を不要とすることを提案している。

## （2）執行文に関する規律の見直し

### ア　単純執行文

#### 【甲案】

　現行法上、強制執行の実施に当たり単純執行文の付与が必要となるケースでも、債務名義が裁判所において電磁的記録により作成されたものである場合には、単純執行文の付与を不要とするものとする。

#### 【乙案】

　債務名義が裁判所において電磁的記録により作成されたものである場合においても、現行法と同様に、単純執行文の付与を必要とするものとする。

（注）　甲案をとる場合には、債務名義が裁判所において書面により作成されたものである場合にも、単純執行文の付与を不要とする考え方もある。

### イ　特殊執行文

　現行法上、強制執行の実施に当たり特殊執行文が必要となるケースについては、債務名義が裁判所において電磁的記録により作成されたものである場合においても、現行法と同様に、特殊執行文の付与を必要とするものとする。

（補足説明）

### 1　執行文の制度

　現行の民執法においては、強制執行は、原則として、執行文の付された債務名義の正本に基づいて実施することとされており（同法第25条）、この執行文は、事件記録の存する裁判所の裁判所書記官等が、債権者が債務者に対して強制執行をすることができる場合に、申立てに基づき付与することとされている（同法第26条）。

　執行文は、講学上、単純執行文と特殊執行文に分かれる。特殊執行文は、民執法第27条が規定する、請求が債権者の証明すべき事実の到来に係る場合における執行文（条件成就執行文）及び債務名義に表示された当事者以外の者を債権者又は債務者とする執行文（承継執

行文）がこれに当たる。単純執行文は、このような特殊執行文以外の執行文を指す。

　　現行の民執法において執行文の制度が採られているのは、強制執行の基礎となる債務名義が執行力を有するものであるかどうかを執行機関とは異なる機関が判断することとすることにより、執行機関の負担を軽減し、もって迅速な強制執行を実現する趣旨であるところ、民事執行の手続のＩＴ化に伴い、執行裁判所と債務名義作成機関（執行文付与機関）との間の役割分担について、これまでの規律を見直すべきかどうかが問題となる。

２　単純執行文に関する規律の見直し（試案の８(2)ア、（注））
(1) 電子的な債務名義に基づく強制執行における単純執行文の要否（試案の８(2)ア）
　ア　甲案（単純執行文を不要とする考え方）

　　　前記のとおり、裁判所において電磁的記録により作成され、裁判所のファイルに記録された債務名義については、裁判所のシステムが構築されることに伴い、執行裁判所がシステムを通じることにより直接その存在・内容を確認することが可能となる。そのため、特殊執行文の付与が問題とならないような複雑な要件判断を伴わないと考えられるケースについては、執行裁判所がシステムを通じて債務名義に係る事件の記録等を確認し、執行力の有無を判断することとしても、執行裁判所にとって過度な負担となることはなく、民事執行の手続の迅速性を損なうことはないとも考えられる。

　　　甲案は、このような考え方に基づき、裁判所において電磁的記録により作成され、裁判所のファイルに記録された債務名義について、単純執行文の付与を不要とするものである。

　イ　乙案（単純執行文を必要とする考え方）

　　　裁判所のシステムが整備された場合であっても、執行裁判所が、債務名義に係る事件の記録等を自ら確認し、執行力の有無を判断しなければならないこととすることが適切であるかどうかは、別途検討する必要があると思われる。

　　　現行法では、執行力の判断は、例えば、判決が債務名義である場合には訴訟が係属していた裁判所の裁判所書記官が判断することとし、執行裁判所は、その判断をしないこととしているが、このような役割分担を直ちに変更すべきだけの合理的な理由はないとの指摘も考えられる。また、単純執行文の付与には異議の申立てができるが、これまで執行文の付与等に関する異議の手続が果たしていた役割をどの機関がどのように担うべきかという点など、検討すべき課題についての指摘もある。

　　　乙案は、このような観点から、現行法の考え方を維持し、裁判所において電磁的記録により作成され、裁判所のファイルに記録された債務名義に基づく強制執行においても、単純執行文の付与を必要とするものである（なお、乙案をとった場合であっても、単純執行文の付与の申立てをインターネットを用いてすることができ、執行文の付与が電磁的記録の作成によりされるなど、単純執行文の付与の手続が電子化されること

を前提としている。）。

(2) 電磁的記録でない債務名義における単純執行文の是非（試案の（注））

　　前記のとおり、試案の8(2)アは、債務名義が裁判所において電磁的記録により作成され、裁判所のファイルに記録されたものである場合における単純執行文の要否について検討するものであり、これ以外の債務名義については、単純執行文の付与を必要とすることを前提としている。もっとも、現行法における書面により作成された債務名義の中にも単純執行文の付与が必要とされていないものもあるため（少額訴訟における確定判決（民執法第25条ただし書）や、給付を命ずる家事審判（家事法第75条）等）、今般の検討を契機として、書面により作成された債務名義を含む全ての債務名義について、単純執行文の付与を不要とする取扱いに統一する考え方もあり得る。試案の（注）は、このような考え方を記載するものである。

　　なお、給付を命ずる家事審判においては、現行法上、単純執行文の付与は必要とされていないが、確定証明書により当該審判が確定したことを証明する必要はある。このように、裁判所において電磁的記録により作成され、裁判所のファイルに記録された債務名義以外の債務名義について単純執行文の付与を不要とした場合であっても、（単純執行文に代えて）債務名義作成機関の発行する証明書の提出が求められることがあり得ることを前提としている。

3　特殊執行文に関する規律の見直し（試案の8(2)イ）

　　特殊執行文については、その付与に当たって実体的な判断が必要となるため、特殊執行文が必要なケースにおける執行力の有無を執行裁判所が判断すべきものとすることは、民事執行の手続の迅速性を損なうおそれがあると考えられる。また、執行裁判所によってその判断が区々となり、法的安定性を損なう可能性も否定することができないように思われる。

　　試案の8(2)イは、このような観点から、債務名義が裁判所のファイルに記録されたものである場合について、（このような場合に単純執行文の付与を不要とすることとした場合であっても）現行法における書面により作成された債務名義と同様に、特殊執行文の付与を必要とすることを提案している。

　　なお、試案は、単純執行文におけるのと同様に、特殊執行文の付与の申立てをインターネットを用いてすることができ、執行文の付与が電磁的記録の作成によりされるなど、特殊執行文の付与の手続が電子化されることは前提としている。

## 9　執行官と民事執行の手続のＩＴ化

　　執行官が執行機関となる場合における民事執行の手続について、執行裁判所が執行機関となる場合におけるのと同様にＩＴ化するものとする。

(注)　いずれの民事執行の手続においても、執行官に対する申立て等については、執行裁判

所に対する申立て等に関する規律（前記１及び２）と同様とするものとする。

（補足説明）

1　執行官が執行機関となる場合における民事執行の手続（試案の９）

　　民事執行の手続においては、執行官が執行機関となる手続がある。具体的には、動産執行（民執法第１２２条）や不動産の引渡（明渡）執行（同法第１６８条）、担保権の実行としての動産競売（同法第１９０条）がある。これらの手続においては、執行官に対して直接申立てがされる。

　　試案の９は、これらの手続についても、裁判所が執行機関となる手続と同様にＩＴ化することとし、同様の規律とすることを提案するものである。

　　例えば、執行官が執行機関となる場合につき、執行官法第１７条及び第１８条は、当事者その他の利害関係人は、事件記録の閲覧等を求めることができるとするが、試案の６と同様に、電子化された事件記録につき裁判所設置端末や裁判所外設置端末により閲覧などを求めることができることとする。

2　執行官に対する申立て等（試案の（注））

　　民事執行の手続には、執行官が執行機関となる場合と裁判所が執行機関となる場合とがあるが、執行官は、いずれの手続においても、役割を果たすことがあり、いずれの手続の中でも、執行官に対して申立て等が行われる場合がある。

　　試案の（注）では、いずれの手続においても、裁判所に対する申立て等（試案の１及び２）と同様の規律とすることを提案している。例えば、執行官に対する申立て等はインターネットを用いてすることができるとしつつ、民事訴訟手続においてインターネットを用いて申立て等をしなければならない委任を受けた代理人等はそのインターネットの利用が義務付けられることとなる。

## 10　その他

（注１）　システムを使った電磁的記録に記録された情報の内容に係る証拠調べの申出や、書面の提出に代えて電磁的記録をファイルに記録する方法による陳述、ウェブ会議による裁判所外の尋問など、ＩＴを活用した証拠調べ手続について、民事訴訟手続と同様の規律を設けるものとする。

（注２）　費用額確定処分の申立ての期限について、民事訴訟手続と同様の規律を設けるものとする。

（注３）　民執法第９１条第１項に基づき配当留保供託がされた場合において、長期間にわたり供託事由を解消するための手続がとられないままとなっている事案を解消するための方策（例えば、供託から一定期間が経過した際には裁判所から債権者に対して状況を

届け出るよう催告することとし、届出がないときは供託を終了して他の債権者に配当等
を実施する制度の導入等）について検討すべきとの考え方がある。

（注4）　民訴法の改正を踏まえて裁判官の権限のうち定型的な判断事項等を裁判所書記官の
権限とする見直しなど実務上必要な見直しがないのか検討すべきとの考え方がある。


（補足説明）

1　証拠調べの手続（試案の（注1））

　　令和4年改正法により、民訴法においては、電磁的記録に記録された情報の内容に係る証
拠調べの規定（同法第231条の2、第231条の3）や尋問に代わる電磁的記録の提出に
関する規定（同法第205条第2項）が整備されたほか、裁判所外における証拠調べについ
て、ウェブ会議を利用することができることとされている（同法第185条第3項）。

　　試案の（注1）は、民事執行の手続において証拠調べを行う場合に、民訴法におけるIT
を活用した証拠調べの規律と同様の規律を適用することを提案するものである。


2　費用額確定処分の申立ての期限（試案の（注2））

　　令和4年改正法により、民訴法においては、訴訟費用の額が長期にわたって確定されない
事態を防ぐため、訴訟費用の額の確定の申立てに10年の期間制限を設けることとしてい
る（同法第71条第2項）。

　　民事執行の手続における手続費用についても、その額が長期にわたって確定されない事
態を防ぐ必要があると考えられることから、試案の（注2）では、民事執行の手続における
手続費用の額の確定の申立てについて、民事訴訟手続と同様に10年の期間制限を設ける
ことを提案している。


3　配当留保供託の取扱い（試案の（注3））

　　現行の民執法においては、配当等を受けるべき債権者の債権について、直ちに配当等を実
施することができない事由がある場合等には、その配当等の額に相当する金銭を供託しな
ければならないこととされている（いわゆる配当留保供託。民執法第91条）。

　　この供託については、事後的に供託の事由が消滅したときに、供託金について追加配当等
を実施することとされているが（同法第92条）、部会では、債権者が必要な手続を行わな
いために、長期間にわたっていつまでも追加配当等を実施することができず、他の債権者等
が追加配当等を受けることできないという事態が生じており、このような事態を解消する
ための方策を検討する必要があるとの指摘があった。

　　そこで、試案の（注3）では、そのような考え方を記載している。具体的な方策としては、
例えば、配当留保供託がされてから一定期間が経過した場合に、裁判所から当該供託に係る
債権者への催告により、供託を継続するための届出をさせることとし、届出がないときは供

託を終了して他の債権者に配当等を実施する制度を導入すること等が考えられるが、どのような規律を設けることが相当であるかについては、引き続き検討する必要がある。


４　その他（試案の（注４））

　　これまでに掲げたもののほか、部会では、例えば、民訴法において期日の変更・取消しが裁判所から裁判長の権限とされたことを踏まえ、売却決定期日の変更・取消しを裁判所書記官の権限とすることなど、これまでに掲げた論点のほか、民訴法の内容も踏まえつつ、実務上見直しをすべき点がないか検討すべきであるとの指摘があった。

　　試案の（注４）は、この点について記載するものであり、今後、民訴法の内容を踏まえつつ、実務上見直しをすべき点の指摘が具体的にあれば、その指摘を踏まえて検討することも考えられる。


# 第２　民事保全
## １　裁判所に対する申立て等
### （１）インターネットを用いてする申立て等の可否

　　民事保全の手続において裁判所に対して行う申立て等については、民訴法第１３２条の１０の規定を準用し、全ての裁判所に対し、一般的に、インターネット（電子情報処理組織）を用いてすることができるものとする。


（補足説明）

　　現行の民保法においては、民事保全の手続における申立て等のうち、最高裁判所の定める裁判所に対してするものについては、最高裁判所規則で定めるところにより、インターネットを用いてすることができるとされている（同法第６条の３）。

　　試案の１(1)は、民事保全の手続における申立て等についても、手続の利便性を向上するとともに、迅速な手続を実現する観点から、民訴法第１３２条の１０の規定を準用し、全ての裁判所に対し、一般的に、インターネット（電子情報処理組織）を用いてすることができるものとすることを提案している。

　　なお、民事保全の手続において裁判所に対して行う申立て等としては、保全命令の申立てのほか、保全異議の申立て（民保法第２６条）及び保全取消しの申立て（同法第３７条第３項等）などがある。

　　民事訴訟の説明その他の説明については、試案の第１の１(1)の（補足説明）参照。


### （２）インターネットを用いてする申立て等の義務付け

　　民事保全の手続において、民訴法第１３２条の１１の規定を準用し、民事訴訟手続においてインターネットを用いて申立て等をしなければならない

委任を受けた代理人等は、裁判所に対して行う申立て等をインターネットを用いてしなければならないものとする。

（補足説明）

　試案の1(2)では、民事保全の手続においても、令和4年改正法による民訴法改正の考え方が妥当すると考えられることから、民訴法第132条の11の規定を準用し、民事訴訟手続と同様に、民事保全の手続における委任を受けた代理人等について、インターネットによる申立て等を義務付けることを提案し、他方で、それ以外の者については、インターネットを用いて申立て等をすることを義務付けることは提案していない。

　民事訴訟の説明その他の説明については、試案の第1の1(2)アの（補足説明）参照。


## 2　提出された書面等及び記録媒体の電子化
### (1)　提出された書面等及び記録媒体の電子化の対象事件等

　　（注）のいずれかの考え方を採用した上で、裁判所に提出された書面等及び記録媒体につき、下記(2)の電子化のルールを適用し、裁判所書記官において提出された書面等及び記録媒体をファイルに記録しなければならないものとする。

（注）　裁判所に提出された書面等及び記録媒体について、法律上、全ての事件につき下記(2)の電子化のルールを適用するとの考え方（A案）と、電子化を目指しつつも、民事保全の手続の特性を考慮し、裁判所の判断で電子化することが可能であることを前提とした上で、法律の定めとしては、一定の範囲で、下記(2)の電子化のルールを適用するとの考え方（B案）がある。

　　　A案の中には、全ての事件につき、下記(2)の電子化のルールをそのまま適用するとの考え方（A－1案）のほかに、申立て等以外の書面等及び記録媒体のルールである下記(2)②の電子化をしない場合の要件につき「ファイルに記録することにつき困難な事情があるとき」に代えて、民事保全の手続の特性を考慮し、より柔軟な運用を可能とする要件を置いた上で、下記(2)の電子化のルールを適用するとの考え方がある（A－2案）。

　　　B案の中には、①法律上、下記(2)の電子化のルールを適用する事件を一定の範囲のものとする考え方（B－1案）、②一定の基準を定めて下記(2)の電子化のルールを適用する（電子化の意義を踏まえて一定の基準を定めて法律上電子化しなければならないものとする）考え方（B－2案）、③当事者を含む利害関係を有する者の申出があった場合に下記(2)の電子化のルールを適用する（当事者を含む利害関係を有する者の申出があった場合に電子化しなければならないものとする）考え方（B－3案）がある。

（補足説明）

　現行の民保法の下では、事件記録は書面により管理されており、裁判所に提出された書面等については、これらをそのまま編てつすることにより、事件記録が作成されている。

　民事保全の手続においても、民事訴訟手続と同様に、利便性向上の観点から、裁判所に提出された書面等をファイルに記録し、これを電子化することとすることが考えられ、部会では、その電子化をすることにつき積極的な意見が出された。他方で、部会では、民事保全の手続では、申立てがあった場合は、基本的に、債務者の審尋をすることなく、速やかに保全命令が発令される必要があり、提出された書面等を一律に電子化しなければならないものとすると、民事保全事件全体で保全命令の発令が遅れる可能性がある一方、保全命令が発令された後に保全異議又は保全取消しの申立てがされて事件記録全体を改めて参照しなければならなくなるといった事案は、保全事件全体のうち、あまり多くないとの指摘もあった。

　民事保全の手続についても、基本的に、試案の２(2)の電子化のルールを適用し、提出された書面等を電子化していくことが考えられるが、その具体的な規律については、試案の（注）のとおり、検討することが考えられ、試案の２（1）は、このことについて記載するものである。

　試案の（注）の具体的な説明などその他の説明については、試案の第１の２(1)の（補足説明）参照。

### (2) 提出された書面等及び記録媒体の電子化のルール

　民訴法第１３２条の１２及び第１３２条の１３と同様に、裁判所に提出された書面等及び記録媒体の電子化のルールとして、次のような規律を設けるものとする。

① 　申立て等が書面等により行われたときは、裁判所書記官は、当該書面等に記載された事項をファイルに記録しなければならない。ただし、当該事項をファイルに記録することにつき困難な事情があるときは、この限りでない。

② 　裁判所書記官は、①の申立て等に係る書面等のほか、民事保全の手続において裁判所に提出された書面等又は記録媒体に記載され、又は記録されている事項をファイルに記録しなければならない。ただし、当該事項をファイルに記録することにつき困難な事情があるときは、この限りでない。

③ 　裁判所に提出された書面等又は記録媒体に記載され、又は記録されている事項のうち、次のものについては、①及び②の規律にかかわらず、ファイルに記録することを要しない。

ⅰ 　第三者の閲覧等の制限の申立てがあった営業秘密のうち特に必要があ

　　　　るもの
　　ⅱ　秘匿決定の申立てがあった場合における秘匿事項の届出に係る事項
　　ⅲ　当事者の閲覧等の制限の申立て又は当事者の閲覧等の制限の決定があ
　　　った閲覧等の制限がされるべき事項のうち必要があるもの
（注）　民訴法第９２条第９項及び第１０項、第１３３条の２第５項及び第６項並びに第１
　　　３３条の３第２項と同様に、インターネットを用いた提出によりファイルに記録され
　　　た電子化された事件記録のうち、①第三者の閲覧等の制限の申立てがあった営業秘密
　　　のうち特に必要がある部分又は②当事者の閲覧等の制限の申立て若しくは当事者の
　　　閲覧等の制限の決定があった閲覧等の制限がされるべき事項が記録された部分は、そ
　　　の内容を書面に出力し、又はこれを他の記録媒体に記録するとともに、当該部分を電
　　　子化された事件記録から消去する措置その他の当該部分の安全管理のために必要か
　　　つ適切なものとして最高裁判所規則で定める措置を講ずることができるものとする。


（補足説明）
　1　提出書面等及び記録媒体の電子化のルール
　　　試案の２(2)は、民事保全の手続においても、民事訴訟手続と同様の電子化のルールを適
　　用することを提案するものである（ただし、試案の２(1)の（注）のとおり、民事保全の手
　　続においてより柔軟な運用を可能とするため、一定の修正を施す考え方（Ａ－２案）があ
　　る。）。
　　　民事訴訟の説明その他の説明については、試案の第１の２(2)の（補足説明）参照。


　2　ファイルに記録された事項に係る安全管理措置（試案の（注））
　　　試案の（注）は、民事保全の手続においても、民事訴訟手続と同様に、ファイルに記録さ
　　れた営業秘密や秘匿事項等に係る部分について、書面に出力してこれを事件記録として保
　　管し、ファイルに記録された部分は当該ファイルから消去するなどの措置をとることがで
　　きることとすることを提案するものである。
　　　民事訴訟の説明その他の説明については、試案の第１の２(2)の（補足説明）参照。


## 3　裁判書及び調書等の電子化
　　　裁判官が作成する裁判書及び裁判所書記官が作成する調書等について、書面
　　による作成に代えて、最高裁判所規則で定めるところにより、電磁的記録によ
　　り作成するものとする。


（補足説明）
　　　民訴法においては、裁判所が作成する判決書や裁判所書記官が作成する調書等について、電

磁的記録によりこれを作成することとされている（同法第１６０条第１項及び第２５２条第１項）。

　民事保全の手続においても、裁判所は裁判書を作成することがあり、また、裁判所書記官は調書を作成することがある。これらについては、現行の民保法上、書面で作成することが前提とされている。

　試案の３は、民事訴訟手続と同様に、これらについても電磁的記録により作成するものとすることを提案するものである。

　なお、民事訴訟の説明その他の説明については、試案の第１の３の（補足説明）参照。

## ４　期日におけるウェブ会議及び電話会議の利用
### （1）口頭弁論の期日

　　　口頭弁論の期日について、民訴法第８７条の２第１項及び第３項の規定を準用し、裁判所は、相当と認めるときは、当事者の意見を聴いて、最高裁判所規則で定めるところにより、ウェブ会議を当事者に利用させることができるものとする。

（補足説明）

　民事保全の手続においても、任意で、口頭弁論の期日を開くことができる（任意的口頭弁論の原則。民保法第３条参照）。

　試案の４(1)は、民事保全の手続においても、民事訴訟と同様のルールにより、口頭弁論の期日につき、ウェブ会議を利用することができるものとする（民訴法と同様の規律とする）ことを提案するものである。

　民事訴訟の説明その他の説明については、試案の第１の４（1）の（補足説明）参照。

### （2）審尋の期日
　　① 　審尋の期日について、民訴法第８７条の２第２項及び第３項の規定を準用し、裁判所は、相当と認めるときは、当事者の意見を聴いて、最高裁判所規則で定めるところにより、ウェブ会議及び電話会議を当事者に利用させることができるものとする。
　　② 　参考人等の審尋について、民訴法第１８７条第３項及び第４項の規定を準用し、裁判所は、相当と認めるときは、最高裁判所規則で定めるところにより、ウェブ会議により参考人又は当事者を審尋することができるものとするとともに、当事者双方に異議がないときは、電話会議により参考人又は当事者を審尋することができるものとする。

（補足説明）

　民事保全の手続においても、審尋がされることがある（民保法第23条第4項参照）。

　試案の4(2)は、民事保全の手続においても、民事訴訟と同様のルールにより、審尋につき、ウェブ会議や電話会議を利用することができるものとする（民訴法と同様の規律とする）ことを提案するものである。

　民事訴訟の説明その他の説明については、試案の第1の4(2)の（補足説明）参照。

### (3) 仮の地位を定める仮処分命令における債務者が立ち会うことができる審尋の期日

【甲案】

　　裁判所は、相当と認めるときは、債務者の意見を聴いて、最高裁判所規則で定めるところにより、ウェブ会議によって、民保法第23条第4項所定の仮の地位を定める仮処分命令における債務者が立ち会うことができる審尋の期日における手続を行うことができるものとし、電話会議の利用は認めないものとする。

【乙案】

　　甲案に記載している特段の規律は設けないものとする。

（補足説明）

　保全命令の申立てに関する審理において、債務者の審尋を行うかは裁判所の裁量に委ねられているが、その例外として、仮の地位を定める仮処分命令については、口頭弁論又は債務者が立ち会うことができる審尋の期日を経なければ、これを発することができないものとされている（民保法第23条第4項本文。ただし、同項ただし書において、その期日を経ることにより仮処分命令の申立ての目的を達することができない事情があるときは、この限りでないものとされている。）。

　部会においては、仮の地位を定める仮処分が、暫定的にではあれ、権利関係を実現させる効果を生じさせることから、仮の地位を定める仮処分命令における審尋の期日について、ウェブ会議の利用は認めるが、電話会議の利用は認めるべきではないとの意見があった。他方で、債務者審尋の期日は、債務者に陳述の機会を保障しようとするものであり、債務者において出頭又はウェブ会議によって審尋の期日に関与することができない場合には、債務者が電話会議により陳述することを認めることが望ましいなどの理由から、仮の地位を定める仮処分命令における債務者審尋の期日についても、電話会議の利用を否定すべきではないとの意見もあった。

　試案の4(3)では、仮の地位を定める仮処分命令における債務者が立ち会うことができる審尋の期日について、試案の4(2)とは異なり、ウェブ会議を利用することを認めるが、電話会

議を利用することは認めない案を甲案、そのような特段の規律を設けず、試案の４(2)の規律を適用する案を乙案として、両案を併記している。

### (4) 保全異議、保全取消し及び保全抗告の審尋期日
　　【甲案】
　　　　裁判所は、相当と認めるときは、当事者の意見を聴いて、最高裁判所規則で定めるところにより、ウェブ会議によって、保全異議、保全取消し及び保全抗告の審尋期日における手続を行うことができるものとし、電話会議の利用は認めないものとする。
　　【乙案】
　　　　甲案に記載している特段の規律は設けないものとする。

（補足説明）
　　民保法は、裁判所は、口頭弁論又は当事者双方が立ち会うことができる審尋の期日を経なければ、保全異議、保全取消し及び保全抗告の申立てについての決定をすることができないものとしている（民保法第２９条、第４０条第１項及び第４１条第４項）。

　　部会では、これらの審尋期日は当事者双方に立会権があること等を理由に、これらの審尋期日について、ウェブ会議の利用を認めるが、電話会議の利用は認めるべきではないこととする意見があったが、他方で、民事訴訟においても民訴法第８７条第２項所定の（口頭弁論に代わる）審尋についても電話会議の利用が認められており（同法第８７条の２第２項）、民事保全の手続の迅速性の観点からも、これらの審尋期日においても、電話会議を利用することを否定することはできないとする意見もあった。

　　そこで、試案の４(4)では、保全異議等の審尋の期日について、試案の４(2)とは異なり、ウェブ会議を利用することを認めるが、電話会議を利用することは認めない案を甲案、そのような特段の規律を設けず、試案の４(2)の規律を適用する案を乙案として、両案を併記している。

### 5　電子化された事件記録の閲覧等
　　電子化された事件記録についても請求の主体及び債権者以外の者の請求の時期に係る民保法第５条の規律を基本的に維持し、次のような規律を設けるものとする。

　　利害関係を有する者は、電子化された事件記録について、最高裁判所規則で定めるところにより、閲覧、複写（ダウンロード）、事件記録に記録されている事項の内容を証明した文書若しくは電磁的記録の交付若しくは提供又は事件に関する事項を証明した文書若しくは電磁的記録の交付若しくは提供（以下この５において「閲覧等」という。）の請求をすることができる。ただし、債権

者以外の者にあっては、保全命令の申立てに関し口頭弁論若しくは債務者を呼び出す審尋の期日の指定があり、又は債務者に対する保全命令の送達があるまでの間は、この限りでない。

（注）　電子化された事件記録の閲覧等の具体的な方法について、次のような規律を設けるものとする。

① 　利害関係を有する者は、裁判所設置端末及び裁判所外端末を用いた閲覧等を請求することができる。

② 　当事者（申立債権者及び債務者）は、いつでも事件の係属中に裁判所外端末を用いた閲覧又は複写をすることができる。

（補足説明）

1　電子化された事件記録の閲覧等

　　民事保全の手続において、インターネットを用いて申立て等をすることを認めることとした場合には（試案の１(1)）、インターネットを用いてされた申立て等については、当該申立て等に係る電磁的記録（電子データ）はそのまま事件記録となることが想定される。また、書面等が提出された場合に、当該書面等を裁判所のファイル（サーバ）に記録することとし（試案の２）、裁判官が作成する裁判書や裁判所書記官が作成する調書についても電磁的記録により作成することとした場合には（試案の３）、ファイルに記録された電磁的記録が事件記録となる。これらの電子化された事件記録の閲覧等に関する規律が問題となる。

2　閲覧等の請求の主体及び債権者以外の者の請求の時期（試案の５）

　　民保法第５条は、保全命令に関する手続について、利害関係を有する者は、事件記録の閲覧等の請求をすることができることとしている。また、同条は、債権者以外の者は、保全命令の申立てに関し口頭弁論若しくは債務者を呼び出す審尋の期日の指定があり、又は債務者に対する保全命令の送達があるまでの間は、閲覧等の請求をすることができないとしている。これらは、電子化されていない事件記録についての規律であるが、電子化された事件記録についても、この請求の主体や債権者以外の者の請求の時期に係る規律を変更すべき理由はないことから、試案の５の本文では、基本的に、請求の主体や債権者以外の者の請求の時期に係る民保法第５条の考え方を基本的に維持することとしている。

3　請求の具体的な内容（試案の５及び(注)）

（1）請求の内容（試案の５）

　　試案の５の本文は、民事保全の手続における電子化された事件記録についても、請求することができる内容につき、民事訴訟と同様の規律とすることを提案するものである。

　　民事訴訟の説明その他の説明については、試案の第１の６の（補足説明）参照。

## （2）閲覧等の方法（試案の（注））

　　試案の（注）は、「民事訴訟法（IT化関係）等の改正に関する要綱」を踏まえて、具体的な閲覧等の方法につき提案をしている。要綱の説明その他の説明については、試案の第1の6の（補足説明）参照。

　　なお、部会では、破産手続や家事事件手続における事件記録の閲覧等について、裁判所外端末を用いて閲覧等をすることができるのは当事者的な立場にある者のみに限るべきとの指摘があり（試案の第3の5の（注3）及び第9の7(1)の（注3）参照）、民事保全の手続についても、試案の（注）①とは異なり、非公開の手続についての規律を統一するとの観点から、裁判所外端末を用いて閲覧等をすることができるのは当事者に限るべきとの意見もあった。他方で、仮に、破産手続や家事事件手続において、裁判所外端末を用いて閲覧等をすることができるのを当事者的な立場にある者に限ることとする場合であっても、その後に本案訴訟の提起が予定されている民事保全の手続において、民事訴訟手続とは異なる規律とし、破産手続や家事事件手続と同様の規律とする必要性や相当性が問題となると考えられることから、この意見は、試案に記載されていない。

## 6　送達
### （1）電磁的記録の送達

　　民事保全の手続における電磁的記録の送達について、民訴法第109条から第109条の4までの規定を準用するものとする。

（補足説明）

　　試案の6(1)は、民事保全の手続における電磁的記録の送達についても、民事訴訟と同様の規律とするために、民訴法第109条から第109条の4までの規定を準用することを提案している。民事訴訟の説明その他の説明については、試案の第1の7(1)の（補足説明）参照。

　　なお、保全命令の送達は、保全執行に関する手続であることから、試案の7の（注3）参照。

### （2）公示送達

　　民事保全の手続における公示送達について、民訴法第111条の規定を準用するものとする。

（補足説明）

　　試案の6(2)は、民事保全の手続における公示送達についても、民事訴訟と同様の規律とするために、民訴法第111条の規定を準用することを提案している。民事訴訟の説明その他の説明については、試案の第1の7(2)の（補足説明）参照。

## 7 その他

(注１) システムを使った電磁的記録に記録された情報の内容に係る証拠調べの申出や、書面の提出に代えて電磁的記録をファイルに記録する方法による陳述、ウェブ会議による裁判所外の尋問など、ＩＴを活用した証拠調べ手続について、民事訴訟手続と同様の規律を設けるものとする。

(注２) 費用額確定処分の申立ての期限について、民事訴訟手続と同様の規律を設けるものとする。

(注３) 保全執行に関する手続については民事執行の手続と同様にＩＴ化するものとする。

(注４) 本案の訴えの提起又はその係属を証する書面（民保法第３７条第１項)については、保全命令を発した裁判所において本案の訴えの提起又はその係属を裁判所のシステムを通じて確認することとして、起訴命令を発せられた債権者による提出を不要とするものとする。

(注５) 和解を記載した調書は、当事者に送達しなければならないものとする（現行において実費精算する取扱いがなされている郵便費用を、申立ての手数料に組み込み一本化することと併せて実現するものとする。）。

(注６) 民訴法の改正を踏まえて裁判官の権限のうち定型的な判断事項等を裁判所書記官の権限とする見直しなど実務上必要な見直しがないのか検討すべきとの考え方がある。


（補足説明）

1 証拠調べの手続（試案の（注1））

　　試案の（注1）は、民事保全の手続において証拠調べを行う場合に、民訴法におけるＩＴを活用した証拠調べの規律と同様の規律を適用することを提案するものである。民事訴訟の説明その他の説明については、試案の第1の１０の（注1）の（補足説明）参照。


2 費用額確定処分の申立ての期限（試案の（注2））

　　民事保全の手続における手続費用についても、その額が長期にわたって確定されない事態を防ぐ必要があると考えられることから、試案の（注2）では、民事保全の手続における手続費用の額の確定の申立てについて、民事訴訟手続と同様に１０年の期間制限を設けることを提案している。民事訴訟の説明その他の説明については、試案の第1の１０の（注2）の（補足説明）参照。


3 保全執行に関する手続（試案の（注3））

　　保全執行に関する手続（民保法第４３条以下）については、民事執行の手続と共通する点も多く、民保法第４６条は、民執法の規定を保全執行について個別に準用している。

　　試案の（注3）は、保全執行の手続についても、民事執行の手続と同様にＩＴ化すること

を提案するものである。

　例えば、民事執行の手続における電磁的記録の送達については、申立債権者や送達を受ける第三債務者の利益等に配慮しつつ、電子情報処理組織による送達の活用の在り方について検討すべきとの考え方があるが（試案の第1の7(1)の（注）参照）、この論点についての検討は、保全執行の手続における仮差押命令の送達についても妥当するものと考えられる。

　また、民事執行の手続のIT化については、債務名義の正本提出に関する規律の見直し（試案の第1の8(1)の本文参照）や裁判を証明する文書の提出を不要とすること（試案の第1の8(1)の（注）参照）が提案されており、保全執行の手続においても、保全命令の正本（民保法第43条第1項）や裁判を証明する文書の正本（例えば、担保を立てることを保全執行の続行の条件とする旨の裁判（同法第44条第2項）や保全執行を停止させる裁判（同法第46条において準用する民執法第39条）がある。）の提出を不要とすることが考えられる。

4　本案の訴えの提起又はその係属を証する書面の提出（試案の（注4））

　民保法は、保全命令を発した裁判所は、債務者の申立てにより、債権者に対し、相当と認める一定の期間内に、本案の訴えを提起するとともにその提起を証する書面を提出し、既に本案の訴えを提起しているときはその係属を証する書面を提出すべきことを命じなければならず（民保法第37条第1項）、債権者が同項の規定により定められた期間内に同項の書面を提出しなかったときは、裁判所は、債務者の申立てにより、保全命令を取り消さなければならないこととしている（同条第3項）。

　しかし、本案の訴えの訴訟記録は電子化されており、債権者に本案の訴えの提起又はその係属を証する書面の提出を求めなくとも、裁判所のシステムが構築されることに伴い、保全命令を発した裁判所がシステムを通じることにより本案の訴えの訴訟記録を直接確認することが可能となることが見込まれる。

　そこで、試案の（注4）は、債権者の利便性を向上する観点から、本案の訴えの提起又は係属を証する書面の提出を不要とすることを提案するものである。

　これに対し、家事調停の申立て、労働審判の申立て、仲裁手続開始の手続、公害紛争処理法第42条の12第1項に規定する責任裁定の申請も、本案の訴えの提起とみなされる場合があるが（民保法第37条第5項参照）、保全命令を発した裁判所において、債権者が提起した事件の記録の内容をシステムによって確認することができない場合には、現行法と同様に、本案の訴えの提起又は係属を証する書面の提出を求める必要があると考えられる。

5　和解調書の送達（試案の（注5））

　現行の民保法下においては、和解を記載した調書については、職権で送達する旨の規定は

なく、当事者からの申請を待って送達することとされている。

　試案の（注5）は、民事訴訟手続と同様に、民事保全の手続における和解調書についても、当事者からの送達申請によらずに送達しなければならないものとすることを提案するものである（この提案が、郵便費用を申立ての手数料に組み込み一本化することと併せて実現することを提案するものであることは、他の手続における和解調書（及び調停調書）の送達に係る提案と同様である。）。民事訴訟の説明その他の説明については、試案の第5の5の（補足説明）参照。

　なお、他の手続においては、送達のほかに、送付をすることも許容することにつき検討をしているため、部会では、他の手続との関係を考慮し、送付をすることも許容するのか検討すべきではないかとの指摘もあった。


6　その他（試案の（注6））

　部会では、これまでに掲げた論点のほか、民訴法の内容を踏まえつつ、実務上見直しをすべき点がないか検討すべきであるとの指摘があった。試案の（注6）は、この点について記載するものであり、今後、民訴法の内容を踏まえつつ、実務上見直しをすべき点の指摘が具体的にあれば、その指摘を踏まえて検討することも考えられる。


# 第3　破産手続
## 1　裁判所に対する申立て等
### (1)　インターネットを用いてする申立て等の可否

　　破産手続等（破産法第2条第1項に規定する破産手続及び破産法第12章に規定する免責・復権に係る手続をいう。以下同じ。）において裁判所に対して行う申立て等については、民訴法第132条の10の規定を準用し、全ての裁判所に対し、一般的に、インターネット（電子情報処理組織）を用いてすることができるものとする。

　（注）　申立て等をインターネットを用いてする際の方法としては、システム上のフォーマット入力の方式を検討すべきとの考え方がある。


（補足説明）

1　インターネットを用いてする申立て等の可否（試案の1(1)）

　現行の破産法においては、破産手続等における申立て等のうち、最高裁判所の定める裁判所に対してするものについては、最高裁判所規則で定めるところにより、インターネットを用いてすることができるとされている（同法第8条の4）。

　試案の1(1)は、破産手続等における申立て等についても、手続の利便性を向上するとともに、迅速な手続を実現する観点から、民訴法第132条の10の規定を準用し、全ての裁

判所に対し、一般的に、インターネット（電子情報処理組織）を用いてすることができるものとすることを提案している。

　なお、破産手続等における申立て等としては、例えば、破産手続開始の申立て（破産法第１８条第１項等）、破産債権者による債権届出（同法第１１１条）や債権調査における異議（同法第１１８条第１項）のほか、破産管財人の職務行為に関する許可の申立て（同法第７８条第２項）や報告（同法第１５７条）などが含まれる。

　また、申立て等を行う「破産手続等」とは、試案の１(1)記載のとおり、破産法第２条第１項に規定する破産手続及び同法第１２章の規定による免責・復権の手続をいう（同法第３条参照）。否認の請求（同法第１７４条第１項）、役員責任査定決定の申立て（同法第１７８条第１項）などの手続を含むものであることを前提としている。

　民事訴訟の説明その他の説明については、試案の第１の１(1)の（補足説明）参照。


２　インターネットによる申立て等の方法（試案の（注））

　破産手続等における申立て等をインターネットを用いてすることを可能とした場合には、それは、今後構築される裁判所のシステムを通じてこれを行うことが想定されている。そのため、インターネットによる申立て等の具体的な方法については、システムの具体的な内容も踏まえて検討されることとなる。

　部会においては、申立て等をする者の利便性の向上や、その後のデジタル情報の利用による効率化・迅速化のため、債権届出などの申立て等については、フォーマット入力方式で申立て等ができるようにすることなどについても検討すべきであるとの意見があった。このような議論は、今後の検討に際しても参考になると思われることから、試案の（注）では、このような考え方があったことを記載している。


### (2)　インターネットを用いてする申立て等の義務付け

#### ア　委任を受けた代理人等

　破産手続等において、民訴法第１３２条の１１の規定を準用し、民事訴訟手続においてインターネットを用いて申立て等をしなければならない委任を受けた代理人等は、裁判所に対して行う申立て等をインターネットを用いてしなければならないものとする。

#### イ　破産管財人等

　破産管財人等（破産管財人及び保全管理人をいう。以下同じ。）は、当該選任を受けた破産手続等において裁判所に対して行う申立て等をインターネットを用いてしなければならないものとする。

（補足説明）

1　委任を受けた代理人等（試案の1(2)ア）

　　試案の1(2)アでは、破産手続等においても、令和4年改正法による民訴法改正の考え方が妥当すると考えられることから、民訴法第132条の11の規定を準用し、民事訴訟手続と同様に、破産手続等における委任を受けた代理人等について、インターネットによる申立て等を義務付けることを提案し、他方で、それ以外の者については、インターネットを用いて申立て等をすることを義務付けることは提案していない（ただし、破産管財人等及び債権届出についての他の考え方については、試案の1(2)イ及び（後注）参照）。

　　民事訴訟の説明その他の説明については、試案の第1の1(2)アの（補足説明）参照。

2　破産管財人等（試案の1(2)イ）

　　破産手続等においては、裁判所とは異なる独立の手続機関として、破産管財人が設けられている。破産管財人は、破産財団に属する財産の管理処分権を専属的に有し（破産法第78条第1項）、様々な手続上の権限・義務を有しており、その行う申立て等は、職務行為に関する許可の申立て（同条第2項）や裁判所に対する認否書、財産目録等及び報告書の提出（同法第117条第3項、第153条第2項及び第157条第1項）など幅広い。このような破産管財人の行う職務の重要性や幅広さに鑑みると、破産手続等の迅速化・効率化のため、破産管財人の行う申立て等について、インターネットを用いてすることを義務付ける必要があると思われる。そして、保全管理人についても、基本的に、破産管財人と同様の検討が妥当するものと思われる。

　　試案の1(2)イは、このような観点から、破産管財人等が、当該選任を受けた破産手続等における申立て等を行うに当たっては、インターネットを用いてすることを義務付けることを提案するものである。

　　ところで、破産管財人等にインターネットの利用を義務付けるとしても、その義務の意味合いがどのようなものとなるかは、別途検討する必要がある。すなわち、その義務に違反してされた申立て等の適法性自体が問題となるとの整理があり得る一方、その義務は破産管財人等の職務上の義務であるとすると、その義務違反は、当該申立て等の適法性に影響を与えるものではなく、裁判所による監督の対象となるものであり、破産管財人等を解任するかどうかの考慮要素になるものにすぎないとの整理もある。

　　また、試案の1(2)イは、破産管財人等が、当該選任を受けた破産手続等における申立て等を行うに当たっては、インターネットを用いてすることを義務付けるものであり、それ以外の手続、例えば、破産に関連する民事訴訟において、その申立て等をインターネットを用いてすることを義務付けるものではない。部会では、破産管財人等については、自らが破産に関する民事訴訟における申立て等をする場合についてもインターネットを用いてすることを義務付けるべきであるとの意見があった。もっとも、民事訴訟においては、委任を受け

　た訴訟代理人等についてのみ義務化をしていることもあり、試案では、そのような規律を提案していない。

　なお、民事訴訟手続においては、申立て等につきインターネットを用いてしなければならないものとされている者については、インターネットを利用した送達を受ける旨の届出をしなければならないものとされており、このような者に対するインターネットを利用した送達は、届出をしない場合であってもすることができるなどとされている（民訴法第１３２条の１１第２項及び第１０９条の４）。試案の１(2)イは、破産手続等においては、破産管財人等についても、インターネットを利用した送達を受ける旨の届出をしなければならないものとすることを想定している。

　そのほか、試案の１(2)イのとおり法制化をするに際しては、破産管財人等と同様の役割を果たす破産管財人代理（同法第７７条）及び保全管理人代理（同法第９５条）についても、同様の規律を設けることが考えられる。

　（後注）　本文の考え方のほか、債権届出については、破産手続において自認債権制度（民事再生法第１０１条第３項参照）を設けるなど破産債権者による債権届出がなくとも破産手続において破産債権があるものとして扱うことができる制度、債権届出を容易にする制度及び債権届出をサポートする制度を創設した上で、インターネットを用いて申立て等をすることが困難であると認められる者を除き、全ての者が、インターネットを用いてこれをしなければならないものとするとの考え方がある。

（補足説明）

１　試案の（後注）の考え方

　破産手続に参加しようとする破産債権者は、裁判所に債権届出を提出しなければならないものとされている（破産法第１１１条第１項）。債権届出の提出は、多数の破産債権者によって行われ、また、画一的な処理になじむものであり、手続の円滑な進行を図るため、インターネットを用いて行われることが望ましいことから、債権届出の提出については、債権届出を容易にする制度（例えば、フォーマット入力の方式）を導入することを前提に、全ての者につき、インターネットを用いてしなければならないものとすべきであるとの考え方がある。

　この考え方については、債権届出につき、一律にインターネットを用いてしなければならないものとすると、インターネットを利用することができない者について、債権届出をすることができなくなるとの懸念があるものの、上記の考え方は、インターネットを利用することができない者については、そのサポート制度（例えば、代理委員の制度（破産法第１１０条）など）を拡充することで対応することができること、サポート制度を前提としてもなおインターネットを利用できない者については、義務化の対象外とすることもあり得ること、

破産手続において自認債権制度（民再法第１０１条第３項参照）を設けるなど破産債権者による債権届出がなくとも破産手続において破産債権があるものとして扱うことができる制度を設けることで保護を図ることができることなどをその前提としている。

試案の（後注）は、以上の考え方を記載するものである。

2　試案の（後注）に反対する意見等

試案の（後注）の考え方に対しては、債権届出についてのみそのような義務付けをすることは、民事訴訟手続において訴訟代理人等による申立て等に限って義務付けをしていることとの整合性がとれないという意見や、労働者において、使用者の倒産といった精神的苦痛が生じる中で、インターネットを利用しない限り届出をすることができないこととすると、それ自体がハードルとなり、届出を断念しなければならなくなる可能性があるとの意見がある。

また、一定の者につき例外を設けるとしても、その者を具体的に定義することは困難であるとの指摘や、債権届出に係るシステムが使いやすいものとなるのであれば義務付けをしなくともインターネットを用いた債権届出がされることとなり、義務化をする必要はないとの指摘もある。

以上の点のほか、破産手続において自認債権制度を設けることについては、債権届出を提出していない破産債権者の破産手続への参加を認め、権利の上に眠るものは保護しないとの原則に対する例外を認めることとなるため、慎重な検討を要するとの指摘がある。また、再生手続において自認債権制度が認められているのは、再生債権について認否をすることとされている再生債務者において、届出がない再生債権につき、その存在を知っているにもかかわらず、当該再生債権につき再生債権者表に記載されず、再生計画の定めの対象ともならないために、責任を免れる（民再法第１７８条第１項）ものとすることは、公平に反するとの考慮によるものであるが、破産手続においては、破産者ではなく破産管財人が破産債権の認否をすることとされており（破産法第１１７条及び第１２１条）、破産手続において自認債権制度を設けることを検討するに当たっては、このような現行法の立法趣旨等を考慮する必要があるとの指摘がある。

## (3) 破産管財人と債権届出

### 【甲案】

破産債権者が多数に上るケースにおいて、破産管財人が、裁判所の決定を得て、次のような債権届出に関する事務を行うことができる規律を設けるものとする。

① 破産債権者は、破産管財人に対して、債権届出をすることができる。

② 破産管財人は、裁判所に対して、①の規律により受けた債権届出を届

　　　け出る。

　【乙案】

　　　破産管財人が破産債権者から債権届出書を受け取り、これを裁判所に提出することについては、今後の実務上の解釈及び運用に委ねることとし、特段の規律を設けないものとする。


（補足説明）

1　破産管財人が債権届出に関する事務を行う制度を設ける考え方（甲案）

　　破産手続に参加しようとする破産債権者は、債権届出期間内に、法定の事項を裁判所に届け出なければならないこととされている（破産法第１１１条第１項）が、破産債権者が多数に上るような事案において、破産管財人による破産債権の認否の便宜を図り、手続をより円滑なものとする観点から、破産管財人を債権届出の提出先とすることを認めることが考えられる。また、現行法の下においても、破産管財人が債権者から債権届出書を受け取り、これを裁判所に提出するといった運用上の実例がある（破産管財人への直送などと呼ばれている。）。

　　ただし、破産債権の届出は、破産手続等に参加するという手続上の効力に加えて、破産債権に係る時効の完成猶予の効果（民法第１４７条第１項第４号）を有するものであり、破産管財人が飽くまでも裁判所とは別個の手続機関であることを踏まえると、破産管財人に対する債権届出の提出をもって、債権届出が裁判所に提出されたものと同視し、これらの効果を認めることはできないのではないかとの指摘がある。また、これらの法律上の効果の問題とは別に、破産管財人において、債権届出の受領時点を適切に管理し、証明することができるのかという問題がある。

　　以上を考慮し、甲案は、破産債権者が多数に上るケースにおいて、破産管財人が、裁判所の決定を得て、債権届出に関する事務を行うことができる規律を設けるものとし、その具体的な内容としては、①破産債権者は、破産管財人に対して、債権届出をすることができるとするとともに、②破産管財人は、裁判所に対して、①の規律により受けた債権届出を届け出るものとしている。

　　なお、甲案をとる場合には、その法的構成等につき検討をする必要があるほか、破産管財人の役割の内容が現行法と異なることとなるため、破産管財人がどのような法的地位になるのか、どのような責任を負うこととなるのかなどにつき検討する必要がある。

　　法的構成等の関係で、参考となる制度としては、債権者が自ら裁判所に債権届出を提出せずとも、別の者がこれに準ずる届出等をすれば、債権者が債権届出をしたものと同様の効果が認められている制度がある。例えば、小規模個人再生において再生債務者が提出した債権者一覧表に記載されている再生債権者は、債権者一覧表に記載されている再生債権については、別途再生債権についての届出をした場合を除き、債権届出期間の初日に、債権者一覧

表の記載内容と同一の内容で再生債権の届出をしたものとみなすものとされている（民再法第２２１条第３項及び第２２５条）。また、金融機関等の更生手続の特例等に関する法律では、金融機関等の更生手続において、預金保険機構が作成し、裁判所に提出した預金者表に記載された預金等債権については、別途、預金者等が債権届出をした場合を除き、債権届出があったものとみなす制度等が設けられている（同法第３９３条等）。

2　特段の規律を設けない考え方（乙案）

　甲案のとおり、法律上、破産管財人が債権届出を受け取ることをその職務とすることについては、破産管財人の役割の内容が現行法と異なることとなるため、破産管財人がどのような法的地位になるのか、どのような責任を負うこととなるのかなどにつき検討する必要があるが、そのような検討については慎重に行うべきとの考え方もある。

　乙案は、以上を考慮し、破産管財人が債権届出の受領及び提出の事務を取り扱うことは、実務上の解釈及び運用に委ね、特段の規律を設けないものとするものである。

　なお、前記のとおり、現行法の下においても、破産管財人が債権者から債権届出書を受け取り、これを裁判所に提出するといった運用上の実例があるが、乙案は、このような実務上の取扱い自体を否定するものではない。

## 2　提出された書面等及び記録媒体の電子化
### (1)　提出された書面等及び記録媒体の電子化の対象事件等

　（注）のいずれかの考え方を採用した上で、裁判所に提出された書面等及び記録媒体につき、下記(2)の電子化のルールを適用し、裁判所書記官において提出された書面等及び記録媒体をファイルに記録しなければならないものとする。

（注）　裁判所に提出された書面等及び記録媒体について、法律上、全ての事件につき下記(2)の電子化のルールを適用するとの考え方（A案）と、電子化を目指しつつも、破産手続等の特性を考慮し、裁判所の判断で電子化することが可能であることを前提とした上で、法律の定めとしては、一定の範囲で、下記(2)の電子化のルールを適用するとの考え方（B案）がある。

　　A案の中には、全ての事件につき、下記(2)の電子化のルールをそのまま適用するとの考え方（A－1案）のほかに、申立て等以外の書面等及び記録媒体のルールである下記(2)ア②の電子化をしない場合の要件につき「ファイルに記録することにつき困難な事情があるとき」に代えて、破産手続等の特性を考慮し、より柔軟な運用を可能とする要件を置いた上で、下記(2)の電子化のルールを適用するとの考え方がある（A－2案）。

　　B案の中には、①法律上、下記(2)の電子化のルールを適用する事件を一定の範囲

のものとする考え方（B－1案）、②一定の基準を定めて下記(2)の電子化のルールを適用する（電子化の意義を踏まえて一定の基準を定めて法律上電子化しなければならないものとする）考え方（B－2案）、③当事者を含む利害関係人の申出があった場合に下記(2)の電子化のルールを適用する（当事者を含む利害関係人の申出があった場合に電子化しなければならないものとする）考え方（B－3案）がある。

（補足説明）

　現行の破産法の下では、破産手続等の記録は書面により管理されており、裁判所に提出された書面等については、これらをそのまま編てつすることにより、事件記録が作成されている。

　破産手続等においても、民事訴訟手続と同様に、利便性向上の観点から、裁判所に提出された書面等をファイルに記録し、これを電子化することとすることが考えられ、部会では、その電子化をすることにつき積極的な意見が出された。他方で、部会では、関係人から裁判所に提出された書面等を裁判所書記官において全て電子化しなければならないものとすると、裁判所における事務処理の負担が過剰なものとなり、かえって、破産手続等の適切な進行を妨げるという事態が生じ得るとの指摘や、民事訴訟手続のような当事者対立構造が採られていないこと等との関係で、全ての事件における全ての提出書面等につき電子的な閲覧等のニーズがあるとは限らないとの指摘もある。

　破産手続等についても、基本的に、試案の2(2)の電子化のルールを適用し、提出された書面等を電子化していくことが考えられるが、その具体的な規律については、試案の（注）のとおり、検討することが考えられ、試案の2(1)は、このことについて記載するものである。

　試案の（注）の具体的な説明などその他の説明については、試案の第1の2(1)の（補足説明）参照。

　なお、試案の（注）のB－1案に関して、例えば、一定規模以上の法人については、類型的に債権者が多数に上ることが想定され、およそ同時廃止により破産手続が終了することが考えられず、このような法人を破産者とする事件については、ここでいう「一定の事件」とすべきといった意見も考えられる。

　また、試案の（注）のB－2案に関しては、破産者の属性（法人や自然人であるか）や、想定される債権者の数、同時廃止であるかどうかなどを踏まえて、インターネットによる記録の閲覧等を認める必要があると認めるときは、電子化のルールを適用するといった意見も考えられる。他方で、同時廃止事件などでも、過去に経験した破産事件の手続の経過や内容を確認するために事件記録の閲覧等をしたい場合や、過去の破産事件を統計として用いる場合、免責手続において免責についての意見申述を行うために破産債権者が記録を閲覧したい場合等には、記録を電子化するニーズがあるとの指摘もある。

## （2）提出された書面等及び記録媒体の電子化のルール

ア 民事訴訟と同様のルール

民訴法第１３２条の１２及び第１３２条の１３と同様に、裁判所に提出された書面等及び記録媒体の電子化のルールとして、次のような規律を設けるものとする。

① 申立て等が書面等により行われたときは、裁判所書記官は、当該書面等に記載された事項をファイルに記録しなければならない。ただし、当該事項をファイルに記録することにつき困難な事情があるときは、この限りでない。

② 裁判所書記官は、①の申立て等に係る書面等のほか、破産手続等において裁判所に提出された書面等又は記録媒体に記載され、又は記録されている事項をファイルに記録しなければならない。ただし、当該事項をファイルに記録することにつき困難な事情があるときは、この限りでない。

③ 裁判所に提出された書面等又は記録媒体に記載され、又は記録されている事項のうち、次のものについては、①及び②の規律にかかわらず、ファイルに記録することを要しない。

i 第三者の閲覧等の制限の申立てがあった営業秘密のうち特に必要があるもの

ii 秘匿決定の申立てがあった場合における秘匿事項の届出に係る事項

iii 当事者の閲覧等の制限の申立て又は当事者の閲覧等の制限の決定があった閲覧等の制限がされるべき事項のうち必要があるもの

（注） 民訴法第９２条第９項及び第１０項、第１３３条の２第５項及び第６項並びに第１３３条の３第２項と同様に、インターネットを用いた提出によりファイルに記録された電子化された事件記録のうち、①第三者の閲覧等の制限の申立てがあった営業秘密のうち特に必要がある部分又は②当事者の閲覧等の制限の申立て若しくは当事者の閲覧等の制限の決定があった閲覧等の制限がされるべき事項が記録された部分は、その内容を書面に出力し、又はこれを他の記録媒体に記録するとともに、当該部分を電子化された事件記録から消去する措置その他の当該部分の安全管理のために必要かつ適切なものとして最高裁判所規則で定める措置を講ずることができるものとする。

イ 破産法特有のルール

【甲案】

書面等又は記録媒体の提出とともに、破産法第１２条第１項が規定する支障部分の閲覧等の制限の申立てがされた場合において、当該支障部

分が記載され、又は記録された部分のうち特に必要があるものについては、ア①及び②の規律にかかわらず、ファイルに記録することを要しないものとする。

【乙案】

甲案に記載している特段の規律は設けないものとする。

（注）甲案を採用する場合には、インターネットを用いた提出によりファイルに記録された電子化された事件記録のうち、本文の甲案に掲げる支障部分についても、裁判所が特に必要があると認めるときは、その内容を書面に出力し、又はこれを他の記録媒体に記録するとともに、当該部分を電子化された事件記録から消去する措置その他の当該部分の安全管理のために必要かつ適切なものとして最高裁判所規則で定める措置を講ずることができるものとする。

（補足説明）

1　提出書面等及び記録媒体の電子化のルール（試案の２(2)ア）

　　試案の２(2)アは、破産手続等においても、民事訴訟手続と同様の電子化のルールを適用することを提案するものである（ただし、試案の２(1)の（注）のとおり、破産手続等においてより柔軟な運用を可能とするため、一定の修正を施す考え方（Ａ－２案）がある。）。

　　民事訴訟の説明その他の説明については、試案の第１の２(2)の（補足説明）参照。

2　ファイルに記録された事項に係る安全管理措置（試案の２(2)アの（注））

　　試案の２(2)アの（注）は、破産手続等においても、民事訴訟手続と同様に、ファイルに記録された営業秘密や秘匿事項等に係る部分について、書面に出力してこれを事件記録として保管し、ファイルに記録された部分は当該ファイルから消去するなどの措置をとることができることとすることを提案するものである。

　　民事訴訟の説明その他の説明については、試案の第１の２(2)の（補足説明）参照。

3　支障部分の電子化の例外（試案の２(2)イ及び（注））

　　破産手続等においては、破産管財人等が裁判所の許可を得るために裁判所に提出した文書等や、破産管財人等が作成した報告に係る文書等につき、破産財団の管理又は換価に著しい支障を生ずるおそれがある部分（支障部分）の記載についても閲覧等の制限をすることができるものとされている（破産法第１２条）。このような支障部分が記載された書面等についても、営業秘密や秘匿事項等と同様に、書面等の電子化の例外を設け、別途紙媒体等での管理を可能とすることが考えられる。甲案は、このような考え方をとることを提案するものである。

　　また、仮に、甲案をとる場合には、インターネットを利用して提出されたものについて

も、甲案に掲げる支障部分については、ファイルにそのまま記録するのではなく、紙に出力するなどの安全管理措置をとることができる規律を設けることが考えられ、試案の（注）では、そのことを提案している。

　他方で、紙媒体で保管されている記録の閲覧等の請求は、裁判所に赴いて行うこととなる。当該破産管財人等は支障部分につき閲覧等の請求をすることができるものの、当該破産管財人等は、裁判所に赴き、その紙媒体を閲覧しなければならないこととなり、それでは、不便を強いるとの指摘もある。また、民事訴訟の場合に比しても、その例外の範囲が広くなり過ぎるとの指摘もあるし、そもそも、支障部分の記載につき、紙媒体等で保管することを認める必要はなく、システム上の適切な管理に委ねることで足りるとの意見もある。乙案は、このような意見を踏まえ、上記の支障部分につき、電子化の例外についての特段の規律を設けないとの考え方をとることを提案するものである。


## 3　裁判書及び調書等の電子化

　裁判官が作成する裁判書並びに裁判所書記官が作成する調書及び破産債権者表等について、書面による作成に代えて、最高裁判所規則で定めるところにより、電磁的記録により作成するものとする。


（補足説明）

　民訴法においては、裁判所が作成する判決書や裁判所書記官が作成する調書等について、電磁的記録によりこれを作成することとされている（同法第１６０条第１項及び第２５２条第１項）。

　破産手続等においても、裁判所は、裁判書を作成することがあり、また、裁判所書記官は、調書（破産規則第４条）のほかに、破産債権者表（破産法第１１５条第１項）などを作成することがある。これらについては、現行の破産法上、書面で作成することが前提とされている。

　試案の3は、民事訴訟手続と同様に、これらについても電磁的記録により作成するものとすることを提案するものである。

　民事訴訟の説明その他の説明については、試案の第1の3の（補足説明）参照。


## 4　期日におけるウェブ会議及び電話会議の利用

### （1）口頭弁論の期日

　口頭弁論の期日について、民訴法第８７条の２第１項及び第３項の規定を準用し、裁判所は、相当と認めるときは、当事者の意見を聴いて、最高裁判所規則で定めるところにより、ウェブ会議を当事者に利用させることができるものとする。

（補足説明）

　破産手続等においても、任意で、口頭弁論の期日を開くことができる（任意的口頭弁論の原則。破産法第8条参照）。

　試案の4(1)は、破産手続等においても、民事訴訟と同様のルールにより、口頭弁論の期日につき、ウェブ会議を利用することができるものとする（民訴法と同様の規律とする）ことを提案するものである。

　民事訴訟の説明その他の説明については、試案の第1の4(1)の（補足説明）参照。


### (2) 審尋の期日

　① 審尋の期日について、民訴法第87条の2第2項及び第3項の規定を準用し、裁判所は、相当と認めるときは、当事者の意見を聴いて、最高裁判所規則で定めるところにより、ウェブ会議及び電話会議を当事者に利用させることができるものとする。

　② 参考人等の審尋について、民訴法第187条第3項及び第4項の規定を準用し、裁判所は、相当と認めるときは、最高裁判所規則で定めるところにより、ウェブ会議により参考人又は当事者を審尋することができるものとするとともに、当事者双方に異議がないときは、電話会議により参考人又は当事者を審尋することができるものとする。


（補足説明）

　破産手続等においても、審尋がされることがある。

　試案の4(2)は、破産手続等においても、民事訴訟と同様のルールにより、審尋につき、ウェブ会議や電話会議を利用することができるものとする（民訴法と同様の規律とする）ことを提案するものである。

　民事訴訟の説明その他の説明については、試案の第1の4(2)の（補足説明）参照。


### (3) 債権調査期日

　① 裁判所は、相当と認めるときは、最高裁判所規則で定めるところにより、ウェブ会議によって、破産管財人、破産者又は届出をした破産債権者を債権調査期日の手続に関与させることができるものとする。

　② ①の期日に出頭しないでウェブ会議により手続に関与した者は、その期日に出頭したものとみなすものとする。

　（注）　ウェブ会議を利用することを決定する際に、一定の者（例えば、破産者及び破産管財人）の意見を聴かなければならないものとするとの規律は設けないものとする。

（補足説明）

1　ウェブ会議による債権調査期日

　　裁判所は、破産手続開始の決定と同時に、破産債権の調査をするための期間又は期日を定めることとされている（破産法第31条第1項第3号）。破産債権の調査をするための期日（債権調査期日）には一般調査期日と特別調査期日とがあり、破産管財人及び破産者は当該期日に出頭しなければならないものとされており（同法第121条第3項及び第8項）、届出をした破産債権者は、当該期日に出頭して届出があった他の破産債権について異議を述べることができるものとされている（同条第2項及び第122条第2項）。

　　現行の破産法において、これらの期日につき、ウェブ会議を用いて手続を行うことは認められていないが、当事者の利便性を向上する観点から、口頭弁論の期日と同様に、ウェブ会議を用いて当該期日の手続に参加することを認めることが考えられる。

　　試案の4(3)では、債権調査期日について、ウェブ会議を利用することができるものとすることを提案するものである。

2　ウェブ会議により手続を行うための必要的意見聴取の要否（試案の（注））

　　民訴法においては、口頭弁論の期日においてウェブ会議を利用する場合には、当事者の意見を聴くこととされている（同法第87条の2第1項）。そこで、債権調査期日においてウェブ会議を利用することを決定する場合においても、同様に、裁判所において、一定の者の意見を聴かなければならないものとすることが考えられる。

　　もっとも、破産債権者が多数に上る場合において、法律上、常に全ての届出をした破産債権者の意見を聴かなければならないものとすることは、ウェブ会議による債権調査期日の実施を困難にするおそれがある。また、債権調査期日は、破産管財人において、届出があった破産債権について認否を行い、届出をした破産債権者や破産者において、届出がされた破産債権について異議を述べるなどして、破産債権の調査を行う手続であるところ、他の関係者のウェブ会議による参加を認めても、破産者、破産管財人、届出をした破産債権者等の権利行使を困難にするものではないと思われる。さらに、裁判所による意見聴取を必要的なものとしなくとも、裁判所において、個別に寄せられた意見を考慮して、ウェブ会議の利用の可否を判断することが否定されるものではない。

　　そこで、試案の（注）は、このような考え方に基づき、債権調査期日にウェブ会議を利用することを決定するに当たって、裁判所において、破産者、破産管財人等の一定の者からの意見聴取につき、特段の規律を設けないことを提案するものである。

(4)　債権者集会の期日

　①　裁判所は、相当と認めるときは、最高裁判所規則で定めるところにより、ウェブ会議によって、破産管財人、破産者又は届出をした破産債権者を債

権者集会の期日の手続に関与させることができるものとする。
　②　①の期日に出頭しないでウェブ会議により手続に関与した者は、その期
　　日に出頭したものとみなすものとする。
（注）　ウェブ会議を利用することを決定する際に、一定の者（例えば、破産者、破産管財
　　　人及び破産債権者）の意見を聴かなければならないものとするとの規律は設けないも
　　　のとする。


（補足説明）
　1　ウェブ会議による債権者集会の期日
　　　裁判所は、原則として、破産手続開始の決定と同時に破産者の財産状況を報告するために
　　招集する債権者集会（財産状況報告集会）の期日を定めなければならず（破産法第３１条第
　　１項第２号）、また、破産管財人等からの申立てがあった場合には、債権者集会を招集しな
　　ければならないものとされている（同法第１３５条第１項）。さらに、裁判所は、申立てが
　　ない場合においても、相当と認めるときは、債権者集会を招集することができることとされ
　　ている（同条第２項）。この債権者集会の期日においても、債権調査期日と同様に、利便性
　　向上の観点から、裁判所が相当と認める場合には、ウェブ会議による手続を認めることが考
　　えられる。
　　　試案の４(4)は、このような考え方を記載するものである。


　2　ウェブ会議により手続を行うための必要的意見聴取の要否（試案の（注））
　　　債権者集会の期日は、破産管財人、破産者及び届出をした破産債権者を呼び出さなければ
　　ならないものとされており（破産法第１３６条第１項）、債権者集会の期日の手続をウェブ
　　会議により行うことを決定するに当たり、これらの者の意見を聴かなければならないもの
　　とすることが考えられる。
　　　もっとも、債権調査期日におけるものと同様に、破産債権者が多数に上る場合に、全ての
　　届出をした破産債権者の意見を聴くことは、現実的には困難であるとの指摘がある。また、
　　債権者集会の期日における手続は、主に破産管財人や破産者による報告や説明が行われる
　　ことが想定されるものであり、破産管財人及び破産者において、届出をした破産債権者の参
　　加の方法に特に意見を述べる法律上の利益はないと考えられる。
　　　以上のほか、債権調査期日と債権者集会の期日とが同じ日時に指定され、両期日が同時に
　　行われることがあるという現在の実務の運用を踏まえると、一方の期日においてウェブ会
　　議を利用することにつき意見聴取を必要的なものとしないのであれば、他方の期日におい
　　てウェブ会議を利用することについても、意見聴取を必要的なものとしないことが整合的
　　であるとの考え方もある。
　　　試案の（注）は、これらの考え方に基づき、債権者集会の期日にウェブ会議を利用するに

当たって、裁判所において、破産者、破産管財人、破産債権者等の一定の者からの意見聴取につき、特段の規律を設けないことを提案するものである。

## 5　電子化された事件記録の閲覧等

　　電子化された事件記録についても請求の主体に係る破産法第11条の規律を基本的に維持し、次のような規律を設けるものとする。

①　利害関係人は、電子化された事件記録について、最高裁判所規則で定めるところにより、閲覧、複写（ダウンロード）、事件記録に記録されている事項の内容を証明した文書若しくは電磁的記録の交付若しくは提供又は事件に関する事項を証明した文書若しくは電磁的記録の交付若しくは提供（以下この5において「閲覧等」という。）の請求をすることができる。

②　破産法第11条第4項各号に掲げる者は、当該各号に定める命令、保全処分又は裁判のいずれかがあるまでの間は、閲覧等の請求をすることができない。ただし、当該者が破産手続開始の申立人である場合は、この限りでない。

（注1）　電子化された事件記録の閲覧等の具体的な方法について、次のような規律を設けるものとする。

①　利害関係人は、裁判所設置端末及び裁判所外端末を用いた閲覧等を請求することができる。

②　申立人、破産者（債務者）及び破産管財人等は、いつでも事件の係属中に裁判所外端末を用いた閲覧又は複写をすることができる。

（注2）　一定の債権者（例えば、債権届出をした破産債権者）も、（注1）②の申立人等と同様に、いつでも事件の係属中に裁判所外端末を用いた閲覧又は複写をすることができるものとするとの考え方がある。

（注3）　（注1）の①及び（注2）の考え方とは別に、裁判所外端末を用いて閲覧等をすることができるのは申立人、破産者（債務者）及び破産管財人等に限るものとすべきとの考え方がある。

（補足説明）

1　電子化された事件記録の閲覧等

　　破産手続等において、インターネットを用いて申立て等をすることを認めることとした場合（試案の1⑴）において、インターネットを用いてされた申立て等については、当該申立て等に係る電磁的記録（電子データ）はそのまま事件記録となることが想定される。また、書面等が提出された場合に、当該書面等を裁判所のファイル（サーバ）に記録することとし（試案の2）、裁判官が作成する裁判書や裁判所書記官が作成する調書についても電磁的記録により作成することとした場合には（試案の3）、ファイルに記録された電磁的記録

が事件記録となる。これらの電子化された事件記録の閲覧等に関する規律が問題となる。

2　閲覧等の請求の主体及び申立人以外の請求の時期（試案の５）

　　破産法第１１条は、破産手続等について、利害関係人は、閲覧等の請求をすることができることとしている。これらは、電子化されていない事件記録についての規律であるが、電子化された事件記録についても、この請求の主体に係る規律を変更すべき理由はないことから、試案の５では、基本的に、請求の主体に係る破産法第１１条の考え方を維持することとしている。

　　また、破産法第１１条は、破産手続開始の申立人以外の者による閲覧等につき、同条第４項各号に定める命令、保全処分又は裁判があるまでの間はすることができないものとしているところ、この点についても、電子化された事件記録の閲覧等において異なる規律を設ける理由はないことから、試案の５では、閲覧等の請求の時期に係る破産法第１１条の考え方を維持することとしている。

　　なお、破産法第１１条は、閲覧等の請求の客体を「この法律（この法律において準用する他の法律を含む。）の規定に基づき、裁判所に提出され、又は裁判所が作成した文書その他の物件」としているが、この規律についても、特段変更すべき理由はなく、維持することを想定している。

3　請求の具体的な内容

(1)　請求の内容（試案の５）

　　試案の５は、破産手続等における電子化された事件記録についても、その請求することができる内容につき、民事訴訟と同様の規律とすることを提案するものである。

　　民事訴訟の説明その他の説明については、試案の第１の６の（補足説明）参照。

(2)　閲覧等の方法（試案の（注１））

　　試案の（注１）は、「民事訴訟法（ＩＴ化関係）等の改正に関する要綱」を踏まえて、具体的な閲覧等の内容につき提案をしている。

　　試案の（注１）①では、申立人、破産者（債務者）及び破産管財人等のほか、債権者を含めた記録の閲覧等をすることができる利害関係人（破産法第１１条）は、裁判所設置端末に加えて、裁判所外端末を用いて閲覧等を請求することができるとしている。

　　また、試案の（注１）②では、破産手続等における当事者的な立場にある申立人（申立債権者を含む。）、破産者（債務者）及び破産管財人等は、いつでも（いわゆる時間外でも）裁判所外端末を用いた閲覧又は複写をすることができるとしている。

　　要綱の説明その他の説明については、試案の第１の６の（補足説明）参照。

(3)　債権者の閲覧又は複写（試案の（注２））

　　部会においては、申立人、破産者（債務者）及び破産管財人等のほかに、破産債権者は、

破産手続において強い利害関係を有することから、その利便性のため、事件の係属中いつでも裁判所外端末を用いて閲覧又は複写をすることができるものとするとの考え方が検討されている。試案の（注2）では、そのような考え方を記載している。

　　もっとも、申立人や破産者は、申立てにおいて形式的に定まるが、当該破産者に債権を有するかどうかは形式的に定まるものではなく、その請求の時期によっても変わり得るものであり、仮に、いつでも閲覧等を認めるとしても、どのようにその資格を認めるのかが問題となる。試案の（注2）では、債権届出をした破産債権者であれば、債権届出の有無で形式的に判断することができると考えられるため、いつでも閲覧等を認めることが検討される一例として挙げられている。また、届出をした破産債権者以外にも債権者があるが、例えば、債権者として一度閲覧等を認めた者も、その後は、いつでも閲覧等を認めることも考えられる。ただし、債権届出をした破産債権者や一度閲覧等を認められた債権者について、その後に債権を失った場合にどのように考えるのかが問題となる。

(4)　債権者の閲覧等に対する別の考え方（試案の（注3））

　　前記のとおり、試案の（注1）①は、債権者を含む利害関係人は、裁判所外端末（債権者が使用する端末など）を用いた閲覧等を請求することができるとし、試案の（注2）のとおり、債権者は事件の係属中いつでも閲覧又は複写をすることができるものとするとの考え方が検討されている。

　　他方で、試案の（注1）①及び（注2）の考え方とは別に、破産者のプライバシー保護等の観点から、裁判所外端末を用いて電子化された事件記録の閲覧等の請求をすることができる者の範囲についても申立人、破産者及び破産管財人等に限定し、例えば、債権者による裁判所外端末を用いた閲覧等を認めないものとすべきであるとの考え方がある。そのため、試案の（注3）では、この考え方を記載している。

　　もっとも、破産手続等には、一般の破産債権者など多様な利害関係人が存在し、そのような利害関係人につき、裁判所外端末による電子化された事件記録の閲覧等の請求を一律に否定することが相当であるかが問題となり、試案の（注1）及び（注2）の考えを支持し、（注3）の考え方をとることについては反対の意見がある。

## 6　送達

（前注）　破産手続等では通知がされることがあるが、ここでは、送達は、通知の方法の一つであり、送達がされれば、通知がされたものと評価されることを前提としている。

### (1)　電磁的記録の送達

　　破産手続等における電磁的記録の送達について、民訴法第１０９条から第１０９条の４までの規定を準用するものとする。

（補足説明）

1　送達と通知との関係（（前注））

　　破産手続等においては、破産手続開始決定等に関する公告事項の通知（破産法第32条第3項）など、各場面において裁判所による通知がされることがあるところ、破産手続等における通知は、相当と認める方法によることができる（破産規則第12条、民事訴訟規則第4条第1項）ものとされており、送達がされた場合には、通知もされたものと評価されるものと考えられる。（前注）では、本試案では、そのことを前提としていることを確認的に記載している。例えば、この考え方を前提に、試案の6(1)のとおり電磁的記録の送達を導入すると、電磁的記録の送達がされれば、通知がされたことになるため、通知も、インターネットを利用してすることが可能になる。

2　電磁的記録の送達（試案の6(1)）

　　試案の6(1)は、破産手続等における電磁的記録の送達についても、民事訴訟と同様の規律とするために、民訴法第109条から第109条の4までの規定を準用することを提案している。民事訴訟の説明その他の説明については、試案の第1の7(1)の（補足説明）参照。

(2)　公示送達

　　破産手続等における公示送達について、民訴法第111条の規定を準用するものとする。

（補足説明）

　　試案の6(2)は、破産手続等における公示送達についても、民事訴訟と同様の規律とするために、民訴法第111条の規定を準用することを提案している。民事訴訟の説明その他の説明については、試案の第1の7(2)の（補足説明）参照。

7　公告

【甲案】

　　破産手続等における公告において、官報への掲載に加えて、裁判所のウェブサイトに掲載する方法をとらなければならないものとする。

【乙案】

　　破産手続等における公告において、（官報への掲載に加えて、）裁判所のウェブサイトに掲載する方法をとらなければならないものとはしない（甲案のような特段の規律は設けない）ものとする。

（注1）　破産手続等における公告は、裁判所のウェブサイトに掲載する方法によりするもの

とし、官報への掲載を廃止すべきとの考え方がある。

(注２)　個人破産者については、公告の在り方を見直し、官報への掲載を廃止するなど裁判
　　　所外において破産の事実を公示しないこと（例えば、裁判所の掲示場への掲示や裁判所
　　　設置端末での閲覧のみとすること）などを検討すべきとの考え方があるが、他方で、破
　　　産手続等における公告の効果や意義を踏まえて、裁判所外において公示しないこととす
　　　るなどの見直しに慎重な考え方もある。

(補足説明)

1　現行の破産法における公告について

　　破産手続等においては、破産手続開始の決定（破産法第３２条第１項）、包括的禁止命令
　（同法第２６条第１項）、保全管理命令の決定（同法第９２条第１項）、免責についての意
　見申述期間の決定（同法第２５１条第１項）等がされたときには、一定の事項を公告しなけ
　ればならないものとされている。また、破産法の規定により送達をしなければならない場合
　には、公告をもってこれに代えることができることとされている（同法第１０条第３項本
　文）。さらに、破産手続開始の決定の公告がされる前は、破産手続開始の決定がされたこと
　を知らなかった（善意）と推定され、公告がされた後は、破産手続開始の決定がされたこと
　を知っていた（悪意）と推定されるとの効果も、公告にはある（同法第５１条）。

　　そして、現行の破産法においては、破産手続等における公告は、官報に掲載してすること
　とされている（破産法第１０条第１項）。

2　裁判所のウェブサイト掲載の是非（試案の7）

　　甲案は、破産手続等のＩＴ化に伴い、広く利害関係人に公告事項を知らしめるために、公
　告の方法についても、インターネットを利用する方法を導入することが考えられるとして、
　破産手続等における公告の方法として、現行の官報に掲載してする方法に加えて、裁判所の
　ウェブサイトに掲載する方法によってすることを提案するものである。

　　なお、甲案を採用する場合には、官報掲載とウェブサイト掲載との関係について検討する
　必要があり、具体的には、公告の開始時期につき、両者に優劣を付けず、両方の掲載がされ
　た時（いずれか遅い方の掲載がされた時）とする考え方のほか、官報掲載を基本とし、ウェ
　ブサイト掲載を従たるものと位置付け、官報掲載の開始時とする考え方があり得る。

　　乙案は、これに対し、現在でも、官報はインターネットで見ることができるのであり、イ
　ンターネットを利用する観点から、官報の方法に加えて、裁判所のウェブサイトに掲載する
　方法をとるまでの必要はないとする考え方である。

3　ウェブサイト掲載と官報の廃止（試案の（注1））

　　部会では、試案の7の甲案及び乙案とは別の考えとして、公告の効力を早期に発生させ、

破産手続の迅速化を図るべく、破産手続等の公告は、官報による掲載を廃止し、ウェブサイト掲載のみをすることを検討すべきとの考え方があり、試案の（注1）では、この考え方を記載している。もっとも、民事訴訟での公示送達や、これまでの部会での議論は、基本的には、従前されていた取扱いに加えて、インターネットの利用を認め、その利便性の向上を図ろうとするものであり、従前の取扱いを完全に止めることについては、公告の果たす機能との関係で、その許容性につき別途の検討が必要となると思われる（例えば、ウェブサイトのみとすることは、必要な情報の収集につきインターネットの利用を義務付けることとなりかねないが、許容されるのかなど。）。

4　個人破産者のプライバシーの保護等と公告（試案の（注2））

　部会では、個人破産者のプライバシー保護の観点から、公告の在り方を見直し、官報への掲載を廃止するなど裁判所外において破産の事実を公示しないこと（例えば、裁判所の掲示場への掲示や裁判所設置端末での閲覧のみとすること）などの方法を検討すべきであるとの考え方があり、試案の（注2）では、この考え方を記載している。なお、試案の（注2）では、検討すべき方策として、例えば、裁判所の掲示場への掲示や裁判所設置端末での閲覧のみとする案が例示されているが、試案の（注2）は、このような方法に限らず、広く様々な案を検討すべきとの意見を含意するものであり、部会では、広く公告の在り方につき検討すべきとの意見もある。

　他方で、部会では、破産手続等における公告の効果や意義を踏まえて、裁判所外において公示しないこととするなどの見直しに慎重な考え方もある。前記のとおり公告には善意又は悪意の推定の効果があり、その効果は実務上重要な意味があるが、官報での掲載がされないなど裁判所外における公示がされないと、その仕組みに影響を及ぼし得るとの指摘や、与信管理業務を行う者は官報への掲載を通じて直接又は間接にその情報を得ており、その仕組みが設けられないと実務上大きな影響があるとの指摘のほか、個人破産者のプライバシー等の問題は、プライバシー法制が担う問題であるとの指摘などがあった。また、配当等がない同時廃止事件に限定して公告を見直すといったことについても、免責の効果は通知がされない債権者にも及び、その公告には、免責についての意見申述の機会を保障する意味があるとの指摘もあった。

## 8　その他

（注1）　システムを使った電磁的記録に記録された情報の内容に係る証拠調べの申出や、書面の提出に代えて電磁的記録をファイルに記録する方法による陳述、ウェブ会議による裁判所外の尋問など、ITを活用した証拠調べ手続について、民事訴訟手続と同様の規律を設けるものとする。

（注2）　費用額確定処分の申立ての期限について、民事訴訟手続と同様の規律を設けるもの

とする。

（注3）　民訴法の改正を踏まえて裁判官の権限のうち定型的な判断事項等を裁判所書記官の
権限とする見直しなど実務上必要な見直しがないのか検討すべきとの考え方がある。

（補足説明）

1　証拠調べの手続（試案の（注1））

　試案の（注1）は、破産手続等において証拠調べを行う場合に、民訴法におけるＩＴを活
用した証拠調べの規律と同様の規律を適用することを提案するものである。民事訴訟の説
明その他の説明については、試案の第1の10の（注1）の（補足説明）参照。

2　費用額確定処分の申立ての期限（試案の（注2））

　破産手続等における手続費用についても、その額が長期にわたって確定されない事態を
防ぐ必要があると考えられることから、試案の（注2）では、破産手続等における手続費用
の額の確定の申立てについて、民事訴訟手続と同様に10年の期間制限を設けることを提
案している。民事訴訟の説明その他の説明については、試案の第1の10の（注2）の（補
足説明）参照。

3　その他（試案の（注3））

　部会では、これまでに掲げた論点のほか、民訴法の内容を踏まえつつ、実務上見直しをす
べき点がないか検討すべきであるとの指摘があった。試案の（注3）は、この点について記
載するものであり、今後、民訴法の内容を踏まえつつ、実務上見直しをすべき点の指摘が具
体的にあれば、その指摘を踏まえて検討することも考えられる。

# 第4　民事再生、会社更生、特別清算及び外国倒産処理手続の承認援助の手続

　再生手続（民事再生法）、更生手続（会社更生法）、特別清算の手続（会社法）
及び承認援助手続（外国倒産処理手続の承認援助に関する法律）について、第3
の破産手続等の各項目と同様の項目につき、これと同様にＩＴ化するものとす
る。

（補足説明）

　現行の倒産手続としては、試案の第3で検討した破産手続等のほか、再建型の手続である再
生手続（民事再生法）及び更生手続（会社更生法）がある。また、そのほかに、会社の清算の
特別手続である特別清算の手続（会社法）があり、外国の倒産手続について我が国内で必要な
処分を行うための承認援助手続（外国倒産処理手続の承認援助に関する法律）がある。試案の
第4は、これらの破産手続等以外の倒産手続について、試案の第3の各項目と同様の項目につ

き、これと同様にＩＴ化することを提案するものである。

　　例えば、試案の第３の１(1)においては、破産手続等における申立て等につき、インターネットを用いてすることを可能とすることを提案しているところ、再生手続等の他の倒産手続における申立て等についても、同様に、インターネットを用いてすることを可能とすることが考えられる。

　　また、試案の第３の１(2)においては、民事訴訟手続においてインターネットを用いて申立て等をしなければならない委任を受けた代理人等のほか、破産管財人等についても、裁判所に対して行う申立て等につき、インターネットを用いてしなければならないものとすることを提案しているが、再生手続における管財人など、倒産手続において裁判所に選任され、破産管財人と同様の役割を果たすものについても、破産管財人等と同様に、裁判所に対して行う申立て等につき、インターネットを用いてしなければならないものとすることが考えられる。

　　さらに、部会では、試案の第３の１(3)で検討をしている「破産管財人と債権届出」との関係で、再生手続においても、甲案と同様に、裁判所が選任をした管財人にも債権届出に関する事務を行わせることが考えられるとの指摘があった。また、このことと別の問題として、再生手続における再生債務者が債権届出に関する事務を行うことについても議論があった。部会では、再生債務者代理人が債権者から債権届出書を受け取り、これを裁判所に提出するといった運用上の実例がある（再生債務者への直送などと呼ばれている。）との紹介があり、そのような実例を踏まえて、再生債務者代理人が債権届出に関する事務を行うことについて検討することも考えられる。

## 第５　非訟事件

（補足説明）

　　「第５　非訟事件」は、非訟法第２編「非訟事件の手続の通則」が適用される「非訟事件」の手続を見直すものである。

　　非訟法第２編が適用されるものとしては、非訟法第３編以下に規定がある民事非訟事件（非訟法第３編参照）、公示催告事件（非訟法第４編参照）、過料事件（非訟法第５編参照）のほか、会社法第８６８条以下に規定がある会社非訟事件（例えば、会社法所定の株式の価格の決定に係る事件等）、借地借家法に規定がある借地非訟事件などがある。

### 1　裁判所に対する申立て等

#### (1) インターネットを用いてする申立て等の可否

　　非訟事件の手続において裁判所に対して行う申立て等については、民訴法第１３２条の１０の規定を準用し、全ての裁判所に対し、一般的に、インターネット（電子情報処理組織）を用いてすることができるものとする。

（補足説明）

　　現行の非訟法においては、非訟事件の手続における申立て等のうち、最高裁判所の定める裁判所に対してするものについては、最高裁判所規則で定めるところにより、インターネットを用いてすることができることとされている（同法第４２条）。

　　試案の１(1)は、非訟事件の手続における申立て等についても、手続の利便性を向上するとともに、迅速な手続を実現する観点から、民訴法第１３２条の１０の規定を準用し、全ての裁判所に対し、一般的に、インターネット（電子情報処理組織）を用いてすることができるものとすることを提案している。

　　なお、非訟事件の手続における申立て等としては、各種非訟事件の申立てや、公示催告事件における権利を争う旨の申述（非訟法第１０５条第２項参照）などがある。そのほか、裁判所に対する報告も、その他の申述に該当し、ここでいう申立て等に含まれるものと整理されるものと考えられる。ただし、現行法の体系では、既に個別法において書面のみではなく電磁的記録の提出を許容しているものがある（例えば、会社法第３０６条第５項では、検査役は、書面又は法務省令で定める電磁的記録を提供して報告しなければならないとされている。）。

　　民事訴訟の説明その他の説明については、試案の第１の１(1)の（補足説明）参照。

### (2)　インターネットを用いてする申立て等の義務付け

#### ア　委任を受けた手続代理人等

　　　　非訟事件の手続において、民訴法第１３２条の１１の規定を準用し、民事訴訟手続においてインターネットを用いて申立て等をしなければならない委任を受けた手続代理人等は、裁判所に対して行う申立て等をインターネットを用いてしなければならないものとする。

#### イ　非訟事件の手続において裁判所から選任された者

【甲案】

　　　　非訟事件の手続において裁判所から選任された者は、その選任された者として関与する非訟事件の手続においては、裁判所に対して行う申立て等をインターネットを用いてしなければならないものとする。

【乙案】

　　　　非訟事件の手続において裁判所から選任された者について、特段の規律を設けないものとする。

（補足説明）

１　委任を受けた手続代理人等（試案の１(2)ア）

　試案の1(2)アでは、非訟事件の手続においても、令和4年改正法による民訴法改正の考え方が妥当すると考えられることから、民訴法第132条の11の規定を準用し、民事訴訟手続と同様に、非訟事件の手続における委任を受けた手続代理人等について、インターネットによる申立て等を義務付けることを提案し、他方で、それ以外の者については、インターネットを用いて申立て等をすることを義務付けることは提案していない。なお、民事訴訟手続において民訴法第54条第1項ただし書の許可を得て訴訟代理人となったもの（いわゆる許可代理人）は義務化の対象から除外されている（民訴法第132条の11第1項第1号）のと同様に、非訟事件の手続においても非訟法第22条第1項ただし書の許可を受けた手続代理人は義務化の対象から除外されることを前提としている。

　民事訴訟の説明その他の説明については、試案の第1の1(2)アの（補足説明）参照。

## 2　非訟事件の手続において裁判所から選任された者（試案の1(2)イ）

### (1)　議論の状況等

　非訟事件の手続においては、裁判所が清算人や仮代表取締役などを選任することがある。部会においては、非訟事件の手続のIT化を進めるためには、これらの者に対してインターネットによる申立て等を義務付ける必要があるとの意見もあった。他方で、非訟事件には多くの種類があり、裁判所から選任される者の属性も多様であって法律専門職である場合もそうでない場合もあることや、例えば、株式会社の清算人については、取締役など会社法第478条第1項各号に掲げられた者が就任するが、これらの清算人となる者がないときに裁判所が清算人を選任するところ、裁判所から選任された清算人にはインターネットによる申立てが義務付けされ、裁判所から選任されることなく就任した清算人には義務付けがされないこととの関係を合理的に説明することが困難であるとの指摘もある。また、法律上、特段の義務付けをしなくとも、インターネットを利用することができる者であれば、インターネットを利用して申立て等をすることを期待することができるとの指摘もある。

### (2)　甲案

　甲案は、上記の意見を踏まえ、非訟事件の手続において裁判所から選任された者について、その選任された者として関与する手続においてはインターネットによる申立て等を義務付けるものとすることを提案するものである。

　なお、この甲案は、裁判所から選任された者が、その選任された者として関与する手続において申立て等をする際にインターネットの利用を義務付けるものであり、その選任された手続以外の手続でのインターネットの利用を義務付けるものではない。

### (3)　乙案

　乙案は、上記の意見を踏まえ、特段の規律を設けない（インターネットによる申立て等を義務付けない）ものとすることを提案するものである。

## ２　提出された書面等及び記録媒体の電子化

### (1) 提出された書面等及び記録媒体の電子化の対象事件等

　　(注)のいずれかの考え方を採用した上で、裁判所に提出された書面等及び記録媒体につき、下記(2)の電子化のルールを適用し、裁判所書記官において提出された書面等及び記録媒体をファイルに記録しなければならないものとする。

　(注)　裁判所に提出された書面等及び記録媒体について、法律上、全ての事件につき下記(2)の電子化のルールを適用するとの考え方（Ａ案）と、電子化を目指しつつも、非訟事件の特性を考慮し、裁判所の判断で電子化することが可能であることを前提とした上で、法律の定めとしては、一定の範囲で、下記(2)の電子化のルールを適用するとの考え方（Ｂ案）がある。

　　　Ａ案の中には、全ての事件につき、下記(2)の電子化のルールをそのまま適用するとの考え方（Ａ－１案）のほかに、申立て等以外の書面等及び記録媒体のルールである下記(2)ア②の電子化をしない場合の要件につき「ファイルに記録することにつき困難な事情があるとき」に代えて、非訟事件の特性を考慮し、より柔軟な運用を可能とする要件を置いた上で、下記(2)の電子化のルールを適用するとの考え方がある（Ａ－２案）。

　　　Ｂ案の中には、①法律上、下記(2)の電子化のルールを適用する事件を一定の範囲のものとする考え方（Ｂ－１案）、②一定の基準を定めて下記(2)の電子化のルールを適用する（電子化の意義を踏まえて一定の基準を定めて法律上電子化しなければならないものとする）考え方（Ｂ－２案）、③当事者又は利害関係を疎明した第三者の申出があった場合に下記(2)の電子化のルールを適用する（当事者又は利害関係を疎明した第三者の申出があった場合に電子化しなければならないものとする）考え方（Ｂ－３案）がある。

（補足説明）

　　現行の非訟法の下では、非訟事件の記録は書面により管理されており、裁判所に提出された書面等については、これらをそのまま編てつすることにより、事件記録が作成されている。

　　非訟事件の手続においても、民事訴訟手続と同様に、利便性向上の観点から、裁判所に提出された書面等をファイルに記録し、これを電子化することとすることが考えられ、部会では、その電子化をすることにつき積極的な意見が出された。他方で、部会では、非訟事件の手続には、多様な手続があり、借地非訟事件の手続のように当事者対立構造で民事訴訟と同様に当事者が相手の主張や立証を踏まえて自身の主張や立証を積み重ねることが予定されているものもあれば、民法第５８２条の規定による鑑定人の選任事件のように裁判所が後見的に関与し、

民事訴訟と異なり主張や立証の積み重ねが予定されていないものもあり、事件記録の閲覧等の頻度等や意味などについても、それぞれの手続ごとに違いがあるとの指摘もある。

　非訟事件の手続についても、基本的に、試案の２(2)の電子化のルールを適用し、提出された書面等を電子化していくことが考えられるが、その具体的な規律については、試案の（注）のとおり、検討することが考えられ、試案の２(1)は、このことについて記載するものである。

　試案の（注）の具体的な説明などその他の説明については、試案の第１の２(1)の（補足説明）参照。

### (2)　提出された書面等及び記録媒体の電子化のルール

#### ア　民事訴訟と同様のルール

　民訴法第１３２条の１２及び第１３２条の１３と同様に、裁判所に提出された書面等及び記録媒体の電子化のルールとして、次のような規律を設けるものとする。

①　申立て等が書面等により行われたときは、裁判所書記官は、当該書面等に記載された事項をファイルに記録しなければならない。ただし、当該事項をファイルに記録することにつき困難な事情があるときは、この限りでない。

②　裁判所書記官は、①の申立て等に係る書面等のほか、非訟事件の手続において裁判所に提出された書面等又は記録媒体に記載され、又は記録されている事項をファイルに記録しなければならない。ただし、当該事項をファイルに記録することにつき困難な事情があるときは、この限りでない。

③　裁判所に提出された書面等又は記録媒体に記載され、又は記録されている事項のうち、秘匿決定の申立てがあった場合における秘匿事項の届出に係る事項については、①及び②の規律にかかわらず、ファイルに記録することを要しない。

#### イ　非訟法特有のルール

【甲案】

　非訟事件の手続において裁判所に提出された書面等又は記録媒体に記載され、又は記録されている事項のうち、他の者が知ることにより当事者又は第三者に著しい損害を与えるおそれがあり、かつ、裁判所が特に必要があると認めるものについては、ファイルに記録することを要しないものとする。

【乙案】

## 甲案に記載している特段の規律は設けないものとする。

(注)　甲案を採用する場合には、インターネットを用いた提出によりファイルに記録された電子化された事件記録のうち、他の者が知ることにより当事者又は第三者に著しい損害を与えるおそれがあり、かつ、裁判所が特に必要があると認めるものについては、その内容を書面に出力し、又はこれを他の記録媒体に記録するとともに、当該部分を電子化された事件記録から消去する措置その他の当該部分の安全管理のために必要かつ適切なものとして最高裁判所規則で定める措置を講ずることができるものとする。


(補足説明)

1　提出書面等及び記録媒体の電子化のルール（試案の２(2)ア）

(1)　民事訴訟と同様のルール

　　試案の２(2)アは、非訟事件の手続においても、民事訴訟手続と同様の電子化のルール（下記（補足説明）(2)のとおり、その一部を除く。）を適用することを提案するものである（ただし、試案の２(1)の（注）のとおり、非訟事件の手続においてより柔軟な運用を可能とするため、一定の修正を施す考え方（A－２案）がある。）。

　　民事訴訟の説明その他の説明については、試案の第１の２(2)の（補足説明）参照。

(2)　民事訴訟のルールのうち非訟事件の手続に設けないもの

ア　民訴法においては、閲覧等の制限の申立てのあった営業秘密や秘匿事項等、秘匿性の高い事項部分については、ファイルに記録しなければならないものとする対象から除外されている（第１３２条の１２第１項各号及び第１３２条の１３各号）。そして、これに対応するものとして、例えば、民事執行の手続に関する試案の第１の２(2)③では、次の各事項につき、ファイルに記録することを要しないとしている。

ⅰ　第三者の閲覧等の制限の申立てがあった営業秘密のうち特に必要があるもの

ⅱ　秘匿決定の申立てがあった場合における秘匿事項の届出に係る事項

ⅲ　当事者の閲覧等の制限の申立て又は当事者の閲覧等の制限の決定があった閲覧等の制限がされるべき事項のうち必要があるもの

　　以上のうち、ⅰのルールは民訴法第９２条第１項により第三者による閲覧等の制限がされることを、ⅱのルールは民訴法第１３３条第１項及び第２項により届出がされ、第１３３条の２第１項によりその届出につき閲覧等の制限がされることを、ⅲのルールは民訴法第１３３条の２第２項及び第１３３条の３により当事者による閲覧等の制限がされることを、それぞれ前提に、その趣旨をより実効化する観点などから、ファイルに記録することを要しないものとしている。

　　もっとも、非訟法は、民訴法の上記の規定のうち民訴法第１３３条及び第１３３条の２第１項の規定は準用している（非訟法第４２条の２）が、民訴法第９２条や第１３３

条の2第2項及び第133条の3は、準用していない。非訟法は、民訴法と異なり、その閲覧等は、裁判所の許可がある場合に限って認めており（非訟法第32条）、民訴法第92条や第133条の2第2項及び第133条の3と同様に秘匿すべきケースは、裁判所の許可をしないことにより対応することが可能であり、これらの規定は準用するのが相当でないためである（民訴法第133条及び第133条の2第1項の規定を準用するのは、住所や氏名等の記載の省略を認めるためである。）。

　そのため、上記のルールのうち、「ⅱ　秘匿決定の申立てがあった場合における秘匿事項の届出に係る事項」につきファイルに記録することを要しないとすることについては、非訟法にも同様の規律を設けることができるが、他方で、「ⅰ　第三者の閲覧等の制限の申立てがあった営業秘密のうち特に必要があるもの」及び「ⅲ　当事者の閲覧等の制限の申立て又は当事者の閲覧等の制限の決定があった閲覧等の制限がされるべき事項のうち必要があるもの」につきファイルに記録することを要しないとすることについては、非訟法に同様の規律を設けることはできない。

　試案の2(2)ア③が秘匿事項の届出についてのみ言及するのは、そのためである。もっとも、このこととの関係で、非訟法特有のルールを設けるのかが、試案の2(2)イで検討されている。

イ　また、民訴法には、インターネットにより電子データが提出され、それがファイルに記録された場合に、民訴法第92条第1項の規定により閲覧等が制限される営業秘密や、同法第133条の2第2項の規定により閲覧等が制限される秘匿事項等につき、書面に出力してこれを訴訟記録として保管し、ファイルに記録された部分は当該ファイルから消去する等の措置をとることができることとしている（民訴法第92条第9項及び第10項、第133条の2第5項及び第6項並びに第133条の3第2項）。そして、これに対応するものとして、例えば、民事執行の手続では、試案の第1の2(2)の（注）において、民事訴訟と同様に、ファイルに記録された事項に係る安全管理措置をとることができるとすることを提案している。もっとも、前記のとおり、非訟法は、民訴法第92条や第133条の2第2項は、準用していない。そのため、同様の規律を設けることはできず、試案(2)アでは、試案の第1の2(2)の（注）と同様の提案をしていない。もっとも、このこととの関係で、非訟法特有のルールを設けるのかが、試案(2)イの（注）で検討されている。

2　非訟法特有のルール（試案の2(2)イ及び（注））

（1）議論の前提となる非訟法における閲覧等のルール

　非訟事件の手続では、裁判所の許可がなければ、閲覧等の請求をすることはできず、例えば、当事者がその許可の申立てをした場合において、閲覧等を認めることにより（他の）当事者又は第三者に著しい損害を及ぼすおそれがあるときは、裁判所はその許可をし

ない（非訟法第３２条第１項から第４項まで参照）。

(2) 甲案

ア　甲案は、非訟事件の手続における記録の閲覧等の規律も踏まえ、他の者が知ることにより当事者又は第三者に著しい損害を与えるおそれがあり、かつ、裁判所が特に必要があると認めるものについては、その情報が他に漏れることをより防止する観点から、提出された書面等については、ファイルに記録することなく、そのまま、紙媒体等により保管することも認めることを提案するものである。

なお、非訟事件の手続においては、裁判所が閲覧等の許否を職権で判断することとされており（当事者等による閲覧等の制限の申出といったものは法律上要件とされていない）、裁判所は、自己の判断で、当事者や第三者による閲覧等の許可の申立てを却下し、その者による閲覧等を制限することができる。そのため、甲案は、これに対応し、当事者等からの閲覧等の制限の申出の有無を要件とすることはできないから、その有無に関係なく、裁判所は、ファイルに記録しない措置をとることができるとしている。また、そのこととも関連するが、甲案は、現実に当事者等から裁判所に対する閲覧等の許可を求める申立てがされ、その申立てを却下する決定がされていなくとも、裁判所が、その判断で、ファイルに記録しない措置をとることができるとしている。しかし、当事者等からの閲覧等の制限の申出もなく、また、現実に裁判所に対する閲覧等の許可を求める申立てがないまま、裁判所に書面等が提出されるごとに、事件の内容を踏まえてファイルに記録しない措置をとるかどうかを判断しなければならないとすれば現実には困難を伴うし、ファイルに記録するか否かについて裁判所の裁量の範囲が広くなりすぎるとの懸念がある。また、非訟事件の手続では、例えば、当事者又は第三者であるＡに対しては閲覧等の許可をしないが、別の当事者又は第三者であるＢに対しては閲覧等の許可をすることがあるが、甲案では、一部の当事者又は第三者との関係でも閲覧等の許可の申立てを却下すべきケースであれば、ファイルに記録しない措置をとることを認めており、上記のケースでは、閲覧等が認められるＢも、インターネットを利用した閲覧等が制限される。そのため、甲案では、ファイルに記録しない措置をとる範囲を適切に限定し、当該措置の必要性が明確であるケースに限って、これをとることとするために、「特に必要がある」と認める場合に限り、この措置をとることとしている（もっとも、このようにしても、前記の懸念が払拭できないとの意見があり、後記の乙案が提示されている。）。

イ　また、仮に、甲案をとる場合には、インターネットを利用して提出されたものについても、甲案でファイルに記録しない事項と同様の事項については、ファイルにそのまま記録するのではなく、紙に出力するなどの安全管理措置をとることができる規律を設けることが考えられ、試案の（注）では、そのことを提案している。

(3) 乙案

乙案は、甲案のような規律を設けないものとすることを提案している。

前記（補足説明）(2)のとおり、甲案については、当事者等から閲覧等の制限の申出もなく、また、現実に裁判所に対する閲覧等の許可を求める申立てがないケースでも、ファイルに記録しない措置をとることができるとしており、その範囲が広くなりすぎるし、事件記録の全体を網羅的に把握し、適宜、そのような措置をとることは困難を伴うとの指摘がある。また、甲案では、関係者の一部の者との関係で閲覧等の制限をすべきケースでも、ファイルに記録しない措置をとることを認めるものであるが、そうすると、本来は、閲覧等が認められる者までも、インターネットを利用した閲覧等が制限されることとなる。甲案は、その適用される範囲を限定的なものとするために「特に必要がある」と認める場合に限り、この措置をとることとしているが、当事者等の申出等がないまま、そのような措置をとることを認めている以上、それに伴う懸念を払拭することはできないとも考えられる。また、閲覧等が認められる者がインターネットを利用した閲覧等が制限されることには変わりがないとの意見も考えられる。加えて、そもそも事件記録の電子化は、システムの構築を適切にすることによりファイルに記録された情報を適切に管理することを前提としており、非訟法第３２条第３項に当たる事情があったとしても、特に閲覧等の制限や秘匿の申立てがされ、その旨の決定がされている営業秘密等と同様の扱いとし、敢えて電子化の範囲から除くまでの事情はないのではないかといった意見も考えられる。以上のことから、乙案が提示されている。

## 3　裁判書及び調書等の電子化

　　裁判官が作成する裁判書及び裁判所書記官が作成する調書等について、書面による作成に代えて、最高裁判所規則で定めるところにより、電磁的記録により作成するものとする。

（補足説明）

民訴法においては、裁判所が作成する判決書や裁判所書記官が作成する調書等について、電磁的記録によりこれを作成することとされている（同法第１６０条第１項及び第２５２条第１項）。

非訟事件の手続においても、裁判所は裁判書を作成することがあり、また、裁判所書記官は調書を作成することがある。これらについては、現行の非訟法上、書面で作成することが前提とされている。

試案の３は、民事訴訟手続と同様に、これらについても電磁的記録により作成するものとすることを提案するものである。

民事訴訟の説明その他の説明については、試案の第１の３の（補足説明）参照。

## 4　期日におけるウェブ会議又は電話会議の利用

### (1)　当事者の期日参加

　　（いわゆる遠隔地要件を削除し、）裁判所は、相当と認めるときは、当事者の意見を聴いて、最高裁判所規則で定めるところにより、ウェブ会議又は電話会議によって、非訴事件の手続の期日における手続（証拠調べを除く。）を行うことができるものとする。

（補足説明）

　　現行の非訴法第４７条第１項は、当事者が遠隔地に居住しているときその他相当と認めるときは、当事者双方が現実に出頭していない場合でも、ウェブ会議又は電話会議を用いて非訴事件の手続の期日における手続（証拠調べを除く。）をすることができると規定している。

　　他方で、令和４年改正法により、民訴法では、弁論準備手続期日などウェブ会議又は電話会議によって期日における手続を行う際の要件について、当事者が遠隔地に居住しており、裁判所への出頭が困難であるような場合でなくても、事案の内容等に鑑み、ウェブ会議又は電話会議の利用を認めても差し支えない事案はあることを理由に、遠隔地の要件を削除し、裁判所が相当と認めるときに、ウェブ会議又は電話会議の利用を認めるとしている（民訴法第１７０条第3項）。

　　試案の４(1)は、非訴事件の手続においても、同様の理由から、非訴事件の手続の期日への当事者の参加について、遠隔地要件を削除し、裁判所は、相当と認めるときは、ウェブ会議又は電話会議によって、期日における手続（証拠調べを除く。）を行うことができるものとすることを提案するものである。

### (2)　専門委員の期日における意見聴取

　　（いわゆる遠隔地要件を削除し、）裁判所は、相当と認めるときは、当事者の意見を聴いて、最高裁判所規則で定めるところにより、ウェブ会議又は電話会議によって、専門委員に非訴法第３３条第１項の意見を述べさせることができるものとする。

　(注)　期日において意見等を述べることができる専門家等につき、専門委員と同様に、ウェブ会議又は電話会議によって意見を述べることができるものとする。

（補足説明）

1　専門委員の期日における意見聴取（試案の４(2)）

　　現行の非訴法第３３条第４項は、専門委員が遠隔地に居住しているときその他相当と認めるときは、当事者の意見を聴いて、ウェブ会議又は電話会議を用いて専門委員に意見を述べさせることができると規定している。

　　令和4年改正法により、民訴法では、専門委員を手続に関与させる場合において、事案の内容等に応じてウェブ会議や電話会議を適切に活用すれば、訴訟手続の適正に支障を来すことはないと考えられ、専門委員が遠隔地に居住している場合など、裁判所への出頭が困難である場合等にその利用を限定すべき必要性は乏しいものと考えられることを理由に、遠隔地の要件を削除し、裁判所が相当と認めるときに、ウェブ会議又は電話会議の利用を認めるとしている（民訴法第92条の3）。

　　試案の4(2)は、非訟事件の手続においても、専門委員が遠隔地に居住している場合でなくても、ウェブ会議や電話会議の利用を認めて差し支えない事案があるものと考えられることを理由に、非訟事件の手続の期日における専門委員の意見聴取について、遠隔地要件を削除し、裁判所は、相当と認めるときは、ウェブ会議又は電話会議によって、専門委員に非訟法第33条第1項の意見を述べさせることができるものとすることを提案するものである。

### 2　他の専門家等（試案の（注））

　　非訟事件の中には、専門委員の他にも専門的な立場の者が口頭で意見を述べることとされているものがある。それらの者が専門委員と同様に口頭での意見を期日において述べることとされているケースでは、同様に、ウェブ会議又は電話会議を利用した意見の陳述を可能とすることが考えられる。

　　試案の（注）では、専門家等につき、専門委員と同様に、ウェブ会議又は電話会議によって意見を述べることができるものとすることを提案しており、今後、この提案に沿って検討を進めることが考えられる。

### 5　和解調書の送達又は送付

**【甲案】**

　　和解を記載した調書は、当事者に送達しなければならないものとする。

**【乙案】**

　　和解を記載した調書は、当事者に送達又は送付しなければならないものとする。

（注）　甲案、乙案のいずれについても、現行において実費精算する取扱いがなされている郵便費用を、申立ての手数料に組み込み一本化することと併せて実現することを提案するものである。

（補足説明）

### 1　和解調書の送達又は送付（試案の5）

(1) 現行の非訟法及び令和4年改正法による民訴法改正

　　現行の非訟法には、和解を記載した調書については、職権で送達する旨の規定はなく、当事者からの申請を待って送達することとされている。

　　他方で、令和４年改正法により、民訴法では、和解が訴訟終了効を有するものであるところ、同様に訴訟終了効を有する判決は送達されていること、また、債務名義となる和解調書は強制執行をするために送達が必要であることから、和解調書を職権によって送達するとされている（民訴法第２６７条第２項）。

(2)　甲案

　　甲案は、民訴法の改正を踏まえ、和解を記載した調書は、当事者に送達しなければならないものとするものである。

(3)　乙案

　　乙案は、民訴法の規定を踏まえつつも、非訟事件では、（民事訴訟における判決に相当する）終局決定であっても、相当と認める方法で告知をすれば足りることとされており、決定書を送付する方法によって告知することでも足りること等を理由に、和解を記載した調書は、当事者に送達又は送付しなければならないものとするものである。

　　なお、乙案は、送達又は送付のいずれの方法をとるかどうかは、非訟事件における終局決定の告知と同様に、裁判所の判断に委ねるものである。もっとも、裁判所の判断と言っても、部会では、当事者に希望がある場合にはそれを考慮して、判断すべき（例えば、和解調書に基づき強制執行をするためには、和解調書が送達されていることが必要となるが、強制執行のために当事者が送達を希望するケースでは、その希望を踏まえて判断すべき）との指摘がある。


2　郵便費用（試案の（注））

　　試案の（注）は、試案の５の提案が、現行においては手数料以外の費用（民事訴訟費用等に関する法律第１１条第１項第１号）として実費精算の取扱いによるものと整理されている郵便費用について、申立ての手数料に組み込み一本化することと併せて提案するものであることについて記載している。民事訴訟における郵便費用については、従前、実費精算する取扱いがされていたところ、民事訴訟法の改正により電磁的記録の送達が導入されることにより郵便費用の低減が見込まれることを踏まえ、実費精算の負担から当事者及び裁判所を解放するとともに、規律の簡明化を図る観点から、手数料への一本化を行う改正が行われている。現在、部会において電磁的記録の送達の導入が検討されている各手続について、民事訴訟と同様に郵便費用の手数料への一本化を行うこと（具体的には、手続ごとの郵便利用の実情、電磁的記録の送達が導入されることとなった場合に見込まれる変化などを踏まえ、適正な手数料の設定ができるか）について、関係機関と協議しつつ、法務省において検討しているところである。部会においては、郵便費用を申立ての手数料に組み込み一本化するに当たっては、その額の設定に当たって、できる限り利用者への負担に配慮すべきとの意

見があった。

## 6　電子化された事件記録の閲覧等
### (1)　原則

　　電子化された事件記録についても請求の主体及び裁判所の許可に係る非訟法第３２条第１項の規律を基本的に維持し、当事者又は利害関係を疎明した第三者は、裁判所の許可を得て、電子化された事件記録について、最高裁判所規則で定めるところにより、閲覧、複写（ダウンロード）、事件記録に記録されている事項の内容を証明した文書若しくは電磁的記録の交付若しくは提供又は事件に関する事項を証明した文書若しくは電磁的記録の交付若しくは提供（以下この６において「閲覧等」という。）の請求をすることができるものとする。

（注１）　電子化された事件記録の閲覧等の具体的な方法について、次のような規律を設けるものとする。

　　①　当事者又は利害関係を疎明した第三者は、裁判所設置端末及び裁判所外端末を用いた閲覧等の請求をすることができる。

　　②　当事者は、いつでも事件の係属中に裁判所外端末を用いた閲覧又は複写をすることができる。

（注２）　当事者がいつでも事件の係属中に裁判所外端末を用いた閲覧又は複写をすることができる（（注１）②）ようにするための閲覧又は複写の許可の在り方として、例えば、同一の当事者が一度閲覧又は複写の許可を得た部分を再度閲覧又は複写する場合には別途の許可を不要とするとの考え方や、閲覧又は複写を許可する部分の特定に関し一定の場合には今後提出されるものも含めた範囲の指定を可能とする（事前の許可を可能とする）との考え方がある。

（注３）　裁判所の許可を得ることなく記録の閲覧等を認めている事件類型（借地非訟事件など）や資料については、これが電子化された場合には、民事訴訟と同様の方法による閲覧等を認めるものとする。

（補足説明）

1　電子化された事件記録の閲覧等

　　非訟事件の手続において、インターネットを用いて申立て等をすることを認めることとした場合には（試案の１(1)）、インターネットを用いてされた申立て等については、当該申立て等に係る電磁的記録（電子データ）はそのまま事件記録となることが想定される。また、書面等が提出された場合に、当該書面等を裁判所のファイル（サーバ）に記録することとし（試案の２）、裁判官が作成する裁判書や裁判所書記官が作成する調書についても電磁

的記録により作成することとした場合には（試案の３）、ファイルに記録された電磁的記録が事件記録となる。これらの電子化された事件記録の閲覧等に関する規律が問題となる。

2　閲覧等の請求の主体及び裁判所の許可（試案の６(1)）

　　非訟法第３２条は、非訟事件の手続等について、当事者及び利害関係を疎明した第三者は、裁判所の許可を得て、閲覧等の請求をすることができることとしている。これらは、電子化されていない事件記録についての規律であるが、電子化された事件記録についても、この請求の主体や裁判所の許可に係る規律を変更すべき理由はないことから、試案の６(1)では、請求の主体及び裁判所の許可に係る非訟法第３２条の考え方を基本的に維持することとしている。

3　請求の具体的な内容（試案の６(1)及び（注１））

　(1)　請求の内容（試案の６(1)）

　　　試案の６(1)は、非訟事件における電子化された事件記録についても、その請求することができる内容につき、民事訴訟と同様の規律とすることを提案するものである。

　　　民事訴訟その他の説明については、試案の第１の６の（補足説明）参照。

　(2)　閲覧等の方法（試案の（注１））

　　　試案の（注１）は、「民事訴訟法（ＩＴ化関係）等の改正に関する要綱」を踏まえて、具体的な閲覧等の方法につき提案をしている。要綱の説明その他の説明については、試案の第１の６の（補足説明）参照。

4　許可の在り方（試案の（注２））

　　現在の実務では、当事者等は閲覧等の請求をするごとにその許可の申立てをし、裁判所は、閲覧等を許可する部分を特定してその許可をしていることとの関係で、当事者がいつでも事件の係属中に裁判所外端末を用いた閲覧又は複写をすることができる（試案の（注１）②）ための許可の在り方が問題となる。

　　そこで、試案の（注２）では、非訟法第３２条における裁判所の許可の規律を維持することを前提に、許可の在り方について検討することを提案している。

　　検討をする内容としては、例えば、同一の当事者が一度閲覧又は複写の許可を得た部分を再度閲覧又は複写する場合には別途の許可を不要とするとの考え方や、閲覧又は複写を許可する部分の特定に関し一定の場合には今後提出されるものも含めた範囲の指定を可能とする（事前の許可を可能とする）との考え方がある。

5　個別の規律がある事件等（試案の（注３））

　　非訟事件の中には、裁判所の許可を得ることなく、事件記録の閲覧等を認める事件類型が

ある。例えば、次のような事件類型がある。

　　○　借地非訟事件（借地借家法第４６条）

　　○　公示催告事件（非訟法第１１２条等）

　また、特定の資料につき、裁判所の許可を得ることなく、事件記録の閲覧等を認める事件類型がある。例えば、次のようなものがある。

　　○　解散命令における報告又は計算に関する資料（会社法第９０６条）

　このような事件記録及び資料については、電子化した際には、同じく裁判所の許可を要しないこととされている民事訴訟と同様の方法により閲覧等を認めることが考えられる。

　そこで、試案の（注３）は、裁判所の許可を得ることなく記録の閲覧等を認めている事件類型や資料については、これが電子化された場合には、民事訴訟と同様の方法による閲覧等を認めるものとすることを提案している。なお、ここでの提案は、飽くまでも閲覧等の方法に関する提案であり、記録の閲覧等の主体については、現行法と同様の取扱いを維持することを前提としている（例えば、借地非訟事件は、当事者及び利害関係を疎明した第三者について記録の閲覧等を認めているが、これを、民事訴訟と同様に何人についても記録の閲覧を認めることに改める趣旨ではない。）。

### （2）　自己の提出した書面等及び裁判書等

　　①　当事者は、電子化された事件記録中当該当事者が提出したものに係る事項については、裁判所の許可を得ないで、裁判所書記官に対し、閲覧等の請求をすることができるものとする。

　　②　当事者は、電子裁判書については、裁判所の許可を得ないで、裁判所書記官に対し、閲覧等の請求をすることができるものとする。裁判を受ける者が当該裁判があった後に請求する場合も、同様とするものとする。

　　③　当事者は、事件に関する事項を証明した文書又は電磁的記録については、裁判所の許可を得ないで、裁判所書記官に対し、その交付又は提供の請求をすることができるものとする。裁判を受ける者が当該裁判があった後に請求する場合も、同様とするものとする。

　（注）　当事者は、電子化されていない事件記録中当該当事者が提出したものに係る事項については、裁判所の許可を得ないで、裁判所書記官に対し、閲覧等の請求をすることができるものとする。

（補足説明）

1　自己の提出したものの閲覧等（試案の６（2）①及び（注））

　　非訟法第３２条第１項から第３項までは、当事者であっても、裁判所の許可がなければ、閲覧等をすることができず、裁判所は、裁判所に対する閲覧等の許可を求める申立てがあっ

ても、（他の）当事者又は第三者に著しい損害を及ぼすおそれがあると認めるときには、これを許可しないことができることとしている。

　もっとも、当事者が自ら提出した資料については、当事者はその内容を既に知っていることから、それを閲覧等することについて、上記の不許可事由が存在しないと考えられ、許可制を維持する理由はない。

　そこで、試案の６(2)①及び（注）は、当事者は、電子化された事件記録又は電子化されていない事件記録中当該当事者が提出したものに係る事項については、裁判所の許可を得ないで、裁判所書記官に対し、閲覧等の請求をすることができるものとしている。

2　裁判書（試案の６(2)②）

　非訟法第３２条第５項は、当事者及び裁判を受ける者（当該裁判があった後に請求する場合に限る。）は、裁判書の正本、謄本及び抄本については、当事者は、裁判所の許可を得ないで、裁判所書記官に対し、その交付を請求することができるとしている。これは、当事者及び当該裁判を受ける者は、裁判書の内容を当然に知ることができるとするものであり、そうであれば、閲覧の請求を含めて、裁判所の許可を要するとする必要はない。

　そこで、試案の６(2)②は、当事者及び当該裁判を受ける者は、電子裁判書については、裁判所の許可を得ないで、裁判所書記官に対し、閲覧等の請求をすることができるものとすることを提案している。

3　証明書等（試案の６(2)③）

　試案の６(2)③は、非訟法第３２条第５項の規定と同様に、当事者及び裁判を受ける者（当該裁判があった後に請求する場合に限る。）は、事件に関する事項を証明する文書又は電磁的記録については、裁判所の許可を得ないで、裁判所書記官に対し、その交付又は提供の請求をすることができるものとすることを提案している。

## 7　送達等
### (1)　電磁的記録の送達
　　非訟事件の手続における電磁的記録の送達について、民訴法第１０９条から第１０９条の４までの規定を準用するものとする。

（補足説明）

　試案の７(1)は、非訟事件の手続における電磁的記録の送達についても、民事訴訟と同様の規律とするために、民訴法第１０９条から第１０９条の４までの規定を準用することを提案している。民事訴訟の説明その他の説明については、試案の第１の７(1)の（補足説明）参照。

## (2) 公示送達

　非訟事件の手続における公示送達について、民訴法第１１１条の規定を準用するものとする。

（補足説明）

　試案の７(2)は、非訟事件の手続における公示送達についても、民事訴訟と同様の規律とするために、民訴法第１１１条の規定を準用することを提案している。民事訴訟の説明その他の説明については、試案の第１の７(2)の（補足説明）参照。

## 8　公示催告事件における公告
### (1)　裁判所設置端末の利用

　公示催告事件についての公告において、現行法で認められている裁判所の掲示場への掲示に代えて、裁判所に設置された端末で閲覧することができるようにする措置をとることができるものとする。

（補足説明）

1　公示催告事件

　公示催告とは、裁判所が行う公の催告であり、不特定又は不分明の相手方に対して、一定の期間内に裁判所に権利の届出をするよう催告し、もしその届出をしないときには、当該権利につき失権の効力を生ずる旨の警告が付けられたものをいう。例えば、権利の登記の抹消について登記義務者が行方不明の場合に公示催告をした上で登記を抹消するためにするものや手形等の有価証券を盗取され、又は紛失等をした場合に、当該有価証券を所持していなくても権利を行使することができるように、権利と証券との結び付きを解いて、当該有価証券を無効と宣言するためにするものがある。

2　裁判所に設置された端末の利用（試案の８(1)）

　現行の非訟法では、公示催告についての公告は、公示催告の内容について、裁判所の掲示場への掲示及び官報への掲載をすることとされている（非訟法第１０２条第１項）。

　他方で、令和４年改正法により、民事訴訟における公示送達では、従前の裁判所の掲示場への掲示に代えて、裁判所設置端末で閲覧することができるようにする措置をとることができるものとしている（民訴法第１１１条）。

　公示催告は裁判所が行う公示であるところ、民事訴訟手続における公示送達も裁判所が行う公示である点では同様であることから、公示催告事件における公告においても、同様にすることが考えられる。

　そこで、試案の８(1)は、公示催告事件についての公告において、裁判所の掲示場への掲

示に代えて、裁判所設置端末で閲覧することができるようにする措置をとることができる
ものとすることを提案するものである。

## （2）裁判所のウェブサイト掲載

### 【甲案】

　公示催告事件についての公告において、裁判所の掲示場又は裁判所設置
端末等への掲示、及び官報への掲載に加えて、裁判所のウェブサイトに掲
載する方法をとらなければならないものとする。

### 【乙案】

　公示催告事件についての公告については、裁判所の掲示場又は裁判所設
置端末等への掲示、及び官報への掲載によるものとし、裁判所のウェブサ
イトに掲載する方法をとならなければならないとの規律は設けないものと
する。

（補足説明）

1　民事訴訟の公示送達におけるインターネット（裁判所のウェブサイト掲載）の利用

　令和4年改正法により、民事訴訟手続における公示送達では、裁判所の掲示場の掲示又は
裁判所に設置された端末で閲覧することができるようにすることに加え、インターネット
により不特定多数の者に対して公示する措置（具体的には、裁判所のウェブサイトへの掲
載）をとることとされている（民訴法第111条）。

2　公示催告事件の公告における裁判所のウェブサイト掲載

　公示催告事件の公告においても、インターネットを利用して不特定多数の者に対して公
示する措置をとることを検討することが考えられる。

　甲案は、以上の点から、公示催告事件についての公告において、裁判所の掲示場又は裁判
所設置端末等への掲示、及び官報への掲載に加えて、裁判所のウェブサイトに掲載する方法
をとらなければならないものとすることを提案するものである。

　乙案は、インターネットを利用して不特定多数の者に対して公示することが必要である
としても、既に、官報自体がインターネットを利用して見ることができるので、それと別
に、裁判所のウェブサイトに掲載する方法をとる必要はないとして、裁判所のウェブサイト
に掲載する方法をとらなければならないとの規律は設けないことを提案するものである。

## 9　その他

（注1）　システムを使った電磁的記録に記録された情報の内容に係る証拠調べの申出や、書
　　　面の提出に代えて電磁的記録をファイルに記録する方法による陳述、ウェブ会議による

裁判所外の尋問など、ＩＴを活用した証拠調べ手続について、民事訴訟手続と同様の規律を設けるものとする。

（注２）　費用額確定の申立ての期限や、申立て手数料の納付がない場合の納付命令の裁判所書記官の権限について民事訴訟手続と同様の規律を設けるものとするほか、申立て手数料を納付しないことを理由とする申立書却下に対して申立て手数料を納付しないままました即時抗告は原裁判所において却下しなければならないとの規律を設けるものとする。

（注３）　民訴法の改正を踏まえて裁判官の権限のうち定型的な判断事項を裁判所書記官の権限とする見直しなど実務上必要な見直しがないのか検討すべきとの考え方がある。

（補足説明）

1　証拠調べの手続（試案の（注１））

　　試案の（注１）は、非訟事件の手続において証拠調べを行う場合に、民訴法におけるＩＴを活用した証拠調べの規律と同様の規律を適用することを提案するものである。民事訴訟の説明その他の説明については、試案の第１の１０の（注１）の（補足説明）参照。

2　費用額確定処分の申立ての期限と納付命令等（試案の（注２））

　　非訟事件の手続における手続費用についても、その額が長期にわたって確定されない事態を防ぐ必要があると考えられることから、試案の（注２）では、非訟事件の手続における手続費用の額の確定の申立てについて、民事訴訟手続と同様に１０年の期間制限を設けることを提案している。民事訴訟の説明その他の説明については、試案の第１の１０の（注２）の（補足説明）参照。

　　また、令和４年改正法により、民訴法においては、訴えの提起の手数料の納付がない場合に関し、この場合の納付命令を裁判所書記官の権限とすること及びその者（訴えの提起をする者）において相当と認める訴訟の目的の価額に応じて算出される手数料を納付しないままました申立書却下に対する即時抗告は原裁判所が却下しなければならないものとすることなど（同法第１３７条の２）につき規律が設けられている。

　　試案の（注２）は、非訟事件の手続においても、申立て手数料の納付がない場合の納付命令を裁判所書記官の権限とすること、また、申立て手数料（民事訴訟費用等に関する法律第３条第１項、別表第１の１６の項）を納付しないことを理由とする申立書却下に対して手数料を納付しないままました即時抗告を原裁判所において却下しなければならないものとする規律を設けることを提案している。

3　その他（試案の（注３））

　　部会では、これまでに掲げた論点のほか、民訴法の内容を踏まえつつ、実務上見直しをす

べき点がないか検討すべきであるとの指摘があった。試案の（注3）は、この点について記載するものであり、今後、民訴法の内容を踏まえつつ、実務上見直しをすべき点の指摘が具体的にあれば、その指摘を踏まえて検討することも考えられる。

## 第6　民事調停
### 1　裁判所に対する申立て等
#### （1）インターネットを用いてする申立て等の可否

　　民事調停の手続において裁判所に対して行う申立て等については、（非訟法を準用することにより）民訴法第132条の10の規定を準用し、全ての裁判所に対し、一般的に、インターネット（電子情報処理組織）を用いてすることができるものとする。

（補足説明）

　現行の民調法においては、民事調停の手続における申立て等のうち、最高裁判所の定める裁判所に対してするものについては、最高裁判所規則で定めるところにより、インターネットを用いてすることができることとされている（同法第22条及び非訟法第42条）。

　試案の1(1)は、民事調停の手続における申立て等（民事調停の申立てなどがこれに含まれる。）についても、手続の利便性を向上するとともに、迅速な手続を実現する観点から、民訴法第132条の10の規定を準用し、全ての裁判所に対し、一般的に、インターネット（電子情報処理組織）を用いてすることができるものとすることを提案している。

　民事訴訟の説明その他の説明については、試案の第1の1(1)の（補足説明）参照。

#### （2）インターネットを用いてする申立て等の義務付け

　　民事調停の手続において、（非訟法を準用することにより）民訴法第132条の11の規定を準用し、民事訴訟手続においてインターネットを用いて申立て等をしなければならない委任を受けた代理人等は、裁判所に対して行う申立て等をインターネットを用いてしなければならないものとする。

（補足説明）

　試案の1(2)では、民事調停の手続においても、令和4年改正法による民訴法改正の考え方が妥当すると考えられることから、民訴法第132条の11の規定を準用し、民事訴訟手続と同様に、民事調停の手続における委任を受けた代理人等について、インターネットによる申立て等を義務付けることを提案し、他方で、それ以外の者については、インターネットを用いて申立て等をすることを義務付けることは提案していない。

　民事訴訟の説明その他の説明については、試案の第1の1(2)アの（補足説明）参照。

## 2　提出された書面等及び記録媒体の電子化

### (1)　提出された書面等及び記録媒体の電子化の対象事件等

　　裁判所に提出された書面等及び記録媒体につき、下記(2)の電子化のルールを適用し、裁判所書記官において提出された書面等及び記録媒体をファイルに記録しなければならないものとする。

（補足説明）

　現行の民調法の下では、事件記録は書面により管理されており、裁判所に提出された書面等については、これらをそのまま編てつすることにより、事件記録が作成されている。

　民事調停の手続は、民事訴訟手続と同様に、当事者対立構造にあることから、試案の２(1)では、全ての民事調停事件において、試案の２(2)の電子化のルールを適用し、裁判所に提出された書面等をファイルに記録して電子化をすることを提案している。これにより、民事訴訟と同様に、当事者の一方が、他方当事者の提出した書面等につき、インターネットを用いて閲覧等すること等が可能となる。

　民事訴訟の説明については、試案の第１の２(1)の（補足説明）参照。

### (2)　提出された書面等及び記録媒体の電子化のルール

　　民訴法第１３２条の１２及び第１３２条の１３と同様に、裁判所に提出された書面等及び記録媒体の電子化のルールとして、次のような規律を設けるものとする。

①　申立て等が書面等により行われたときは、裁判所書記官は、当該書面等に記載された事項をファイルに記録しなければならない。ただし、当該事項をファイルに記録することにつき困難な事情があるときは、この限りでない。

②　裁判所書記官は、①の申立て等に係る書面等のほか、民事調停の手続において裁判所に提出された書面等又は記録媒体に記載され、又は記録されている事項をファイルに記録しなければならない。ただし、当該事項をファイルに記録することにつき困難な事情があるときは、この限りでない。

③　裁判所に提出された書面等又は記録媒体に記載され、又は記録されている事項のうち、次のものについては、①及び②の規律にかかわらず、ファイルに記録することを要しない。

　ⅰ　第三者の閲覧等の制限の申立てがあった営業秘密のうち特に必要があるもの

　ⅱ　秘匿決定の申立てがあった場合における秘匿事項の届出に係る事項

iii　当事者の閲覧等の制限の申立て又は当事者の閲覧等の制限の決定があった閲覧等の制限がされるべき事項のうち必要があるもの

（注）　民訴法第９２条第９項及び第１０項、第１３３条の２第５項及び第６項並びに第１３３条の３第２項と同様に、インターネットを用いた提出によりファイルに記録された電子化された事件記録のうち、①第三者の閲覧等の制限の申立てがあった営業秘密のうち特に必要がある部分又は②当事者の閲覧等の制限の申立て若しくは当事者の閲覧等の制限の決定があった閲覧等の制限がされるべき事項が記録された部分は、その内容を書面に出力し、又はこれを他の記録媒体に記録するとともに、当該部分を電子化された事件記録から消去する措置その他の当該部分の安全管理のために必要かつ適切なものとして最高裁判所規則で定める措置を講ずることができるものとする。


（補足説明）

1　提出書面等及び記録媒体の電子化のルール

　　試案の２(2)は、民事調停の手続においても、民事訴訟手続と同様の電子化のルールを適用することを提案するものである。民事訴訟の説明その他の説明については、試案の第１の２(2)の（補足説明）参照。

　　ところで、民事訴訟のルールは、第三者秘匿制度（民訴法第９２条）を前提に、その制度によって閲覧等の制限がされるもののうち特に必要なものにつき、その対象となる情報をより厳格に管理する観点から、紙媒体等で保管することを許容している（試案の２(2)③ⅰがこれに相当するルールである）。現行の民調法は、民訴法第９２条の規定を準用せず、第三者秘匿制度を設けていないが、この試案では、同条の規定を準用し、第三者秘匿制度を設けることを提案しており、試案の２(2)③ⅰの提案は、このことを前提としている。


2　ファイルに記録された事項に係る安全管理措置（試案の（注））

　　試案の（注）は、民事調停の手続においても、民事訴訟手続と同様に、ファイルに記録された営業秘密や秘匿事項等に係る部分について、書面に出力してこれを事件記録として保管し、ファイルに記録された部分は当該ファイルから消去するなどの措置をとることができることとすることを提案するものである。なお、現行の民調法は、民訴法第９２条の規定を準用していないが、試案の（注）は、同条の規定を準用し、第三者秘匿制度を設けることを前提としている。

　　民事訴訟の説明その他の説明については、試案の第１の２(2)の（補足説明）参照。


3　裁判書及び調書等の電子化

　　裁判官が作成する裁判書及び裁判所書記官が作成する調書等について、書面による作成に代えて、最高裁判所規則で定めるところにより、電磁的記録によ

り作成するものとする。

（補足説明）

　民訴法においては、裁判所が作成する判決書や裁判所書記官が作成する調書等について、電磁的記録によりこれを作成することとされている（同法第１６０条第１項及び第２５２条第１項）。

　民事調停の手続においても、裁判所は裁判書を作成することがあり、また、裁判所書記官は調書を作成することがある。これらについては、現行の民調法上、書面で作成することが前提とされている。

　試案の３は、民事訴訟手続と同様に、これらについても電磁的記録により作成するものとすることを提案するものである。

　民事訴訟の説明その他の説明については、試案の第１の３の（補足説明）参照。


## 4　期日におけるウェブ会議又は電話会議の利用

　　（いわゆる遠隔地要件を削除し、）裁判所は、相当と認めるときは、当事者の意見を聴いて、最高裁判所規則で定めるところにより、ウェブ会議又は電話会議によって、民事調停の手続の期日における手続（証拠調べを除く。）を行うことができるものとする。


（補足説明）

　民調法第２２条が準用する非訟法第４７条第１項は、当事者が遠隔地に居住しているときその他相当と認めるときは、当事者双方が現実に出頭していない場合でも、ウェブ会議又は電話会議を用いて非訟事件の手続の期日における手続（証拠調べを除く。）をすることができると規定している。

　試案の４は、非訟事件の手続と同様の理由から、民事調停の手続の期日への当事者の参加について、遠隔地要件を削除し、裁判所は、相当と認めるときは、ウェブ会議又は電話会議によって、期日における手続（証拠調べを除く。）を行うことができるものとすることを提案するものである。


## 5　調停調書の送達又は送付

　【甲案】

　　調停における合意を記載した調書は、当事者に送達しなければならないものとする。

　【乙案】

　　調停における合意を記載した調書は、当事者に送達又は送付しなければな

らないものとする。

（注）　甲案、乙案のいずれについても、現行において実費精算する取扱いがなされている郵
　　　便費用を、申立ての手数料に組み込み一本化することと併せて実現することを提案する
　　　ものである。

（補足説明）

　民調法には、調停における合意を記載した調書については、職権で送達する旨の規定はな
く、当事者からの申請を待って送達することとされている。他方で、民訴法では、和解が訴訟
終了効を有するものであるところ、同様に訴訟終了効を有する判決は送達されていること、ま
た、債務名義となる和解調書は強制執行をするために送達が必要であることから、和解調書を
職権によって送達するとされている（民訴法第２６７条第２項）。

　甲案は、民訴法の規定を踏まえ、調停における合意を記載した調書は、当事者に送達しなけ
ればならないものとするものである。

　乙案は、民訴法の規定を踏まえつつも、民事調停の手続では、（民事訴訟における判決に相
当する）終局決定（例えば、調停に代わる決定）であっても、相当と認める方法で告知をすれ
ば足りることとされており、決定書を送付する方法によって告知することでも足りること等
を理由に、調停における合意を記載した調書は、当事者に送達又は送付しなければならないも
のとするものである。

　なお、乙案は、送達又は送付のいずれの方法をとるかどうかは、非訟事件における終局決定
の告知と同様に、裁判所の判断に委ねるものである。もっとも、裁判所の判断と言っても、部
会では、当事者に希望がある場合にはそれを考慮して、判断すべき（例えば、調停調書に基づ
き強制執行をするためには、調停調書が送達されていることが必要となるが、強制執行のため
に当事者が送達を希望するケースでは、その希望を踏まえて判断すべき）との指摘がある。

　また、本文の提案が、郵便費用を申立ての手数料に組み込み一本化することと併せて実現す
ることを提案するものであることは、他の手続における和解調書（調停調書）の送達又は送付
に係る提案と同様である（試案の（注））。その説明については、試案の第５の５の（補足説
明）参照。

## 6　事件記録の閲覧等
### (1)　電子化された事件記録の閲覧等

　　電子化された事件記録についても請求の主体に係る民調法第１２条の６第
　１項の規律を基本的に維持し、当事者又は利害関係を疎明した第三者は、電
　子化された事件記録について、最高裁判所規則で定めるところにより、閲覧、
　複写（ダウンロード）、事件記録に記録されている事項の内容を証明した文
　書若しくは電磁的記録の交付若しくは提供又は事件に関する事項を証明した

**文書若しくは電磁的記録の交付若しくは提供（以下この(1)において「閲覧等」という。）の請求をすることができるものとする。**

（注）　電子化された事件記録の閲覧等の具体的な方法について、次のような規律を設けるものとする。

① 当事者及び利害関係を疎明した第三者は、裁判所設置端末及び裁判所外端末を用いた閲覧等を請求することができる。

② 当事者は、いつでも事件の係属中に裁判所外端末を用いた閲覧又は複写をすることができる。


（補足説明）

1　電子化された事件記録の閲覧等

　民事調停の手続において、インターネットを用いて申立て等をすることを認めることとした場合には（試案の1(1)）、インターネットを用いてされた申立て等については、当該申立て等に係る電磁的記録（電子データ）はそのまま事件記録となることが想定される。また、書面等が提出された場合に、当該書面等を裁判所のファイル（サーバ）に記録することとし（試案の2）、裁判官が作成する裁判書や裁判所書記官が作成する調書についても電磁的記録により作成することとした場合には（試案の3）、ファイルに記録された電磁的記録が事件記録となる。これらの電子化された事件記録の閲覧等に関する規律が問題となる。


2　閲覧等の請求の主体（試案の6(1)）

　民調法第12条の6は、民事調停について、当事者及び利害関係を疎明した第三者は、事件記録の閲覧等の請求をすることができることとしている。これは、電子化されていない事件記録についての規律であるが、電子化された事件記録についても、この請求の主体に係る規律を変更すべき理由はないことから、試案の6(1)では、基本的に、請求の主体に係る民調法第12条の6の考え方を維持することとしている。


3　請求の具体的な内容（試案の6(1)及び（注））

　試案の6(1)は、民事調停の手続における電子化された事件記録についても、その請求することができる内容につき、民事訴訟と同様の規律とすることを提案するものである。

　また、試案の（注）は、「民事訴訟法（IT化関係）等の改正に関する要綱」を踏まえて、具体的な閲覧等の方法につき提案をしている。

　民事訴訟の説明、要綱の説明その他の説明については、試案の第1の6の（補足説明）参照。


## (2)　秘密保護のための閲覧等の制限

　　　民事調停の手続における電子化された事件記録及び電子化されていない
　　事件記録について、民訴法第９２条第１項から第８項までの規定を準用する
　　ものとする。

（補足説明）

　現行の民調法は、民訴法第９２条の規定を準用しておらず、第三者の閲覧等を制限する規律
を設けていない（民調法第１２条の６第２項参照）。そのため、当事者の重大なプライバシー
や営業秘密等が記載された部分について、利害関係を疎明した第三者による閲覧等が制限さ
れることはない。他方で、民訴法では、民訴法第９２条の規定を前提に、電子化のルールの規
定（民訴法第１３２条の１２第１項第１号等）を設けており、民事調停における事件記録の電
子化を検討する（試案の２参照）に際しては、民訴法第９２条の準用の可否が問題となる。

　民訴法第９２条の第三者の閲覧等の制限の規定は、民事訴訟では、自己の主張を裏付ける資
料を提出しない場合には敗訴のリスクを負うため、敗訴しないために要保護性のある秘密を
公開しなければならないとの弊害を避けるため、要保護性のある秘密が第三者に知られるこ
とを避けつつ、適正な審理を実施するために設けられたものである。

　他方、民事調停手続においては、当事者は、自己の主張を裏付ける資料を提出しない場合に
民事訴訟のように敗訴のリスクを負うものではないが、民事調停を利用する者は、調停の申立
てにおいて、紛争の要点に関する証拠書類があるときは、その写しを添付しなければならない
とされている（民調規則第３条）。そして、民事調停には、民事訴訟にはない特徴（例えば、
経験が豊富な民事調停委員により構成された調停委員会の助言や見解を得て、話合いによる
簡易・迅速な解決を図ることができるなど）があり、第三者閲覧制限をすることができないこ
とが、この制度の利用を妨げるのは相当でないとの意見も考えられる。

　そこで、試案の６(2)では、民事調停の手続においても、民訴法第９２条第１項から第８項
までの規定を準用するものとすることを提案している。


## 7　送達等
### (1)　電磁的記録の送達
　　　民事調停の手続における電磁的記録の送達について、（非訟法を準用する
　　ことにより）民訴法第１０９条から第１０９条の４までの規定を準用するも
　　のとする。


（補足説明）

　試案の７(1)は、民事調停の手続における電磁的記録の送達についても、非訟事件の手続と
同様に、民事訴訟と同様の規律とするために、民訴法第１０９条から第１０９条の４までの規
定を準用することを提案している。

民事訴訟の説明その他の説明については、試案の第1の7(1)の（補足説明）参照。

## （2）公示送達

　　民事調停の手続における公示送達について、（非訟法を準用することにより）民訴法第１１１条の規定を準用するものとする。

（補足説明）

　試案の7(2)は、民事調停の手続における公示送達についても、非訟事件の手続と同様に、民事訴訟と同様の規律とするために、民訴法第１１１条の規定を準用することを提案している。

　民事訴訟の説明その他の説明については、試案の第1の7(2)の（補足説明）参照。

## 8　その他

（注1）　システムを使った電磁的記録に記録された情報の内容に係る証拠調べの申出や、書面の提出に代えて電磁的記録をファイルに記録する方法による陳述、ウェブ会議による裁判所外の尋問など、ITを活用した証拠調べ手続について、民事訴訟手続と同様の規律を設けるものとする。

（注2）　費用額確定の申立ての期限や、申立て手数料の納付がない場合の納付命令の裁判所書記官の権限について民事訴訟手続と同様の規律を設けるものとするほか、申立て手数料を納付しないことを理由とする申立書却下に対して申立て手数料を納付しないままにした即時抗告は原裁判所において却下しなければならないとの規律を設けるものとする。

（注3）　特定調停における手続については、民事調停の手続のIT化及び破産手続のIT化を踏まえて、IT化をするものとする。

（注4）　民訴法の改正を踏まえて裁判官の権限のうち定型的な判断事項を裁判所書記官の権限とする見直しなど実務上必要な見直しがないのか検討すべきとの考え方がある。

（補足説明）

1　証拠調べの手続（試案の（注1））

　試案の（注1）は、民事調停の手続において証拠調べを行う場合に、民訴法におけるITを活用した証拠調べの規律と同様の規律を適用する考え方を記載するものである。民事訴訟の説明その他の説明については、試案の第1の10（注1）の（補足説明）参照。

2　費用額確定処分の申立ての期限と納付命令等（試案の（注2））

　民事調停の手続における手続費用についても、その額が長期にわたって確定されない事

態を防ぐ必要があると考えられることから、試案の（注2）では、民事調停の手続における手続費用の額の確定の申立てについて、民事訴訟手続と同様に10年の期間制限を設けることを提案している。民事訴訟の説明その他の説明については、試案の第1の10の（注2）の（補足説明）参照。

　また、試案の（注2）は、非訟事件の手続と同様に、民事調停の手続においても、申立て手数料の納付がない場合の納付命令を裁判所書記官の権限とすること、また、申立て手数料（民事訴訟費用等に関する法律第3条第1項、別表第1の16の項）を納付しないことを理由とする申立書却下に対して手数料を納付しないまままた即時抗告を原裁判所において却下しなければならないものとする規律を設けることを提案している。民事訴訟及び非訟事件の手続の説明その他の説明については、試案の第5の9の（注2）の（補足説明）参照。

3　特定調停における手続（試案の（注3））

　特定調停法第3条の規定による特定調停の手続は、債務の返済ができなくなるおそれのある債務者（特定債務者）の経済的再生を図るため、特定債務者が負っている金銭債務に係る利害関係の調整を行うことを目的とする手続であり、民調法の特例として定められたものである（特定調停法第1条及び第22条参照）。

　特定調停法は、民調法の特則を定めるものであるものの、その機能は、いわゆる債務整理に利用されるものであり、破産法等の手続と類似する側面を持つ（例えば、通常の民事調停は、申立人と相手方の二者間の紛争を想定しているが、特定調停においては、相手方（債権者等）が複数となることが少なくない。）。

　そのため、特定調停のIT化においては、民事調停のIT化に加えて、破産手続のIT化を踏まえて検討することが考えられる。例えば、提出書面等の電子化のルールについては、破産手続等と同様とすることが考えられる。

　試案の（注3）は、特定調停における手続については、民事調停のIT化及び破産手続のIT化を踏まえて、IT化をするものとすることを提案するものである。

4　その他（試案の（注4））

　部会では、民訴法の内容を踏まえつつ、実務上見直しをすべき点がないか検討すべきであるとの指摘があった。

　試案の（注4）は、この点について記載するものであり、今後、民訴法の内容を踏まえつつ、実務上見直しをすべき点の指摘が具体的にあれば、その指摘を踏まえて検討することも考えられる。

# 第7　労働審判

## 1　裁判所に対する申立て等

## （1）インターネットを用いてする申立て等の可否

　　労働審判手続において裁判所に対して行う申立て等については、（非訟法を準用することにより）民訴法第１３２条の１０の規定を準用し、全ての裁判所に対し、一般的に、インターネット（電子情報処理組織）を用いてすることができるものとする。

（補足説明）

　　現行の労審法においては、労働審判手続における申立て等のうち、最高裁判所の定める裁判所に対してするものについては、最高裁判所規則で定めるところにより、インターネットを用いてすることができることとされている（同法第２９条第１項及び非訟法第４２条）。

　　試案の１(1)は、労働審判手続における申立て等（労働審判手続の申立て（労審法第５条）などがこれに含まれる。）についても、手続の利便性を向上するとともに、迅速な手続を実現する観点から、民訴法第１３２条の１０の規定を準用し、全ての裁判所に対し、一般的に、インターネット（電子情報処理組織）を用いてすることができるものとすることを提案している。

　　民事訴訟の説明その他の説明については、試案の第１の１(1)の（補足説明）参照。

## （2）インターネットを用いてする申立て等の義務付け

　　労働審判手続において、（非訟法を準用することにより）民訴法第１３２条の１１の規定を準用し、民事訴訟手続においてインターネットを用いて申立て等をしなければならない委任を受けた代理人等は、裁判所に対して行う申立て等をインターネットを用いてしなければならないものとする。

（補足説明）

　　試案の１(2)では、労働審判手続においても、令和４年改正法による民訴法改正の考え方が妥当すると考えられることから、民訴法第１３２条の１１の規定を準用し、民事訴訟手続と同様に、労働審判手続における委任を受けた代理人等について、インターネットによる申立て等を義務付けることを提案し、他方で、それ以外の者については、インターネットを用いて申立て等をすることを義務付けることは提案していない。なお、ここで義務付けがされる委任を受けた代理人には、労審法第４条第１項ただし書の規定による許可を受けて代理人となった者は含まれない。

　　民事訴訟の説明その他の説明については、試案の第１の１(2)アの（補足説明）参照。

## 2　提出された書面等及び記録媒体の電子化
### （1）提出された書面等及び記録媒体の電子化の対象事件等

　　裁判所に提出された書面等及び記録媒体につき、下記(2)の電子化のルールを適用し、裁判所書記官において提出された書面等及び記録媒体をファイルに記録しなければならないものとする。

（補足説明）

　　現行の労審法の下では、事件記録は書面により管理されており、裁判所に提出された書面等については、これらをそのまま編てつすることにより、事件記録が作成されている。

　　労働審判手続は、民事訴訟手続と同様に、当事者対立構造にあることから、試案の2(1)では、全ての労働審判事件において、試案の2(2)の電子化のルールを適用し、裁判所に提出された書面等をファイルに記録して電子化をすることを提案している。これにより、民事訴訟と同様に、当事者の一方が、他方当事者の提出した書面等につき、インターネットを用いて閲覧等すること等が可能となる。

　　民事訴訟の説明については、試案の第1の2(1)の（補足説明）参照。

　(2)　提出された書面等及び記録媒体の電子化のルール

　　　　民訴法第132条の12及び第132条の13と同様に、裁判所に提出された書面等及び記録媒体の電子化のルールとして、次のような規律を設けるものとする。

　①　申立て等が書面等により行われたときは、裁判所書記官は、当該書面等に記載された事項をファイルに記録しなければならない。ただし、当該事項をファイルに記録することにつき困難な事情があるときは、この限りでない。

　②　裁判所書記官は、①の申立て等に係る書面等のほか、労働審判手続において裁判所に提出された書面等又は記録媒体に記載され、又は記録されている事項をファイルに記録しなければならない。ただし、当該事項をファイルに記録することにつき困難な事情があるときは、この限りでない。

　③　裁判所に提出された書面等又は記録媒体に記載され、又は記録されている事項のうち、次のものについては、①及び②の規律にかかわらず、ファイルに記録することを要しない。

　　i　第三者の閲覧等の制限の申立てがあった営業秘密のうち特に必要があるもの

　　ii　秘匿決定の申立てがあった場合における秘匿事項の届出に係る事項

　　iii　当事者の閲覧等の制限の申立て又は当事者の閲覧等の制限の決定があった閲覧等の制限がされるべき事項のうち必要があるもの

　（注）　民訴法第92条第9項及び第10項、第133条の2第5項及び第6項並びに第1

　　　　３３条の３第２項と同様に、インターネットを用いた提出によりファイルに記録され
　　　た電子化された事件記録のうち、①第三者の閲覧等の制限の申立てがあった営業秘密
　　　のうち特に必要がある部分又は②当事者の閲覧等の制限の申立て若しくは当事者の
　　　閲覧等の制限の決定があった閲覧等の制限がされるべき事項が記録された部分は、そ
　　　の内容を書面に出力し、又はこれを他の記録媒体に記録するとともに、当該部分を電
　　　子化された事件記録から消去する措置その他の当該部分の安全管理のために必要か
　　　つ適切なものとして最高裁判所規則で定める措置を講ずることができるものとする。

（補足説明）

　１　提出書面等及び記録媒体の電子化のルール（試案の２(2)）

　　　試案の２(2)は、労働審判手続においても、民事訴訟手続と同様の電子化のルールを適用
　　することを提案するものである。民事訴訟の説明その他の説明については、試案の第１の２
　　(2)の（補足説明）参照。

　　　なお、試案の２(2)③ⅰは民訴法第９２条の規定（第三者秘匿制度の規定）を、同③ⅱ・
　　ⅲは同法第１３３条から第１３３条の３までの規定（当事者秘匿制度の規定）を準用するこ
　　とを前提としているが、労審法は、既に、民訴法第９２条を準用し（労審法第２６条第２
　　項）、民訴法第１３３条から第１３３条の３までの規定を準用している（労審法第２８条の
　　２）。また、試案の２(2)③ⅰにおける「営業秘密」は、不正競争防止法第２条第６項に規
　　定する営業秘密であることは、試案第１の２(2)③ⅰのとおりである。

　２　ファイルに記録された事項に係る安全管理措置（試案の（注））

　　　試案の（注）は、労働審判手続においても、民事訴訟手続と同様に、ファイルに記録され
　　た営業秘密や秘匿事項等に係る部分について、書面に出力してこれを事件記録として保管
　　し、ファイルに記録された部分は当該ファイルから消去するなどの措置をとることができ
　　ることとすることを提案するものである。民事訴訟の説明その他の説明については、試案の
　　第１の２(2)の（補足説明）参照。

　　　なお、労審法は、前記のとおり、既に、民訴法第９２条を準用し（労審法第２６条第２
　　項）、民訴法第１３３条から第１３３条の３までの規定を準用している（労審法第２８条の
　　２）。また、試案の（注）における「営業秘密」は、不正競争防止法第２条第６項に規定す
　　る営業秘密であることは、試案の第１の２(2)③ⅰのとおりである。

　３　裁判書及び調書等の電子化

　　　労働審判委員会が作成する審判書、裁判官が作成する裁判書及び裁判所書記
　　官が作成する調書等について、書面による作成に代えて、最高裁判所規則で定
　　めるところにより、電磁的記録により作成するものとする。

（補足説明）

　　民訴法においては、裁判所が作成する判決書や裁判所書記官が作成する調書等について、電磁的記録によりこれを作成することとされている（同法第１６０条第１項及び第２５２条第１項）。

　　労働審判手続においても、裁判所は裁判書を作成することがあり、また、裁判所書記官は調書を作成することがある。これらについては、現行の労審法上、書面で作成することが前提とされている。

　　試案の３は、民事訴訟手続と同様に、これらについても電磁的記録により作成するものとすることを提案するものである。

　　民事訴訟の説明その他の説明については、試案の第１の３の（補足説明）参照。


## 4　期日におけるウェブ会議又は電話会議の利用

　　（いわゆる遠隔地要件を削除し、）裁判所は、相当と認めるときは、当事者の意見を聴いて、最高裁判所規則で定めるところにより、ウェブ会議又は電話会議によって、労働審判手続の期日における手続（証拠調べを除く。）を行うことができるものとする。

（注）　労働審判手続の証拠調べにおけるウェブ会議又は電話会議の利用については、後記８で取り上げている証拠調べの規律が優先的に適用されることを前提としている（民事訴訟手続と同様の規律とする場合には、証人尋問はウェブ会議を利用することができるが電話会議を利用することはできず、証拠調べとしての参考人等の審尋（民訴法第１８７条第３項及び第４項参照）は原則としてウェブ会議を利用することができるが、当事者に異議がないときは電話会議を利用することができることとなる。）。


（補足説明）

１　遠隔地要件の廃止について

　　労審法第２９条第１項が準用する非訟法第４７条第１項は、当事者が遠隔地に居住しているときその他相当と認めるときは、当事者双方が現実に出頭していない場合でも、ウェブ会議又は電話会議を用いて労働審判手続の期日における手続（証拠調べを除く。）をすることができると規定している。

　　試案の４は、非訟事件の手続と同様の理由から、労働審判手続の期日への当事者の参加について、遠隔地要件を削除し、裁判所は、相当と認めるときは、ウェブ会議又は電話会議によって、期日における手続（証拠調べを除く。）を行うことができるものとすることを提案するものである。

　　部会においては、現行法よりもウェブ会議又は電話会議を利用することができる場面が

広がることによって労働審判手続が３回以内の期日で審理が終わらない事件が増えることがないかどうかを考慮する必要があり、この点については、ウェブ会議を利用した手続の運用が開始されており、実務の実情を踏まえた検討が必要であるとの意見があった。

### 2　証拠調べの規律との優先関係（試案の（注））

　　労審法第２９条第１項が準用する非訟法第４７条第１項は、ウェブ会議又は電話会議によって「期日における手続（証拠調べを除く。）を行うことができる」と規定しており、証拠調べにおけるウェブ会議又は電話会議の利用については、非訟法第４７条第１項の規律ではなく、証拠調べの規律によるものとしている。

　　労働審判手続における証拠調べの規律は、後記８で取り上げているが、労働審判手続においても、証拠調べにおけるウェブ会議又は電話会議の利用については、証拠調べの規律が優先的に適用されることを前提としている。そのため、労働審判手続における証拠調べの規律を民事訴訟手続と同様の規律とする場合には、証人尋問においてはウェブ会議を利用することはできるが電話会議を利用することはできないことになる。また、証拠調べとしての参考人等の審尋（民訴法第１８７条第３項及び第４項参照）は原則としてウェブ会議のみを利用することができ、電話会議の利用は当事者に異議がないときに限られることになる。

　　試案の（注）では、上記のことを確認するために記載している。

### 5　調停調書等の送達又は送付
#### （1）調停における合意を記載した調書
##### 【甲案】

　　　調停における合意を記載した調書は、当事者に送達しなければならないものとする。

##### 【乙案】

　　　調停における合意を記載した調書は、当事者に送達又は送付しなければならないものとする。

（注）　甲案、乙案のいずれについても、現行において実費精算する取扱いがなされている郵便費用を、申立ての手数料に組み込み一本化することと併せて実現することを提案するものである。

（補足説明）

　　労審法第２９条第２項の規定は、民事調停の規定を準用しており、労働審判手続においては、調停の合意をすることができ、その調停における合意を記載した調書が作成される。

　　試案の５(1)は、民事調停の手続と同様の理由から、本文において、甲案及び乙案の両案を併記し、試案の（注）において、申立ての手数料の提案をしている。その説明については、試

案の第6の5の（補足説明）参照。部会では、郵便費用を申立ての手数料に組み込み一本化するに当たっては、労働審判手続の実情として、労働者が申立人側に立つことがほとんどであることも踏まえ、本文の甲案、乙案のいずれによる場合であっても、申立人の経済的負担が現状より増えることがないようにする必要がある（試案の5⑵の審判書に代わる調書の送達又は送付についても同様）との意見があった。

### ⑵　審判書に代わる調書

**【甲案】**

　　審判書に代わる調書は、当事者に送達しなければならないものとする。

**【乙案】**

　　審判書に代わる調書は、当事者に送達又は送付しなければならないものとする。

（注）　甲案、乙案のいずれについても、現行において実費精算する取扱いがなされている郵便費用を、申立ての手数料に組み込み一本化することと併せて実現することを提案するものである。

（補足説明）

　労働審判では、労働審判委員会は、相当と認めるときは、審判書の作成に代えて、全ての当事者が出頭する期日において、労働審判の主文等を口頭で告知する方法で、審判をすることができ、審判の効力はその告知の時から生ずる（不服申立ての起算点もこの告知の時である。労審法第20条第6項及び第21条第1項）。また、この方法により労働審判が行われたときは、審判書に代わる調書が作成される。

　労審法には、審判書について当事者に送達しなければならないとの規定はある（同法第20条第4項）が、審判書に代わる調書について当事者に送達しなければならないとの規定はなく、その送達は、当事者の送達申請によってされている。もっとも、審判書に代わる調書についても、基本的には、その内容を当事者において的確に了知するために、これを送達又は送付することが考えられる。

　甲案は、以上を踏まえ、審判書の送達と同様に、審判書に代わる調書についても当事者に送達しなければならないものとすることを提案している。

　乙案は、労審法が準用する非訟法においては、一般的に、裁判は必ず送達をしなければならないものではなく、送付によっても足りることや、審判書が作成される審判の不服申立ての起算点はその送達時である（労審法第21条第1項）のに対し、前記のとおり審判書に代わる調書が作成される審判の不服申立ての起算点は告知時であることから、審判書に代わる調書は、当事者に送達又は送付しなければならないものとすることを提案している。

　なお、本文の提案が、郵便費用を申立ての手数料に組み込み一本化することと併せて実現す

ることを提案するものであることは、他の手続における和解調書（調停調書）の送達又は送付に係る提案と同様である。その説明については、試案の第5の5の（補足説明）参照。部会では、郵便費用を申立ての手数料に組み込み一本化するに当たっては、労働審判手続の実情として、労働者が申立人側に立つことがほとんどであることも踏まえ、本文の甲案、乙案のいずれによる場合であっても、申立人の経済的負担が現状より増えることがないようにする必要があるとの意見があった。

### 6　電子化された事件記録の閲覧等

　電子化された事件記録についても請求の主体に係る労審法第26条第1項の規律を基本的に維持し、当事者及び利害関係を疎明した第三者は、電子化された事件記録について、最高裁判所規則で定めるところにより、閲覧、複写（ダウンロード）、事件記録に記録されている事項の内容を証明した文書若しくは電磁的記録の交付若しくは提供又は事件に関する事項を証明した文書若しくは電磁的記録の交付若しくは提供（以下この6において「閲覧等」という。）の請求をすることができるものとする。

（注）　電子化された事件記録の閲覧等の具体的な方法について、次のような規律を設けるものとする。

　①　当事者及び利害関係を疎明した第三者は、裁判所設置端末及び裁判所外端末を用いた閲覧等を請求することができる。

　②　当事者は、いつでも事件の係属中に裁判所外端末を用いた閲覧又は複写をすることができる。

（補足説明）

### 1　電子化された事件記録の閲覧等

　労働審判手続において、インターネットを用いて申立て等をすることを認めることとした場合には（試案の1(1)）、インターネットを用いてされた申立て等については、当該申立て等に係る電磁的記録（電子データ）はそのまま事件記録となることが想定される。また、書面等が提出された場合に、当該書面等を裁判所のファイル（サーバ）に記録することとし（試案の2）、裁判官が作成する裁判書や裁判所書記官が作成する調書についても電磁的記録により作成することとした場合には（試案の3）、ファイルに記録された電磁的記録が事件記録となる。これらの電子化された事件記録の閲覧等に関する規律が問題となる。

### 2　閲覧等の請求の主体（試案の6）

　労審法第26条第1項は、労働審判手続について、当事者及び利害関係を疎明した第三者は、事件記録の閲覧等の請求をすることができることとしている。これは、電子化されてい

ない事件記録についての規律であるが、電子化された事件記録についても、この請求の主体に係る規律を変更すべき理由はないことから、試案の6では、基本的に、請求の主体に係る労審法第26条の考え方を基本的に維持することとしている。

3　請求の具体的な内容（試案の6及び（注））

　試案の6は、労働審判手続における電子化された事件記録についても、請求することができる内容につき、民事訴訟と同様の規律とすることを提案するものである。

　また、試案の（注）は、「民事訴訟法（IT化関係）等の改正に関する要綱」を踏まえて、具体的な閲覧等の方法につき提案をしている。

　民事訴訟の説明、要綱の説明その他の説明については、試案の第1の6の（補足説明）参照。

## 7　送達等

　労働審判手続における電磁的記録の送達について、（非訟法を準用することにより）民訴法第109条から第109条の4までの規定を準用するものとする。

（注）　労働審判手続における公示送達について、（非訟法を準用することにより）民訴法第111条の規定を準用するものとする。

（補足説明）

　試案の7は、労働審判手続における電磁的記録の送達についても、非訟事件の手続と同様に、民事訴訟と同様の規律とするために、民訴法第109条から第109条の4までの規定を準用することを提案している。

　また、試案の（注）は、労働審判手続における公示送達についても、非訟事件の手続と同様に、民事訴訟と同様の規律とするために、民訴法第111条の規定を準用することを提案している。なお、労働審判事件においては、審判書の送達については公示送達をすることができないとされているところ（労審法第20条第5項）、この規律を変更する必要はないと思われるが、他の場面において、公示送達を用いることが否定されているものではない。

　民事訴訟の説明その他の説明については、試案の第1の7(1)の（補足説明）参照。

## 8　その他

（注1）　ウェブ会議・電話会議を利用する参考人等の審尋、システムを使った電磁的記録に記録された情報の内容に係る証拠調べの申出や書面の提出に代えて電磁的記録をファイルに記録する方法による陳述など、ITを活用した証拠調べ手続について、民事訴訟手続と同様の規律を設けるものとする。

（注2）　費用額確定の申立ての期限や、申立て手数料の納付がない場合の納付命令の裁判所書記官の権限について民事訴訟手続と同様の規律を設けるものとするほか、申立て手数料を納付しないことを理由とする申立書却下に対して申立て手数料を納付しないまました即時抗告は原裁判所において却下しなければならないとの規律を設けるものとする。

（注3）　民訴法の改正を踏まえて裁判官の権限のうち定型的な判断事項を裁判所書記官の権限とする見直しなど実務上必要な見直しがないのか検討すべきとの考え方がある。

（補足説明）

1　証拠調べの手続（試案の（注1））

　　試案の（注1）は、労働審判手続において証拠調べを行う場合に、民訴法におけるITを活用した証拠調べの規律と同様の規律を適用する考え方を記載するものである。民事訴訟の説明その他の説明については、試案の第1の10の（注1）の（補足説明）参照。

2　費用額確定処分の申立ての期限と納付命令等（試案の（注2））

　　労働審判手続における手続費用についても、その額が長期にわたって確定されない事態を防ぐ必要があると考えられることから、試案の（注2）では、労働審判手続における手続費用の額の確定の申立てについて、民事訴訟手続と同様に10年の期間制限を設けることを提案している。民事訴訟の説明その他の説明については、試案の第1の10の（注2）の（補足説明）参照。

　　また、試案の（注2）は、非訟事件の手続と同様に、労働審判手続においても、申立て手数料の納付がない場合の納付命令を裁判所書記官の権限とすること、また、申立て手数料（民事訴訟費用等に関する法律第3条第1項、別表第1の16の項）を納付しないことを理由とする申立書却下に対して手数料を納付しないまました即時抗告を原裁判所において却下しなければならないものとする規律を設けることを提案している。民事訴訟及び非訟事件の手続の説明その他の説明については、試案の第5の9の（注2）の（補足説明）参照。

3　その他（試案の（注3））

　　部会では、これまでに掲げた論点のほか、民訴法の内容を踏まえつつ、実務上見直しをすべき点がないか検討すべきであるとの指摘があった。

　　試案の（注3）は、この点について記載するものであり、今後、民訴法の内容を踏まえつつ、実務上見直しをすべき点の指摘が具体的にあれば、その指摘を踏まえて検討することも考えられる。

# 第8　人事訴訟

1　裁判所に対する申立て等

(1) インターネットを用いてする申立て等の可否

　　人事訴訟に関する手続において裁判所に対して行う申立て等については、民訴法第１３２条の１０の規定を適用し、全ての裁判所に対し、一般的に、インターネット（電子情報処理組織）を用いてすることができるものとする。

（補足説明）

　　試案の１(1)は、手続の利便性を向上するとともに、迅速な手続を実現する観点から、特段の規定がない限り民訴法が適用される人事訴訟に関する手続にも、民訴法第１３２条の１０の規定を適用し、全ての裁判所に対し、一般的に、インターネット（電子情報処理組織）を用いてすることができるものとすることを提案している。

　　なお、令和４年改正法により、現行の人訴法では、改正後の民訴法第１３２条の１０の適用の是非につき別途検討するため、特別の定めとして、人訴法第１６条の４の規定（令和４年改正法による改正前の民訴法第１３２条の１０と同内容の規定）を置き、改正後の民訴法第１３２条の１０の適用は除外している（令和４年改正法による改正後の人訴法第２９条）。

　　また、ここでいう「申立て等」は、民訴法第１３２条の１０における「申立て等」と同じく、申立てその他の申述であり、裁判所（裁判所書記官等を含む。）に対する当事者その他の者の陳述をいう。一方で、例えば、事実の調査において書面等が提出される場合はこれには含まれないと解され、家庭裁判所調査官が事実の調査の結果を報告する調査報告書（人訴法第３４条第３項）を電磁的記録によって作成することについては、後記試案の３で取り上げている。

　　民事訴訟の説明その他の説明については、試案の第１の１(1)の（補足説明）参照。

(2) インターネットを用いてする申立て等の義務付け

　　人事訴訟に関する手続において、民訴法第１３２条の１１の規定を適用し、民事訴訟手続においてインターネットを用いて申立て等をしなければならない委任を受けた訴訟代理人等は、裁判所に対して行う申立て等をインターネットを用いてしなければならないものとする。

（補足説明）

1　委任を受けた訴訟代理人等

　　試案の１(2)では、人事訴訟に関する手続においても、令和４年改正法による民訴法改正の考え方が妥当すると考えられることから、民訴法第１３２条の１１の規定を適用し、民事訴訟手続においてインターネットを用いて申立て等をしなければならない委任を受けた訴訟代理人等は、裁判所に対して行う申立て等をインターネットを用いてしなければならないものとすることを提案し、他方で、それ以外の者については、インターネットを用いてし

なければならないものとすることは提案していない。

　　民事訴訟の説明その他の説明については、試案の第1の1(2)アの（補足説明）参照。


２　その他

　　部会においては、試案の1(2)で記載した者のほかに、行為能力の制限を受けた者につき裁判長が代理人に選任した弁護士（人訴法第13条第2項及び第3項）がインターネットを用いて申立て等をしなければならないものとするかどうかについても検討された。裁判長が訴訟代理人に選任した弁護士は、当事者本人が選任する者ではないから、「委任を受けた訴訟代理人」に該当しないとの整理が考えられ、学説上は、その法的性格は、法定代理人であるとする見解があるが、法定代理人については民訴法においてインターネットの利用が義務付けられていないこと等を踏まえ、試案においては、裁判長が手続代理人に選任した弁護士がインターネットを用いて申立て等をしなければならないものとするとの提案はしていない。

　　そのほか、部会においては、人事訴訟に関する手続で当事者となることがある検察官（人訴法第12条第3項）が申立て等をインターネットによってしなければならないものとすることにつき検討すべきとの指摘があった。


## ２　提出された書面等及び記録媒体の電子化

### （1）民事訴訟のルールの適用

　　裁判所に提出された書面等及び記録媒体について、民訴法第132条の12及び第132条の13の規定を適用し、次のような規律を設けるものとする（書面等及び記録媒体については、事実の調査に係るものを含むものとする。）。

　　①　申立て等が書面等により行われたときは、裁判所書記官は、当該書面等に記載された事項をファイルに記録しなければならない。ただし、当該事項をファイルに記録することにつき困難な事情があるときは、この限りでない。

　　②　裁判所書記官は、①の申立て等に係る書面等のほか、人事訴訟に関する手続において裁判所に提出された書面等又は記録媒体に記載され、又は記録されている事項をファイルに記録しなければならない。ただし、当該事項をファイルに記録することにつき困難な事情があるときは、この限りでない。

　　③　裁判所に提出された書面等又は記録媒体に記載され、又は記録されている事項のうち、次のものについては、①及び②の規律にかかわらず、ファイルに記録することを要しない。

　　ⅰ　第三者の閲覧等の制限の申立てがあった営業秘密のうち特に必要があ
　　るもの
　　ⅱ　秘匿決定の申立てがあった場合における秘匿事項の届出に係る事項
　　ⅲ　当事者の閲覧等の制限の申立て又は当事者の閲覧等の制限の決定があ
　　った閲覧等の制限がされるべき事項のうち必要があるもの
（注）　民訴法第92条第9項及び第10項、第133条の2第5項及び第6項並びに第1
　　33条の3第2項の規定を適用し、インターネットを用いた提出によりファイルに記
　　録された電子化された訴訟記録のうち、①第三者の閲覧等の制限の申立てがあった営
　　業秘密のうち特に必要がある部分又は②当事者の閲覧等の制限の申立て若しくは当
　　事者の閲覧等の制限の決定があった閲覧等の制限がされるべき事項が記録された部
　　分は、その内容を書面に出力し、又はこれを他の記録媒体に記録するとともに、当該
　　部分を電子化された訴訟記録から消去する措置その他の当該部分の安全管理のため
　　に必要かつ適切なものとして最高裁判所規則で定める措置を講ずることができるも
　　のとする。

（補足説明）
1　提出書面等及び記録媒体の電子化に関する民事訴訟のルールの適用（試案の2(1)）
　　　現行の人訴法の下では、人事訴訟の訴訟記録は書面により管理されており、裁判所に提出
　　された書面等については、これらをそのまま編てつすることにより、訴訟記録が作成されて
　　いる。
　　　試案の2(1)は、人事訴訟に関する手続において裁判所に提出された書面等の電子化につ
　　いても、令和4年改正法による民訴法改正と同様の観点から、民訴法第132条の12及び
　　第132条の13の規定を適用することを提案するものである。
　　　民事訴訟の説明については、試案の第1の2(1)及び(2)の（補足説明）参照。

2　ファイルに記録された事項に係る安全管理措置（試案の（注））
　　　試案の（注）は、人事訴訟の手続においても、民事訴訟手続と同様に、ファイルに記録さ
　　れた営業秘密や秘匿事項等に係る部分について、書面に出力してこれを訴訟記録として保
　　管し、ファイルに記録された部分は当該ファイルから消去するなどの措置をとることがで
　　きることとすることを提案するものである。
　　　民事訴訟の説明その他の説明については、試案の第1の2(2)の（補足説明）参照。

## (2)　人訴法特有のルール（事実の調査に係る提出書面等の電子化の例外）
　　【甲案】
　　　　事実の調査において裁判所に提出された書面等又は記録媒体に記載さ

れ、又は記録されている事項のうち、次のいずれかのものであり、かつ、裁判所が特に必要があると認めるものについては、当該事項をファイルに記録することを要しないものとする。

① 他の者が知ることにより子（当事者間に成年に達しない子がある場合におけるその子をいう。）の利益を害するおそれがある事項

② 他の者が知ることにより当事者又は第三者の私生活又は業務の平穏を害するおそれがある事項

③ 明らかにされることにより、その者が社会生活を営むのに著しい支障を生じ、又はその名誉を著しく害するおそれがある当事者又は第三者の私生活についての重大な秘密

【乙案】

甲案に記載している特段の規律は設けないものとする。

（注） 甲案を採用する場合には、事実の調査に係るインターネットを用いた提出によりファイルに記録された電子化された訴訟記録のうち、本文の甲案に掲げる①から③までの事項についても、裁判所が特に必要があると認めるときは、その内容を書面に出力し、又はこれを他の記録媒体に記録するとともに、当該部分を電子化された訴訟記録から消去する措置その他の当該部分の安全管理のために必要かつ適切なものとして最高裁判所規則で定める措置を講ずることができるものとする。

（補足説明）

1　事実の調査と試案の2(1)との関係

　人事訴訟では、親権者の指定や子の監護に関する処分、財産の分与に関する処分といった附帯処分につき事実の調査をすることができる。事実の調査とは、いわゆる厳格な証明である証拠調べとは異なり、自由な証明による資料収集方法である。例えば、家庭裁判所調査官による調査（人訴法第34条）のほか、裁判所による審問（人訴法第33条第4項等）、官庁等に対する調査嘱託や関係人の預金等に関する報告（人訴規則第21条）がある。この調査において、書面等や記録媒体が裁判所に提出されることがある。

　前記試案の2(1)及びその（注）は、この事実の調査において提出される書面等や記録媒体にも適用されることを前提としている。

　もっとも、試案の2(1)③のルールのうち、ⅱは、書面等により民訴法第133条第2項の規定による秘匿事項の届出があった場合に、その書面等に記載された秘匿事項について（同法第132条の12第1項第2号及び第132条の13第2号参照）、紙媒体等により保管をすることを可能とするものであるが、秘匿事項の届出は事実の調査として提出されるものではないので、このⅱのルールが事実の調査において提出されるものに適用される場面はないことになる。

　さらに、試案の2(1)③のルールのうち、ⅲは、民訴法第133条の2及び第133条の3の規定により当事者の閲覧等の制限がされることになる秘匿事項等について（同法第132条の12第1項第3号、第132条の13第3号及び第4号参照）、紙媒体等により保管をすることを可能とするものであるが、人事訴訟における訴訟記録のうち事実の調査に係る部分（事実調査部分）は、もともと、人訴法第35条の規定により当事者の閲覧等を制限することが可能となっていたことから、令和4年改正法による改正後の人訴法では、民訴法第133条の2及び第133条の3の規定は適用されないこととなっている（人訴法第35条第8項）。そのため、事実調査部分については、試案の2(1)③のルールのうちⅲは適用される場面はない。同様に、試案の2(1)の（注）のルールのうち民訴法第133条の2第5項及び第6項並びに第133条の3第2項の規定の適用部分は、事実調査部分に適用される場面はない。

　以上のとおり、事実調査部分に関しては、秘匿事項等について、試案の2(1)③ⅱ及びのⅲ、さらに同（注）の民事訴訟のルールの適用される場面がないことから、人訴法特有のルールを設けるのかが問題となる。

## 2　甲案及び（注）

### (1)　甲案の提案

ア　甲案は、事実の調査において裁判所に提出された書面等や記録媒体については、人訴法第35条第2項各号を踏まえ、閲覧等が制限される対象となり得るような事項については、ファイルに記録しなければならないとする対象から除外する規律を設けることを提案するものである。

　　事実の調査は、性質上人間関係の機微に触れる事柄も多く、閲覧等を通じて他に知られることによって関係者の人間関係や、ひいては子の福祉に反する事態が生じるおそれがあることなどから、事実調査部分の閲覧等については裁判所の許可が必要とされており（後記試案の6参照）、人訴法第35条第2項各号は、このような観点から、当事者であっても閲覧等が制限され得る場合を規定しているのであって、こういったおそれを防止するための記録の管理については、配慮が必要とも考えられる。加えて、閲覧等が制限され得るような部分は、電子化によって裁判所外端末からのオンラインによる閲覧等を可能とする必要性は相対的に小さいということができ、これを電子化するメリットは限定されるという考え方があり得る。

　　そこで、甲案は、人訴法第35条第2項各号を踏まえて、①から③までの事項については、ファイルに記録しなければならないとする対象から除外することとしている。

イ　甲案は、飽くまでも、①から③までの事項についてファイルに記録することを要しないとするものであり、例えば、書面の一部に①から③までの事項があるケースでは、その事項の部分はファイルに記録することを要しないが、それを除く書面の部分はファ

イルに記録しなければならない。

ウ　なお、人事訴訟に関する手続においては、事実の調査部分につき、裁判所が職権で閲覧等の許否を判断することとされており（当事者等による閲覧等の制限の申出といったものはその閲覧等の制限の要件とされていない）、裁判所は、自己の判断で、当事者や第三者による閲覧等の許可の申立てを却下し、その者による閲覧等を制限することができる。そのため、甲案は、これに対応し、閲覧等の制限の申出の有無に関係なく、裁判所は、ファイルに記録しない措置をとることができるとしている。また、そのこととも関連するが、甲案は、現実に当事者等から裁判所に対する閲覧等の許可の申立てがされ、その申立てを却下する決定がされていなくとも、裁判所が、その判断で、ファイルに記録しない措置をとることができるとしている。しかし、部会においては、当事者等から閲覧等の制限の申出もなく（試案の(1)③のルールは当事者等の申立てがあることを前提とする。）、また、現実に裁判所に対する閲覧等の許可の申立てもないまま、裁判所に書面等が提出されるごとに、事件の内容を踏まえて、ファイルに記録しない措置をとる必要があるかどうかを判断しなければならないとすれば現実には困難を伴うし、ファイルに記録するか否かについて裁判所の裁量の範囲が広くなりすぎるとの懸念が指摘された。また、閲覧等の許可の申立てを行った者ごとに許否の判断は異なり得るため、甲案では、例えば、当事者又は第三者であるＡとの関係では閲覧等をすることにより①から③までの事情があり、閲覧等の制限をすべきケースで、ファイルに記録しない措置をとると、閲覧等が認められる別の当事者又は第三者であるＢも、インターネットを利用した閲覧等が制限されることとなるが、それが相当かという問題もある。そのため、甲案では、ファイルに記録しない措置をとる範囲を適切に限定し、当該措置の必要性が明確であるケースに限って、これをとることとするために、「特に必要がある」と認める場合に限り、この措置をとることとしている（もっとも、このようにしても、前記の懸念が払拭できないとの意見があり、後記の乙案が提示されている。）。

(2)　試案の（注）

試案の（注）では、甲案をとる場合には、甲案と同様の理由により、インターネットを用いてファイルに記録された事実の調査に係る電磁的記録のうち、本文の甲案の①から③までの事項について、裁判所が特に必要があると認めるときは、書面に出力してこれを訴訟記録として保管し、ファイルに記録された部分を当該ファイルから消去するなどの安全管理措置をとることができるものとすることを提案している。

3　乙案

乙案は、甲案のような規律を設けないものとすることを提案している。

前記（補足説明）2のとおり、甲案については、当事者等から閲覧等の制限の申出もなく、また、現実に裁判所に対する閲覧等の許可の申立てがないケースでも、ファイルに記録しな

い措置をとることができるとしており、その範囲が広くなりすぎるし、裁判所に書面等が提出されるごとに、事件の内容を踏まえて、そのような措置をとるかを判断しなければならないとすれば現実には困難を伴うとの懸念が指摘されている。また、甲案では、関係者の一部の者との関係で閲覧等の制限をすべきケースでも、ファイルに記録しない措置をとることを認めるものであるが、そうすると、本来は、閲覧等が認められる者までも、インターネットを利用した閲覧等が制限されることとなる。甲案は、その適用される範囲を限定的なものとするために、「特に必要がある」と認める場合に限り、この措置をとることとしているが、当事者等の申出等がないまま、そのような措置をとることを認めている以上、それに伴う懸念を払拭することはできないとも考えられる。また、閲覧等が認められる者によるインターネットを利用した閲覧等が制限されることには変わりがないとの意見も考えられる。加えて、そもそも、事件記録の電子化は、システムの構築を適切にすることによりファイルに記録された情報を適切に管理することを前提としており、人訴法第35条第2項各号に当たる事情があったとしても、特に閲覧等の制限や秘匿の申立てがされ、その旨の決定がされている営業秘密等と同様の扱いとし、敢えて電子化の範囲から除くまでの事情はないのではないかといった指摘があった。そのほか、訴訟記録の電子化のメリットはインターネットを利用した閲覧等の便宜のみではなく、保管コストの削減等も考えられ、事実調査部分の閲覧等の規律が異なるからといって、その電子化について人事訴訟の訴訟記録一般と異なる規律を設けるべきではないとの意見があった。以上のことから、乙案が提示されている。

## 3　裁判書等及び報告書の電子化

### (1)　裁判書及び調書等の電子化

　　　裁判官が作成する裁判書及び裁判所書記官が作成する調書等について、民訴法の規定を適用し、書面による作成に代えて、最高裁判所規則で定めるところにより、電磁的記録により作成するものとする。

（補足説明）

　民訴法においては、裁判所が作成する判決書や裁判所書記官が作成する調書等について、電磁的記録によりこれを作成することとされている（同法第160条第1項及び第252条第1項）。

　人事訴訟に関する手続において裁判官が作成する判決書等の裁判書や裁判所書記官が作成する調書については、現行の人訴法上、書面で作成することが前提とされている。

　試案の3(1)は、民事訴訟手続と同様に、これらについても電磁的記録により作成するものとすることを提案するものである。

　民事訴訟の説明その他の説明については、試案の第1の3の（補足説明）参照。

（2）家庭裁判所調査官の報告書の電子化

　　　家庭裁判所調査官は、事実の調査の結果の書面による報告（人訴法第34条第3項参照）に代えて、最高裁判所規則で定めることにより、当該書面に記載すべき事項をファイルに記録する方法又は当該事項を記録した記録媒体を提出する方法により報告を行うことができるものとする。

（補足説明）

　　人事訴訟の手続においては、裁判所は、家庭裁判所調査官に事実の調査をさせることができ、家庭裁判所調査官は、その事実の調査の結果を書面又は口頭で裁判所に報告するものとされている（人訴法第34条第3項）。試案の3(2)は、この調査結果の報告について、現行の方法に加え、調査報告書を書面に代えて電磁的記録により作成する方法を認めることを提案するものである。

　　部会においては、この家庭裁判所調査官の調査報告書を電磁的記録によって作成するものとすることにつき、当事者がより迅速に閲覧等を行うことができるようになるとの観点から、賛成する意見があった。他方で、他の専門家等が裁判所に対し説明をしたり意見を述べたりする際に、電磁的記録による方法が認められるものも、書面による方法を排除はしていないこと（例えば、民訴法第92条の2第2項及び第215条第2項）などを考慮し、現行法の方法に加えて、調査報告書を電磁的記録によって作成することを認めるものとしている。

　　なお、仮に、書面や電磁的記録を記録した記録媒体によって調査報告書が作成・提出された場合の電子化（ファイルへの記録）については、試案の2の規律によることとなる。

4　期日におけるウェブ会議及び電話会議の利用

（1）当事者の陳述を聴く審問期日

【甲案】

　　　裁判所は、相当と認めるときは、当事者の意見を聴いて、最高裁判所規則で定めるところにより、ウェブ会議及び電話会議によって、当事者の陳述を聴く審問期日における手続を行うことができるものとする。

【乙案】

　　　裁判所は、相当と認めるときは、当事者の意見を聴いて、最高裁判所規則で定めるところにより、ウェブ会議によって、当事者の陳述を聴く審問期日における手続を行うことができるものとし、電話会議の利用は認めないものとする。

　（注）乙案を原則としつつ、当事者双方に異議がない場合には、電話会議によって、当事者の陳述を聴く審問期日における手続を行うこともできるものとするとの考え方がある。

（補足説明）

1　概要

　民訴法においては、当事者の利便性を向上させるとともに、迅速かつ効率的な手続を実現する観点から、口頭弁論の期日について、ウェブ会議を用いて手続を行う（ウェブ会議による当事者の出頭を許容する）こととされ（同法第８７条の２第１項）、審尋の期日における手続についても、ウェブ会議及び電話会議を用いることができることとされている（同条第２項）。これらの規定は、令和４年改正法による改正により、人事訴訟にも適用されることとされているので、人事訴訟のこれらの期日においても、ウェブ会議及び電話会議の利用が実現することとなる。また、令和４年改正法による改正後の民訴法の弁論準備手続期日におけるウェブ会議及び電話会議の利用に関する規定も、令和４年改正法により、人事訴訟に適用される。

　他方で、人訴法第３３条第４項所定の審問の期日（事実の調査として当事者の陳述を聴くための審問の期日）については、現行の人訴法上、これをウェブ会議や電話会議を用いてすることを可能とする明文の規定はない。試案の４(1)は、この審問の期日に関するウェブ会議や電話会議の利用について検討するものである。

2　各案の内容等

(1)　甲案

　甲案は、人事訴訟の手続における事実の調査として当事者の陳述を聴くための審問の期日をウェブ会議及び電話会議により実施することができるものとすることを提案するものである。

　甲案の理由としては、人訴法は、附帯処分等につき、厳格な証拠調べとは別に、柔軟な運用を図るために、自由な証明による資料収集方法としての事実の調査を認めているのであり、事実の調査としての審問期日の実施方法に証拠調べのような厳格な要件を課す理由はないことや、人事訴訟の手続における審問の期日において当事者の陳述を聴取する場合に他の当事者に立会権があるとされたのは、実質的には訴訟における口頭弁論に類似することから、対審的手続によって他の当事者に立会権と反論権を保障する必要があると考えられたからとされるが、そのことが、電話会議による実施を認めない理由になるものではないことなどが挙げられる。

　また、家事事件手続において、当事者の陳述を聴くための審問期日に電話会議の利用が認められていること（家事法第５４条及び第６９条）との関係で、人事訴訟の審問でこれと異なる規律とする理由はないのではないかといった意見や、ウェブ会議に対応することが困難な当事者の利便性が損なわれるのではないかといった意見があった（ただし、家事事件の手続における審問期日についても、見直しの意見がある。試案第９の４(1)）。

111

(2) 乙案

　　乙案は、当事者の陳述を聴くための審問の期日について、ウェブ会議の利用は認めるが、原則として電話会議の利用を認めないものとすることを提案するものである。

　　乙案の理由としては、当事者の陳述を聴くための審問の期日については、上記のとおり他の当事者に立会権があることや、ここでの審問期日は、附帯処分等の裁判に当たって、裁判所が（証拠調べによらない方法で）心証をとる必要がある場合になされるものであり、証拠調べに近い機能を有しているのであるから、ウェブ会議の利用は認めるとしても、電話会議の利用を認めることは相当とはいえないことなどが挙げられる。

(3) 試案の（注）

　　部会においては、乙案を原則としつつ、例えば、民訴法における参考人等の審尋（民訴法第１８７条）と同様に、当事者双方に異議がないケースでは、電話会議を認める折衷的な案も考えられるとの指摘もあったことから、試案の（注）では、この考え方を記載している。この考え方については、甲案を支持する立場から反対する意見があったほか、一方当事者から電話会議の利用に異議があった場合に、ウェブ会議に対応することが困難な当事者が出頭せざるを得なくなり、その利便性が損なわれるのではないかといった意見があった。

(4) その他（第三者の審問）

　　甲案、乙案及び（注）で検討をしている当事者の陳述を聴くための審問の期日とは異なり、事実の調査として当事者以外の第三者の陳述を聴くケースもある。このケースについては、当事者には立会権がなく、基本的に、ウェブ会議や電話会議の利用を含めたその方法については、裁判所の判断に委ねられるものと解される。


**(2) 参与員の立会い**

　　**家庭裁判所は、人訴法第９条第１項の規定により参与員を審理又は和解の試みに立ち会わせる場合において、相当と認めるときは、当事者の意見を聴いて、最高裁判所規則で定めるところにより、ウェブ会議又は電話会議によって、参与員に審理又は和解の試みに立ち会わせ、当該期日における行為を行わせることができるものとする。**

　（注）　本文と異なり、ウェブ会議によって、参与員に審理又は和解の試みに立ち会わせることができるものとし、電話会議の利用は認めないものとするとの考え方がある。


（補足説明）

　　人事訴訟の手続においては、家庭裁判所は、必要があると認めるときは、参与員を審理又は和解の試みに立ち会わせて事件につきその意見を聴くことができるとされている（人訴法第９条第１項）。これは、参与員が意見を述べるためには、審理又は和解の期日に立ち会うこと

を要求するものであり、参与員は、期日において意見を述べる必要はなく、期日に立ち会った上で、別途、期日外で裁判官に対して意見を述べることが想定されている。また、参与員は、立ち会った審理及び和解の試みにおいて当事者等に対して発問をすることなどができると解されている（人訴規則第8条参照）。なお、人事訴訟においては、従前、弁論準備手続においてはウェブ会議及び電話会議の利用が可能であったが、令和4年改正法により、人事訴訟においても、口頭弁論において当事者の期日への参加につきウェブ会議の利用が可能となるとともに、和解期日において当事者の期日への参加につきウェブ会議及び電話会議の利用が可能となっている。

　試案の4(2)は、このような参与員の期日の手続への立会いについて、ウェブ会議や電話会議の利用を認め、ウェブ会議や電話会議によって当該期日における行為を行わせることができるものとすることを提案するものである。

　これに対し、試案の（注）は、参与員の期日への立会いについて、ウェブ会議の利用は認めるが、電話会議の利用は認めないことを提案するものである。部会においては、参与員が期日に立ち会うことについては、当事者の様子を観察することに意義があり、また、参与員の顔が見える方法によることによる当事者に対する説得力の観点から、電話会議の利用は認めるべきではないとの意見もあった。


## 5　和解調書等の送達

　人事訴訟に関する手続について、民訴法第267条第2項を適用し、和解又は請求の放棄若しくは認諾を記載した調書は、当事者に送達しなければならないものとする。

（注）　本文は、現行において実費精算する取扱いがなされている郵便費用を、申立ての手数料に組み込み一本化することと併せて実現することを提案するものである。


（補足説明）

　人事訴訟に関する手続においては、現行の人訴法下において、判決書は送達しなければならないとされているが（人訴法第29条、民訴法第255条第1項）、和解調書については送達をしなければならないとする規定はなく、和解調書を債務名義として強制執行をする場合（民執法第29条）など送達が必要な場合は、実務上、当事者の送達申請によって送達がなされている。

　試案の5は、民訴法においては、和解調書について当事者からの送達申請によらずに送達しなければならないものとすることとされたこと（同法第267条第2項）を踏まえ、人事訴訟に関する手続における和解調書についても、同様に当事者からの送達申請によらずに送達しなければならないものとすることを提案するものである。

　なお、本文の提案が、郵便費用を申立ての手数料に組み込み一本化することと併せて実現す

ることを提案するものであることは、他の手続における和解調書（及び調停調書）の送達に係る提案と同様である（試案の（注））。その説明については、試案の第5の5の（補足説明）参照。

## 6　電子化された訴訟記録の閲覧等

### （1）電子化された訴訟記録（事実調査部分を除く。）の閲覧等

電子化された訴訟記録（事実調査部分を除く。）の閲覧等に関し、民訴法第91条の2及び第91条の3の規定を適用し、次のような規律を設けるものとする。

①　何人も、裁判所書記官に対し、最高裁判所規則で定めるところにより、電子化された訴訟記録の閲覧を請求することができる。

②　当事者及び利害関係を疎明した第三者は、裁判所書記官に対し、電子化された訴訟記録について、最高裁判所規則で定めるところにより、複写（ダウンロード）、訴訟記録に記録されている事項の内容を証明した文書若しくは電磁的記録の交付若しくは提供又は訴訟に関する事項を証明する文書若しくは電磁的記録の交付若しくは提供の請求をすることができる。

（注）　電子化された訴訟記録の閲覧等の具体的な方法について、次のような規律を設けるものとする。

①　何人も、裁判所設置端末を用いた閲覧を請求することができる。

②　当事者及び利害関係を疎明した第三者は、裁判所設置端末及び裁判所外端末を用いた閲覧等を請求することができる。

③　当事者は、いつでも事件の係属中に裁判所外端末を用いた閲覧又は複写をすることができる。

（補足説明）

1　電子化された訴訟記録（事実調査部分を除く。）の閲覧等（試案の6(1)）

人事訴訟の訴訟記録は、現行の人訴法上、裁判所に提出された書面等や裁判所において作成された裁判書等の書面によって構成され、保管されており、その閲覧等（事実調査部分を除く。）については、民訴法における電子化されていない訴訟記録（非電磁的訴訟記録）の閲覧等に関する規定（同法第91条及び第92条（第9項及び第10項を除く。））が適用される（人訴法第29条第2項参照）。

民事訴訟手続においては、電子化された訴訟記録については、その閲覧・複写（電子情報処理組織（インターネット）を用いて、自己の端末に当該電磁的記録を記録（ダウンロード）すること）、訴訟記録に記録されている事項の全部又は一部を記載した書面であって、その内容が訴訟記録に記録されている内容と同一であることを裁判所書記官が証明した書面

や、訴訟に関する事項の証明書の交付等を請求することができることとされている（民訴法第９１条の２及び第９１条の３）。これは、電子化されていない訴訟記録（非電磁的訴訟記録）の閲覧・謄写及びその正本の交付並びに訴訟に関する証明書の交付等（民訴法第９１条及び第９１条の３）に対応するものである。

　試案の６⑴は、人事訴訟の手続においても、訴訟記録の電子化（前記試案の２・３）に伴い、電子化された訴訟記録のうち事実調査部分を除く部分について、民訴法第９１条の２及び第９１条の３の規定を適用することを提案するものである。

2　具体的な閲覧等の方法（試案の（注））

　「民事訴訟法（ＩＴ化関係）等の改正に関する要綱」では、最高裁判所規則において、①何人も、裁判所設置端末を用いた閲覧を請求することができ、②当事者及び利害関係を疎明した第三者は、裁判所設置端末及び裁判所外端末を用いた閲覧等を請求することができ、③当事者は、いつでも事件の係属中に裁判所外端末を用いた閲覧又は複写をすることができるという内容の規律を設けるとの考え方が示されている（同要綱第１０の１の（注））。

　試案の６⑴の（注）は、人事訴訟の手続においても、この要綱と同様の内容とすることを提案するものである。なお、部会においては、試案の（注）②とは異なり、裁判所外端末を用いて閲覧等をすることができるのを当事者に限るべきとの考え方についても議論されたが、基本的に公開の口頭弁論期日において手続が行われる人事訴訟において、民事訴訟手続と異なる規律とする必要はないのではないかとの意見があったことから、この考え方は試案に記載されていない。

### (2) 事実の調査に係る部分の閲覧等

#### ア　原則

　　電子化された訴訟記録中事実の調査に係る部分の閲覧等の請求については、請求の主体及び裁判所の許可に係る人訴法第３５条の規律を基本的に維持し、次のような規律を設けるものとする。

①　当事者は、裁判所が人訴法第３５条第２項の規定により許可したときに限り、電子化された訴訟記録中事実の調査に係る部分について、最高裁判所規則で定めるところにより、閲覧、複写（ダウンロード）又はその部分に記録されている事項の内容を証明した文書若しくは電磁的記録の交付若しくは提供（以下この(2)において「閲覧等」という。）の請求をすることができる。

②　利害関係を疎明した第三者は、裁判所が人訴法第３５条第３項の規定により許可したときに限り、電子化された訴訟記録中事実の調査に係る部分について、最高裁判所規則で定めるところにより、閲覧等の請求を

することができる。

（注１）　電子化された訴訟記録中事実の調査に係る部分の閲覧等の具体的な方法について、次のような規律を設けるものとする。

① 　当事者及び利害関係を疎明した第三者は、裁判所設置端末及び裁判所外端末を用いた閲覧等を請求することができる。

② 　当事者は、いつでも事件の係属中に裁判所外端末を用いた閲覧又は複写をすることができる。

（注２）　本文のとおり、法律上、裁判所の閲覧等に許可を要するとの規律を維持した上で、当事者がいつでも事件の係属中に裁判所外端末を用いた閲覧又は複写をすることができる（（注１）②）ようにするための閲覧又は複写の許可の在り方として、例えば、同一の当事者が一度閲覧又は複写の許可を得た部分を再度閲覧又は複写する場合には別途の許可を不要とするとの考え方や、閲覧又は複写を許可する部分の特定（人訴規則第２５条参照）に関し一定の場合には今後提出されるものも含めた範囲の指定を可能とする（将来的な閲覧等を見越して、一定範囲のものについては、あらかじめ許可を得られるようにして、都度許可を得なくてもよいこととする）との考え方がある。ここでいう「一定の場合」としては、例えば、訴訟代理人が相手方等に閲覧等させても問題ないと判断した上で提出する資料を相手方等が閲覧等する場合に、このような取扱いを可能とする考え方がある。

### イ　自己の提出したものの閲覧等の請求

当事者は、電子化された訴訟記録中事実の調査に係る部分のうち当該当事者が提出したものに係る事項については、裁判所の許可を得ないで、裁判所書記官に対し、閲覧等の請求をすることができるものとする。

（注１）　当事者は、電子化されていない訴訟記録中当該当事者が提出したものに係る事項については、裁判所の許可を得ないで、裁判所書記官に対し、閲覧等の請求をすることができるものとする。

（注２）　本文のほか、訴訟代理人が相手方等に閲覧等させても問題ないと判断した上で提出する資料を相手方等が閲覧等する場合についても、裁判所の許可を得ないで、裁判所書記官に対し、閲覧等の請求をすることができるものとするとの考え方がある。

（補足説明）

1　原則

（1）電子化された訴訟記録中事実の調査に係る部分の閲覧等の請求（試案の６(2)）

人事訴訟の訴訟記録のうち、附帯処分等の審理のためになされる事実の調査に係る部

分（事実調査部分）の閲覧等の請求については、現行の人訴法上、裁判所の許可を要するものとされており、その主体は、当事者及び利害関係を疎明した第三者に限定されている（人訴法第３５条）。これは、事実の調査は、性質上人間関係の機微に触れる事柄も多く、閲覧等を通じて他に知られることによって関係者の人間関係や、ひいては子の福祉に反する事態が生じるおそれ、また、後に記録の閲覧等がされることをおそれて関係者が事実の調査に対する協力を躊躇するおそれがあるため、閲覧等について一般の訴訟記録より慎重な考慮が必要とされるからであるとされる。そして、電子化された訴訟記録の閲覧等についても、基本的に、この規律を変更する理由はない。

　試案の６(2)アは、この規律を基本的に維持し、電子化された訴訟記録一般について、試案の６(1)及びその（注）の提案がとられても、事実調査部分については、当事者又は利害関係を疎明した第三者は、裁判所の許可を得た上で、最高裁判所規則に定めるところによる閲覧、複写（ダウンロード）及び事件に関する事項を証明する文書又は電磁的記録の交付の請求を可能とすることを提案するものである。

(2)　電子化された事実調査部分の具体的な閲覧等の方法（試案の（注１）・（注２））

ア　人事訴訟の手続における事実調査部分の記録については、試案６(1)の（注）②と同様に、当事者及び利害関係を疎明した第三者は裁判所設置端末及び裁判所外端末を用いた閲覧等を請求することができるとし、同③と同様に、当事者はいつでも事件の係属中に裁判所外端末を用いた閲覧又は複写をすることができるものとすることを提案している（試案の（注１））。

イ　もっとも、当事者がいつでも事件の係属中に裁判所外端末を用いた閲覧又は複写をすることができるものとした場合には、閲覧等に裁判所の許可を要することとの関係で、その許可の運用上の在り方が問題となる。現在の実務では、当事者等は閲覧等の請求をするごとにその許可の申立てをし、裁判所は、当事者からこの許可の申立てがある度に、閲覧等を許可する部分を特定してその許可をしているが（人訴規則第２５条参照）、このような取扱いを前提とすると、当事者は、いつでも裁判所外端末を用いた閲覧又は複写をすることはできないことになる。

　部会においては、当事者がいつでも事件の係属中に裁判所外端末を用いた閲覧又は複写をすることができるという訴訟記録の電子化のメリットを活かすため、閲覧の申立てごとではなく申立ての対象ごとに許可の効力を考えることのほか、将来的な提出分を含めて事前に包括的な許可をすることや、許可をする部分の特定の範囲を拡げることが考えられるとの意見があった。許可の効力については、例えば、同一の当事者が一度閲覧又は複写の許可を得た部分を再度閲覧又は複写する場合には別途の許可は不要であるとの考え方があった。また、事前の包括的な許可については、閲覧又は複写を許可する部分の特定（人訴規則第２５条参照）に関し一定の場合には今後提出されるものも含めた範囲の指定を可能とする（将来的な閲覧等を見越して、一定の範囲のものに

ついては、あらかじめ許可を得られるようにして、都度許可を得なくてもよいこととする）との考え方がある。この考え方に関し、部会においては、例えば、家事事件の記録の閲覧又は複写に関する議論と同様（試案の第9の7(1)の（注2）参照）に、訴訟代理人が相手方等に閲覧等させても問題ないと判断した上で提出する資料を相手方等が閲覧等する場合に、このような、今後提出されるものも含めた範囲の指定を可能とする（将来的な閲覧等を見越して、一定範囲のものについては、あらかじめ許可を得られるようにして、都度許可を得なくてもよいこととする）取扱いをすることが考えられるとの意見があった。

　試案の（注2）は、こうした議論を踏まえ、当事者がいつでも事件の係属中に裁判所外端末を用いた閲覧又は複写をすることができるようにするための閲覧等の許可の在り方についての考え方を記載したものである。なお、この（注2）は飽くまで運用についての考え方を記載したものであり、法律上の規律の導入については、後記（補足説明）2(2)（試案の6(2)イ（注2））を参照。

2　自己の提出したものの閲覧等の請求（試案の6(2)イ・（注））
　(1)　自己の提出したものの閲覧等の請求（試案の6(2)イ及び（注1））
　　ア　前記のとおり、事実調査部分の閲覧等については、現行の人訴法上、裁判所の許可を要するものとされているが、当事者は、自ら裁判所に提出した資料については、既に見ていて、その内容を閲覧等することについて弊害はなく、基本的には、人訴法第35条第2項各号が定める不許可事由は存在しない。

　　　そこで、試案の6(2)イでは、当事者は、電子化された訴訟記録の事実調査部分中、当該当事者が提出したものに係る事項については、裁判所の許可を得ないで、裁判所書記官に対し、その閲覧等を請求することができるものとすることを提案している。

　　　この規律は、当事者が、自ら裁判所のシステムに記録したものと、自らが提出した書面等の内容を裁判所書記官が裁判所のファイルに記録したもののいずれについても、閲覧等する請求については、裁判所の許可を要しないとするものである。

　　イ　また、当事者が提出した書面等が、裁判所のファイルに記録されない場合も想定されているが、そのようなケースでも、当該当事者が自ら提出した書面等の閲覧等をする場合の裁判所の許可の要否につき、訴訟記録が裁判所のファイルに記録されている場合と区別する理由はない。

　　　そこで、試案の（注1）は、電子化されていない訴訟記録についても、当事者は、当該当事者が提出したものに係る部分については、裁判所の許可を得ないで、裁判所書記官に対し、その閲覧等を請求することができるものとすることを提案している。

　(2)　許可を不要とする範囲の拡大（（注2））
　　部会においては、家事事件の記録の閲覧等に関する議論と同様（試案第9の7(2)の（注

2）参照）、訴訟代理人が相手方等に閲覧等をさせても問題ないと判断した資料を相手方等が閲覧等することについては、法律上、閲覧等に許可を不要とすることも考えられるのではないかとの指摘があったため、このような考え方について、試案の（注2）に記載している。もっとも、この指摘に対しては、裁判所が許可の判断をすることとされていることについて、その規律の例外として裁判所の許可なく可能とするかどうかを、訴訟代理人の判断で決められることが相当かという点が問題となり、部会では、法律上、許可を不要とすることは困難であり、前記6(1)アの（注2）にあるとおり運用上の問題として対応すべきとの意見がある。

## 7　送達
### (1)　電磁的記録の送達
　　　人事訴訟に関する手続における電磁的記録の送達について、民訴法第109条から第109条の4までの規定を適用するものとする。

（補足説明）
　試案の7(1)は、人事訴訟に関する手続における電磁的記録の送達についても、民事訴訟と同様の規律とするために、民訴法第109条から第109条の4までの規定を準用することを提案している。民事訴訟の説明その他の説明については、試案の第1の7(1)の（補足説明）参照。

### (2)　公示送達
　　　人事訴訟に関する手続における公示送達について、民訴法第111条の規定を適用するものとする。

（補足説明）
　試案の7(2)は、人事訴訟に関する手続における公示送達についても、民事訴訟と同様の規律とするために、民訴法第111条の規定を準用することを提案している。民事訴訟の説明その他の説明については、試案の第1の7(2)の（補足説明）参照。
　なお、部会においては、公示送達においてインターネットを利用して表示する情報について、人事訴訟に関する手続における公示送達にインターネットを利用する場合については、特にプライバシーに配慮する必要があるといった観点から、通常のキーワード検索では公示事項として表示する情報が引き出されないような方法をとることも考えられるとの意見もあった。

## 8　その他

（注1）　システムを使った電磁的記録に記録された情報の内容に係る証拠調べの申出や、書面の提出に代えて電磁的記録をファイルに記録する方法による陳述、ウェブ会議による裁判所外の尋問など、ＩＴを活用した証拠調べ手続について、民訴法の規定を適用するものとする。

（注2）　費用額確定の申立ての期限について民訴法第７１条第２項を適用するものとする。

（注3）　民訴法の改正を踏まえて裁判官の権限のうち定型的な判断事項を裁判所書記官の権限とする見直しなど実務上必要な見直しがないのか検討すべきとの考え方がある。

（補足説明）

1　証拠調べの手続（試案の（注1））

　　試案の（注1）は、人事訴訟に関する手続において証拠調べを行う場合に、民訴法におけるＩＴを活用した証拠調べの規律と同様の規律を適用することを提案するものである。民事訴訟その他の説明については、試案の第1の10の（注1）の（補足説明）参照。

2　費用額確定処分の申立ての期限（試案の（注2））

　　人事訴訟に関する手続における手続費用についても、その額が長期にわたって確定されない事態を防ぐ必要があると考えられることから、試案の（注2）では、人事訴訟に関する手続における手続費用の額の確定の申立てについて、民事訴訟手続と同様に10年の期間制限を設けることを提案している。民事訴訟の説明その他の説明については、試案の第1の10の（注2）の（補足説明）参照。

3　その他（試案の（注3））

　　これまでに掲げたもののほか、部会では、民訴法の内容を踏まえつつ、実務上見直しをすべき点がないか検討すべきであるとの指摘があった。

　　試案の（注3）は、この点について記載するものであり、今後、民訴法の内容を踏まえつつ、実務上見直しをすべき点の指摘が具体的にあれば、その指摘を踏まえて検討することも考えられる。

## 第9　家事事件

### 1　裁判所に対する申立て等

#### (1) インターネットを用いてする申立て等の可否

　　家事事件の手続において裁判所に対して行う申立て等については、民訴法第１３２条の10の規定を準用し、全ての裁判所に対し、一般的に、インターネット（電子情報処理組織）を用いてすることができるものとする。

（注）申立て等をインターネットを用いてする際の方法としては、システム上のフォーマ

　　　ット入力の方式を検討すべきとの考え方がある。

（補足説明）

　1　インターネットを用いてする申立て等の可否（試案の1(1)）

　　　現行の家事法においては、家事事件の手続における申立て等のうち、最高裁判所の定める裁判所に対してするものについては、最高裁判所規則で定めるところにより、インターネットを用いてすることができることとされている（家事法第38条）。

　　　試案の1(1)は、家事事件の手続における申立て等についても、手続の利便性を向上するとともに、迅速な手続を実現する観点から、民訴法第132条の10の規定を準用し、全ての裁判所に対し、一般的に、インターネット（電子情報処理組織）を用いてすることができるものとすることを提案している。

　　　なお、家事事件の手続における「申立て等」としては、例えば、家事審判の申立て（家事法第49条）や家事調停の申立て（同法第255条）があるほか、後見の事務の報告書や財産目録の提出（民法第863条第1項参照）も「その他の申述」として「申立て等」に含まれるものと考えられる。他方で、裁判所、裁判官や裁判所書記官が作成するものは含まれず、家庭裁判所調査官が事実の調査の結果を報告する調査報告書（家事法第58条第3項）もこれに含まれないと解されるが、これらを電磁的記録によって作成することについては、後記試案の3で検討することとしている。

　　　民事訴訟の説明その他の説明については、試案の第1の1(1)の（補足説明）参照。

　2　インターネットを用いてする申立て等の方法（試案の（注））

　　　インターネットによる申立て等を可能とした場合には、今後構築される裁判所のシステムを通じてこれを行うことが想定されているが、具体的な方法については、システムの具体的な内容も踏まえて検討されることとなる。

　　　部会においては、申立て等をインターネットを用いてする際の方法としては、システム上のフォーマット入力の方式を検討すべきとの考え方があるため、試案の（注）は、このような考え方について記載している。

　　　なお、フォーマット入力の方式を検討すべきとの考え方の中にも、本人申立てを想定して、申立て等に必要な事項を入力しやすいシステムの構築によって利用者の利便性を高め、事件処理の迅速化、効率化にも資するとの観点から、幅広くその方式を検討すべきとの考え方のほか、例えば、現在の実務において定型の申立書式が用いられているような事件類型（例えば、相続放棄の申述受理の事件や子の氏の変更事件）につき、導入すべきとの考え方もある。

## (2)　インターネットを用いてする申立て等の義務付け

### ア　委任を受けた手続代理人等

　　家事事件の手続において、民訴法第１３２条の１１の規定を準用し、民事訴訟手続においてインターネットを用いて申立て等をしなければならない委任を受けた手続代理人等は、裁判所に対して行う申立て等をインターネットを用いてしなければならないものとする。

### イ　家事事件の手続において裁判所から選任された者

#### 【甲案】

　　家事事件の手続において裁判所から選任された者は、その選任された者として関与する家事事件の手続においては、裁判所に対して行う申立て等をインターネットを用いてしなければならないものとする。

#### 【乙案】

　　家事事件の手続において裁判所から選任された者について、特段の規律を設けないものとする。

（補足説明）

1　委任を受けた手続代理人等（試案の１(2)ア）

　　試案の１(2)アでは、家事事件の手続においても、令和４年改正法による民訴法改正の考え方が妥当すると考えられることから、民訴法第１３２条の１１の規定を準用し、民事訴訟手続と同様に、委任を受けた手続代理人等について、インターネットによる申立て等を義務付けることを提案し、他方で、それ以外の者については、インターネットを用いて申立て等をすることを義務付けることは提案していない（ただし、裁判所から選任された者については、試案の１(2)イ参照）。

　　民事訴訟の説明その他の説明については、試案の第１の１(2)アの（補足説明）参照。

2　家事事件の手続において裁判所から選任された者（試案の１(2)イ）

　(1)　議論の状況等

　　試案の１(2)イは、家事事件の手続によって裁判所から選任された者、例えば、成年後見人、保佐人及び補助人、さらには未成年後見人のほか、相続財産の管理人（民法等の一部を改正する法律（令和３年法律第２４号）による民法改正後の相続財産の清算人を含む）、不在者財産管理人等が、その選任された者として関与する家事事件の手続において裁判所に申立て等をする場合について、申立て等をインターネットによることを義務付けるかどうかについて検討するものである。

　(2)　甲案

　　甲案は、上記のような家事事件において裁判所から選任された者は、その選任された者

として関与する家事事件の手続においては、申立て等をインターネットによらなければならないものとすることを提案するものである。

　部会においては、甲案を支持する立場から、ＩＴ化を進展させるためには、裁判所に選任された者についてはインターネットを利用した申立て等を原則義務付けることとすべきであり、それが困難な者については例外的な規律を設けることとすればよいとの意見があった。

（3）乙案

　乙案は、家事事件の手続において裁判所から選任された者について、法律上、申立て等をインターネットによることを義務付けることはしないものとすることを提案するものである。

　部会においては、成年後見人等には、親族や市民後見人などが選任されているケースも相当数あることなどを念頭に、甲案に反対し乙案をとるべきとする意見や、甲案を採用した場合には、選任の際に、インターネットによる申立て等に対応できるかどうかが考慮されることになり、そのような考慮は、それぞれの制度趣旨に沿ったものとはいえないのではないかといった意見があった。また、仮に、甲案を採用した上で、インターネットによる申立て等が困難な者については例外規定を設けるとしても、例外とされる場合を具体的に法律で規定しなければ、そのような懸念を払拭することはできないとの指摘があった。

3　その他

　部会においては、試案の１(2)で記載した者の他に、行為能力の制限を受けた者につき裁判長が代理人に選任した弁護士（家事法第２３条第２項）がインターネットを用いて申立て等をしなければならないものとするかどうかについても検討されたが、人訴法第１３条第２項所定の裁判所が選任した代理人と同様の理由から、試案においては、裁判長が手続代理人に選任した弁護士にインターネットを用いて申立て等をしなければならないものとするとの提案はしていない。

　そのほか、部会においては、申立人等となることがある検察官（民法第７条及び第２５条第１項等参照）やその他家事事件の申立てをする資格を有する公的機関が申立て等をインターネットによってしなければならないこととすることにつき検討すべきとの指摘があった。

## 2　提出された書面等及び記録媒体の電子化
### （1）提出された書面等及び記録媒体の電子化の対象事件等
#### 【甲案】
　　家事調停事件及び別表第２に掲げる事項の家事審判事件については、下

記(2)の電子化のルールを適用し、裁判所書記官において提出された書面等及び記録媒体をファイルに記録しなければならないものとするが、その余の家事事件については、ファイルに記録するかどうかは、裁判所の適切な運用に委ねるものとする。

【乙案】

全ての家事事件において、当事者又は利害関係を疎明した第三者の申出があったときは、下記(2)の電子化のルールを適用し、裁判所書記官において提出された書面等及び記録媒体をファイルに記録しなければならないものとする。

【丙案】

全ての家事事件について、下記(2)の電子化のルールを適用し、裁判所書記官において提出された書面等及び記録媒体をファイルに記録しなければならないものとする。

(注1)　甲案を採用する場合に、別表第1に掲げる事項についての家事審判事件については、本文のとおり、電子化をするかどうかは個々の裁判所の適切な運用に委ねるとする考え方（甲－1案）のほか、一定のものについては、法律上の定めとして、同様に電子化しなければならないとするとの考え方がある。具体的には、次のとおりである。

①　別表第1に掲げる事項についての家事審判事件のうちの電子化のメリット等が高いと考えられる一定の事件類型にも下記(2)の電子化のルールを適用するとの案（甲－2案）

②　別表第1に掲げる事項についての家事審判事件は、電子化のメリット等が特に高くないと認めるものを除いて、下記(2)の電子化のルールを適用するとの案（甲－3案）

(注2)　丙案を採用する場合について、本文のとおり下記(2)の電子化のルールをそのまま適用するとの考え方（丙－1案）のほかに、申立て等以外の書面等及び記録媒体のルールである下記(2)ア②の電子化をしない場合の要件につき「ファイルに記録することにつき困難な事情があるとき」に代えて、家事事件の手続の特性を考慮し、より柔軟な運用を可能とする要件を置いた上で、下記(2)の電子化のルールを適用するとの考え方（丙－2案）がある。


(補足説明)

1　概要

現行の家事法の下では、家事事件の記録は書面により管理されており、裁判所に提出された書面等については、これらをそのまま編てつすることにより、事件記録が作成されている。

　家事事件の手続においても、民事訴訟手続と同様に、利便性向上の観点から、裁判所に提出された書面等をファイルに記録し、これを電子化することとすることが考えられ、部会では、その電子化をすることにつき積極的な意見が出された。他方で、将来的には、提出された書面等を含む事件記録の全面電子化を目指すとしても、ＩＴ化を進める過渡期においては、ＩＴ技術・環境の進展状況等も踏まえ、提出された書面等を裁判所において電子化するコストなどに比して、電子化のメリットが高くないと考えられるケースについては、提出される書面等の全てを必ず電子化しなければならないとするのではなく、必要に応じて電子化することでよいのではないかとの意見もあった。

## 2　各案の内容等

### (1)　甲案

　ア　甲案（甲－1案）は、家事事件のうち、民事訴訟と同様に当事者等の対立構造があることが想定される事件、具体的には、家事調停事件及び別表第2に掲げる事項についての家事審判事件について、提出された書面等を電子化しなければならないとし、他方で、その余の家事事件については、電子化するかどうかは、裁判所の適切な運用に委ねるものである。

　　　事件記録の電子化のメリットの一つとして、電子化された事件記録について、インターネットを用いた閲覧等を可能とすることにより、当事者等の事件記録へのアクセスを容易にすることが挙げられるが、このようなメリットは、典型的には、複数の当事者等が、それぞれの主張等を記載した書面やその裏付けとなる資料を裁判所に提出しつつ、これらを踏まえて審理や協議が進められていく過程において、相互に他の当事者等が提出した書面や資料を確認する場面で顕在化するものであり、当事者等の対立構造があることが想定される家事調停事件や別表第2に掲げる事項についての家事審判事件においては、民事訴訟と同様に妥当するものであると考えられる。

　　　他方で、例えば、別表第1に掲げる事項についての家事審判事件には、単発的な申請・許可型の事件（典型例としては、子の氏の変更についての許可の申立て、相続放棄の申述受理など）が多く含まれている。このような事件では、申立人等の当事者や第三者から、事件記録中の提出書面等の閲覧等の申請がされるケースは少なく、インターネットを利用してこれにアクセスするニーズは乏しく、裁判所の審理に当たっても家事調停事件及び別表第2に掲げる事項についての家事審判事件のように何度も記録を見返すといったことが想定されないのではないかとも考えられる（裁判書等を電磁的記録によって作成することについては、後記3で別途提案しているところ、このような単発的な申請・許可型の事件においては、裁判書等についてインターネットを利用して閲覧やダウンロード、その裁判があったことの証明の発行をすることができれば、当事者等から提出された書面等それ自体を電子化しなくとも当事者等の利便性を損なわない

とも考えられる。）。甲案は、このような事件については、添付書類を含む提出書面等については、これを電子化するコスト等と比較して、そのメリットが高いといえないのではないかとの観点から、電子化するかどうかは、裁判所の適切な運用に委ねるものである。

イ　他方で、部会においては、別表第１に掲げる事項についての家事審判事件についても、より具体的な事件類型ごとに、提出書面等を電子化しなければならないものとするかを検討することが必要ではないかとの意見もあったため、その考え方について、試案の（注１）に記載している。

　　甲－２案は、別表第１に掲げる事項についての家事審判事件の中でも提出された書面等の電子化のメリットが高いと考えられる事件類型を個別に特定し、提出された書面等を電子化しなければならないとの規律を設けようとするものである。例えば、実質的には当事者等が対立構造にある親権の停止事件などは、当事者等のインターネットを用いた閲覧等を可能にする観点から、提出された書面等の電子化のメリットが高い事件として考えられるし、長期的に継続して事件の管理が必要となる成年後見等の関係の事件については、事件関係者からのインターネットを用いた閲覧等を可能とするほか、記録の管理コスト等の観点からも、提出された書面等を含む事件記録の電子化のメリットが高いとの考え方がある。甲－２案は、このような事件類型については、法律上、提出された書面等を電子化しなければならないとするものである。

　　甲－３案は、別表第１に掲げる事項についての家事審判事件の中でも当事者等から提出された書面等の電子化のメリットが高くないと考えられる事件類型を個別に特定し、その電子化を要しないとの規律を設けようとするものである。例えば、前記のような単発的な申請・許可型の事件（典型例としては、子の氏の変更についての許可の申立て、相続放棄の申述受理など）では、裁判書については、インターネットを用いた閲覧やダウンロードを可能とすることにより利便性が向上すると考えられるため、電子化する（裁判書を電磁的記録により作成する）必要性が高いといえるが、その裁判のために提出される資料（例えば、戸籍謄本など）を電子化してオンライン閲覧等を可能とするといった必要性は高くないとも考えられる。甲－３案は、このように提出された書面等の電子化のメリット等が特に高くないと認められる事件類型については、法律上、提出された書面等を電子化しなくてもよいが、それ以外の事件類型では電子化しなければならないとするものである。

　　甲－２案と甲－３案とは、実質的には、提出された書面等を電子化しなければならないものとする事件類型について、結論として大きな違いは生じないとも考えられるが、出発点をどのように見るのかで、その発想が異なる。

　　また、これらの案における具体的な事件類型（甲－２案においては提出された書面等を電子化しなければならないものとする事件類型、甲－３案においては提出された書

面等を電子化しなくてもよいとする事件類型）の法律上の定め方については、具体的な事件類型を法律で定めるのではなく、改正後の家事法下におけるインターネットを用いた提出や閲覧等の利用状況等を踏まえて継続的な検討がより柔軟に可能となるよう、具体的な事件類型は最高裁判所の定めに委ねるべきとの意見もある。

(2) 乙案

　乙案は、全ての家事事件において、当事者又は利害関係を疎明した第三者（閲覧等の請求をすることができる者）の申出があった場合に、提出された書面等の電子化をしなければならないものとするものである。

　乙案によれば、裁判所外端末から提出された書面等に係る記録の閲覧等をしたいと希望する当事者又は利害関係を疎明した第三者は、その電子化の申出をした上で、当該書面等をインターネットを利用して閲覧等をすることができることとなる。この案は、提出された書面等を電子化するメリットについて、甲案のように事件類型ごとにその有無や程度を想定し、法律上、提出された書面等を電子化しなければならない事件類型に関する規律を置くのではなく、個別の事件ごとにそのメリットの有無や程度は異なり得るとの考え方に立ち、個別の事件において当事者又は利害関係を疎明した第三者にそのニーズがある場合には、提出された書面等の電子化のメリットが大きいものと考えて、これをしなければならないとする考え方をとるものである。

　ただし、この案については、提出された書面等を含む事件記録の電子化を行う意義としては、当事者又は利害関係を疎明した第三者がインターネットを用いた閲覧等が可能となるというだけではなく、記録の管理や保管の効率化といったより公益的な観点も含まれるところ、提出された書面等を電子化しなければならないかどうかを閲覧等の請求ができる者（当事者又は利害関係を疎明した第三者）の申出にかからしめることにより、これらの者のニーズのみによることになることが、制度として合理的といえるか、といった指摘がある。

　なお、乙案では、当事者又は利害関係を疎明した第三者（閲覧等の請求をすることができる者）の申出があった場合に提出された書面等を電子化しなければならないとしているが、家事審判事件では、当事者（利害関係参加人を含む。）と利害関係を疎明した第三者とでは、家事法上、その閲覧等の請求が許可される要件につき、当事者は原則として許可するものとされているが、利害関係を疎明した第三者は相当と認める場合に許可することができるとされているなど差異を設けていることから、当事者（利害関係参加人を含む。）の申出があった場合のみを対象とするとの考え方もある。

(3) 丙案

　丙案（丙－1案）は、全ての家事事件につき一律に、提出された書面等を電子化しなければならないとするものである。

　部会においては、個別に提出された書面等について、その電子化のコストなどに比し

て、その書面等の手続上の位置付けなどから、そのメリットが高くないと考えられるもの（例えば、添付書類として戸籍謄本等が大量に提出された場合などを想定すると、添付書類によって申立てに係る身分関係が確認されれば、その後は当該書類を参照する機会に乏しいものと考えられる。）については、これを電子化しないことを可能とするために、試案の２(2)アの電子化をしない場合の「ファイルに記録することにつき困難な事情があるとき」との要件に代えて、より柔軟な運用を可能とする要件を設けることとすれば、丙案をとることとした場合に懸念される提出された書面等の電子化のコストの問題は軽減されるのではないかとの意見もあったため、このような考え方を丙―２案として、試案の（注２）に記載している。

## (2) 提出された書面等及び記録媒体の電子化のルール

### ア　民事訴訟と同様のルール

民訴法第１３２条の１２及び第１３２条の１３と同様に、裁判所に提出された書面等及び記録媒体の電子化のルールとして、次のような規律を設けるものとする。

① 申立て等が書面等により行われたときは、裁判所書記官は、当該書面等に記載された事項をファイルに記録しなければならない。ただし、当該事項をファイルに記録することにつき困難な事情があるときは、この限りでない。

② 裁判所書記官は、①の申立て等に係る書面等のほか、家事事件の手続において裁判所に提出された書面等又は記録媒体に記載され、又は記録されている事項をファイルに記録しなければならない。ただし、当該事項をファイルに記録することにつき困難な事情があるときは、この限りでない。

③ 裁判所に提出された書面等又は記録媒体に記載され、又は記録されている事項のうち、秘匿決定の申立てがあった場合における秘匿事項の届出に係る事項については、①及び②の規律にかかわらず、ファイルに記録することを要しない。

### イ　家事法特有のルール
【甲案】

家事事件の手続において裁判所に提出された書面等又は記録媒体に記載され、又は記録されている事項のうち、次のいずれかのものであり、かつ、裁判所が特に必要があると認めるものについては、ファイルに記録することを要しないものとする。

①　他の者が知ることにより事件の関係人である未成年者の利益を害するおそれ又は当事者若しくは第三者の私生活若しくは業務の平穏を害するおそれがある事項

②　明らかにされることにより、その者が社会生活を営むのに著しい支障を生じ、又はその者の名誉を著しく害するおそれがある当事者又は第三者の私生活についての重大な秘密

③　事件の性質、審理の状況、記録の内容等に照らして、他の者が知ることを不適当とする特別の事情がある事項

【乙案】

甲案に記載している特段の規律は設けないものとする。

(注)　甲案を採用する場合には、インターネットを用いた提出によりファイルに記録された電子化された事件記録のうち、本文の甲案に掲げる①から③までの事項についても、裁判所が特に必要があると認めるときは、その内容を書面に出力し、又はこれを他の記録媒体に記録するとともに、当該部分を電子化された事件記録から消去する措置その他の当該部分の安全管理のために必要かつ適切なものとして最高裁判所規則で定める措置を講ずることができるものとする。

(補足説明)

1　民事訴訟と同様のルール（試案の２(2)ア）

試案の２(2)アは、家事事件の手続においても、民事訴訟手続と同様の電子化のルールを適用することを提案するものである（ただし、①及び②につき試案の２(1)の（注）丙－２案のとおり、家事事件の手続においてより柔軟な運用を可能とするため、若干の修正を施す考え方もあることは前記のとおりである。）。

ただし、民事訴訟手続においては、民訴法第９２条の規定を前提に営業秘密の一部や、同法第１３３条の２第２項及び第１３３条の３の規定を前提に氏名・住所等の秘匿事項や推知事項の一部につき紙媒体での保管を許容するルールがあるが、もともと、家事法第４７条及び第２５４条の規定により当事者の閲覧等を制限することが可能となっていたことから、令和４年改正法による改正後の家事法では、民訴法第９２条や同法第１３３条の２第２項及び第１３３条の３の適用や準用をしていないため、それらのルールは用いていない。

民事訴訟の説明その他の説明については、試案の第１の２(2)の（補足説明）参照。

2　電子化の例外及び安全管理措置に関する家事法特有のルール（試案の２(2)イ）

(1)　概要（議論の端緒等）

民訴法においては、閲覧等の制限の申立てなどがあった営業秘密や秘匿事項等については、電子化の対象から除外されている。しかし、家事法は、民訴法において電子化の対

象から除外されている事項に関する規律のうち、営業秘密についての第三者の閲覧等制限（同法第９２条第１項、第１３２条の１２第１項第１号及び第１３２条の１３第１号参照）、秘匿事項届出部分以外の秘匿事項等についての秘匿対象者以外の者の閲覧等制限（同法第１３３条の２第２項、第１３２条の１２第１項第３号及び第１３２条の１３第３号参照）及び送達をすべき場所等の調査嘱託の結果についての第三者の閲覧等制限（同法第１３３条の３、第１３２条の１３第４号参照）の規律を準用していない。これは、家事事件においては、事件記録の内容に手続に関係する者のプライバシーに関わる情報が含まれ、その秘密を保持する必要がある場合があるなどの考慮から、事件記録の閲覧は、現行法上、一般的に、裁判所の許可を要するものとされ、その主体は、当事者及び利害関係を有する第三者に限定されており（家事法第４７条及び第２５４条等）、閲覧等による弊害への対処としてはこの許可制度によることで足りるためである。

　試案の２(2)イは、これを踏まえ、家事事件の記録について、上記の閲覧等の許可制度において、閲覧等が制限され得るような事項につき、電子化しなければならないものとする対象から除外する旨の規律を設けることについて検討するものである。

(2) 甲案と（注）

ア　甲案は、家事法第４７条第４項を参考に、特にその情報の管理が問題となる事項につき、ファイルに記録しなければならないものとする対象から除外する旨の規律を設けることを提案するものである。

　　家事法においては、事件の種別により当事者が閲覧等を認められない場合の要件が異なっている（同法第４７条第４項、第１０８条、第２５４条第３項及び第２８９条第６項参照）。しかし、閲覧等の弊害のおそれがある場合を具体的に規定している同法第４７条第４項に掲げるようなものは、特に情報の管理に留意を有する事項であり、ファイルに記録された事件記録としてインターネットを用いた閲覧及びダウンロード等に供することが不相当であるとも考えられるし、家事審判事件だけでなく、家事調停事件等の手続においても、閲覧等が相当と認められないとして不許可になり得るものであると考えられる。そのため、頻繁に閲覧等に供されるようなことはなく、当事者の閲覧等の便宜の観点からインターネットを用いた閲覧及びダウンロードに供する必要性も乏しいと考えられる。甲案は、そのような事項について、当事者等が裁判所に提出した書面を必要に応じて紙媒体で保管することも許容され得る規定を設けることとするものである。

　　なお、甲案は、飽くまでも、①から③までの事項についてファイルに記録することを要しないとするものであり、例えば、書面の一部に①から③までの事項があるケースでは、その事項の部分はファイルに記録することを要しないが、それを除く書面の部分はファイルに記録しなければならない。

　　また、家事事件の手続においては、裁判所が閲覧等の許否を職権で判断することとさ

れており（当事者等による閲覧等の制限の申出といったものは法律上要件とされてい
ない）、裁判所は、自己の判断で、当事者や第三者による閲覧等の許可の申立てを却下
し、その者による閲覧等を制限することができる。そのため、甲案は、これに対応し、
当事者等からの閲覧等の制限の申出の有無を要件とすることはできないから、その有
無に関係なく、裁判所は、ファイルに記録しない措置をとることができるとしている。
また、そのこととも関連するが、甲案は、現実に当事者等から裁判所に対する閲覧等の
許可の申立てがされ、その申立てを却下する決定がされていなくとも、裁判所が、その
判断で、ファイルに記録しない措置をとることができるとしている。しかし、部会にお
いては、当事者等から閲覧等の制限の申出もなく、また、現実に裁判所に対する閲覧等
の許可の申立てがないまま、裁判所に書面等が提出されるごとに、事件の内容を踏まえ
て、ファイルに記録しない措置をとる必要があるかどうかを判断しなければならない
とすれば現実には困難を伴うし、ファイルに記録するか否かについて裁判所の裁量の
範囲が広くなりすぎるとの懸念が指摘された。また、家事審判事件においては当事者と
利害関係を疎明した第三者とでは閲覧等の許否の要件が異なるほか、家事事件全般に
おいて、閲覧等の許可の申立てを行った者ごとに許否の判断は異なり得るため、甲案で
は、例えば、当事者又は第三者Ａとの関係では閲覧等をすることにより①から③までの
事情があり、閲覧等の制限をすべきケースで、ファイルに記録しない措置をとると、閲
覧等が認められる別の当事者又は第三者Ｂも、インターネットを利用した閲覧等が制
限されることとなるが、それが相当かという問題もある。そのため、甲案では、ファイ
ルに記録しない措置をとる範囲を適切に限定し、当該措置の必要性が明確であるケー
スに限って、これをとることとするために、「特に必要がある」と認める場合に限り、
この措置をとることとしている（もっとも、このようにしても、前記の懸念が払拭でき
ないとの意見があり、後記の乙案が提示されている。）。

イ　試案の（注）では、甲案をとる場合には、甲案と同様の理由により、インターネット
を用いてファイルに記録された電磁的記録のうち、本文の甲案の①から③までの事項
について、裁判所が特に必要があると認めるときは書面に出力してこれを事件記録と
して保管し、ファイルに記録された部分を当該ファイルから消去するなどの安全管理
措置をとることができるものとすることを提案している。

(3)　乙案

乙案は、甲案のような規律を設けないものとすることを提案している。

甲案については、当事者等から閲覧等の制限の申出もなく、また、現実に裁判所に対す
る閲覧等の許可の申立てがないケースでも、ファイルに記録しない措置をとることがで
きるとしており、その範囲が広くなりすぎるし、裁判所に書面等が提出されるごとに、事
件の内容を踏まえて、そのような措置をとるかを判断しなければならないとすれば現実
には困難を伴うとの懸念が指摘されている。また、甲案では、関係者の一部の者との関係

で閲覧等の制限をすべきケースでも、ファイルに記録しない措置をとることを認めるものであるが、そうすると、本来は、閲覧等が認められる者までも、インターネットを利用した閲覧等が制限されることとなる。甲案は、その適用される範囲を限定的なものとするために、「特に必要がある」と認める場合に限り、この措置をとることとしているが、当事者等の申出等がないまま、そのような措置をとることを認めている以上、それに伴う懸念を払拭することはできないとも考えられる。また、閲覧等が認められる者によるインターネットを利用した閲覧等が制限されることには変わりがないとの意見も考えられる。加えて、そもそも、事件記録の電子化は、システムの構築を適切にすることによりファイルに記録された情報を適切に管理することを前提としており、家事法第４７条第４項に当たる事情があったとしても、特に閲覧等の制限や秘匿の申立てがされ、その旨の決定がされている営業秘密等と同様の扱いとし、敢えて電子化の範囲から除くまでの事情はないのではないかといった指摘があった。そのほか、事件記録の電子化のメリットはインターネットを利用した閲覧等の便宜のみではなく、保管コストの削減等も考えられるとの意見があった。さらに、家事調停事件など家事審判事件以外の事件では、閲覧等の許可の要件に関する規律は家事法第４７条第４項とは異なるものとされているなか、家事事件全般につき、この規定を参考にして、規律を設けることには問題があるとの指摘もあった。以上のことから、乙案が提示されている。

## 3　裁判書等及び報告書の電子化
### （1）裁判書及び調書等の電子化
　　　裁判官が作成する審判書その他の裁判書及び裁判所書記官が作成する調書等について、書面による作成に代えて、最高裁判所規則で定めるところにより、電磁的記録により作成するものとする。

（補足説明）
　民訴法においては、裁判所が作成する判決書や裁判所書記官が作成する調書等について、電磁的記録によりこれを作成することとされている（同法第１６０条第１項及び第２５２条第１項）。

　家事事件の手続においても、裁判所は裁判書を作成することがあり、また、裁判所書記官は調書を作成することがある。これらについては、現行の家事法上、書面で作成することが前提とされている。

　試案の3(1)は、民事訴訟手続と同様に、これらについても電磁的記録により作成するものとすることを提案するものである。

　民事訴訟の説明その他の説明については、試案の第１の３の（補足説明）参照。

## (2) 家庭裁判所調査官の報告書の電子化

　　家庭裁判所調査官は、事実の調査の結果の書面による報告（家事法第５８条第３項参照）に代えて、最高裁判所規則で定めることにより、当該書面に記載すべき事項をファイルに記録する方法又は当該事項を記録した記録媒体を提出する方法により報告を行うことができるものとする。

（補足説明）

　　家事事件の手続において、裁判所は、家庭裁判所調査官に事実の調査をさせることができ、家庭裁判所調査官は、その事実の調査の結果を書面又は口頭で裁判所に報告するものとされている（家事法第５８条第３項）。試案の３(2)は、この調査結果の報告について、現行の方法に加え、調査報告書を書面に代えて電磁的記録により作成する方法を認めることを提案するものである。

　　なお、部会においては、この家庭裁判所調査官の調査報告書を電磁的記録によって作成するものとすることにつき、当事者がより迅速に閲覧等を行うことができるようになるとの観点から、賛成する意見があった。他方で、他の専門家等が裁判所に対し説明をしたり意見を述べたりする際に、電磁的記録による方法が認められるものも、書面による方法を排除はしていないこと（例えば、民訴法第９２条の２第２項及び第２１５条第２項）などを考慮し、現行法の方法に加えて、調査報告書を電磁的記録によって作成することを認めるものとしている。

　　なお、仮に、書面や電磁的記録を記録した記録媒体によって調査報告書が作成・提出された場合の電子化（ファイルへの記録）については、試案の２の規律によることとなる。

## 4　期日におけるウェブ会議及び電話会議の利用

### (1) 当事者の期日参加等

#### ア　遠隔地要件の削除

　　（いわゆる遠隔地要件を削除し、）裁判所は、相当と認めるときは、当事者の意見を聴いて、最高裁判所規則で定めるところにより、ウェブ会議又は電話会議によって、家事事件の手続の期日における手続（証拠調べを除く。）を行うことができるものとする。

#### イ　当事者が立会権を有する審問期日

【甲案】

　　裁判所は、相当と認めるときは、当事者の意見を聴いて、最高裁判所規則で定めるところにより、当事者が立会権を有する審問期日における手続についても、ウェブ会議及び電話会議によって、その審問期日における手続を行うことができるものとする。

【乙案】

　　　裁判所は、相当と認めるときは、当事者の意見を聴いて、最高裁判所規則で定めるところにより、当事者が立会権を有する審問期日における手続については、ウェブ会議によって、その審問期日における手続を行うことができるものとし、電話会議の利用は認めないものとする。

　（注）　乙案を原則としつつ、当事者双方に異議がない場合には、電話会議によって、当事者が立会権を有する審問期日における手続を行うこともできるものとするとの考え方がある。

（補足説明）

1　遠隔地要件の削除（試案の4(1)ア）

　　現行の家事法第54条は、当事者が遠隔地に居住しているときその他相当と認めるときは、当事者双方が現実に出頭していない場合でも、ウェブ会議及び電話会議を用いて家事事件の手続の期日における手続（証拠調べを除く。）をすることができると規定している。なお、民訴法では、口頭弁論期日、弁論準備手続期日などといった期日の種類ごとにウェブ会議や電話会議の規定を置いているが、家事事件では、前記のとおり証拠調べを除き、期日一般につき規定を置いている。

　　民訴法においては、ウェブ会議及び電話会議によって期日における手続を行う際の要件として、「当事者が遠隔地に居住しているとき」といった規定が設けられていたものについては、当事者にとって出頭が困難な場合は遠隔地に居住している場合に限られないことなどから、このいわゆる遠隔地要件を削除することとされた。

　　試案の4(1)アは、これを踏まえ、家事法第54条が規定する家事事件の期日の手続（証拠調べを除く。）についてのウェブ会議及び電話会議の利用に関しても、遠隔地の要件を削除することを提案するものである。

2　当事者が立会権を有する審問期日（試案の4(1)イ・（注））

　(1)　概要

　　　現行の家事法では、遺産分割の審判事件など別表第2に掲げる事項についての家事審判の手続や、別表第1に掲げる事項の中でも推定相続人廃除の審判事件の手続において、審問の期日を開いて当事者の陳述を聴くことにより事実の調査をするときは、当事者はこれに立ち会うことできるとされている（家事法第69条及び第188条第4項）。また、現行の家事法では、この期日においても、電話会議を利用することができる。なお、証拠調べである当事者尋問では、電話会議を用いることができないこととされており、反対尋問（審問期日では、反対尋問の権利自体は法令上認められていない。）等の必要があるケースなどでは、当事者は、その申出をすることができることとされている（家事法第54条第1項及び第56条参照）。

　　部会においては、他の当事者が立ち会うことができる審問の期日について、ウェブ会議による実施を原則とし、電話会議による実施を原則として認めないこととすべきとの意見があった。試案の4(1)イは、この点について検討するものである。

(2)　甲案

　　甲案は、現行の家事法の規律を維持し、他の当事者が立ち会うことができる審問の期日についても、ウェブ会議及び電話会議の利用を認めるものである。その理由としては、現行の規律による支障は指摘されておらず、これを変更するだけの理由がないことや、審問の期日といっても、民事訴訟における弁論準備手続と同様に、単に言い分のみを確認するものもあること、電話会議であれば対応できるがウェブ会議に十分対応できる環境を備えていない当事者もいると思われることなどが挙げられる。また、別表第2に掲げる事項についての家事審判などの手続において、他の当事者に立会権を認める家事法第69条本文は、不意打ち防止のための規定であり、裁判所が当事者の陳述を聴取し、裁判の認定資料を収集する場面における公平公正を担保したものであるなどとされているところ、不意打ち防止という趣旨との関係で、電話会議の利用を認めないとする理由はないのではないかとの指摘もある。

(3)　乙案と（注）

　ア　乙案は、現行の家事法の規律を改め、他の当事者が立会権を有する審問期日については、ウェブ会議の利用は認めるが、電話会議の利用を認めないこととするものである。

　　　乙案の理由としては、当事者に立会権があることや、審問の期日において裁判官が心証をとることがあることを前提として、証拠調べに近い機能を有する場合がある以上、ウェブ会議の利用は認めるとしても、電話会議の利用を認めることは相当とはいえないとの考え方がある。

　イ　また、部会においては、乙案を原則としつつ、例えば、民訴法における参考人等の審尋（民訴法第187条）と同様に、当事者双方に異議がないケースでは、電話会議を認める折衷的な案も考えられるとの指摘もあったことから、試案の（注）では、この考え方を記載している。

(2)　参与員の立会い

　　裁判所は、相当と認めるときは、当事者の意見を聴いて、最高裁判所規則で定めるところにより、ウェブ会議又は電話会議によって、参与員に家事審判の手続の期日に立ち会わせ、当該期日における行為を行わせることができるものとする。

（注）　本文と異なり、ウェブ会議によって、参与員に家事審判の手続の期日に立ち会わせることができるものとし、電話会議の利用は認めないものとするとの考え方がある。

（補足説明）

　家事審判事件の手続においては、裁判所は、参与員の意見を聴いて、審判をすることとされており、参与員を家事審判の手続の期日に立ち会わせることができる（家事法第４０条第１項及び第２項）。なお、家事審判事件の手続においては、人事訴訟と異なり、意見を述べるに際して、立会いは、必要的なものではなく、立ち会わなくても、意見を述べることができる。

　試案の４(2)は、このような参与員の家事審判手続の期日への立会いについて、ウェブ会議及び電話会議の利用を認めることを提案するものである。

　また、部会においては、参与員が期日に立ち会うことについては、当事者の様子を観察することに意義があり、また、参与員の顔が見える方法によることによる当事者に対する説得力の観点から、電話会議の利用は認めるべきではないとの意見もあった。そのため、参与員の期日への参加について、ウェブ会議の利用は認めるが、電話会議の利用は認めないとの考え方について、試案の（注）で記載している。

### （3）家庭裁判所調査官及び裁判所技官の期日参加等

①　裁判所は、相当と認めるときは、当事者の意見を聴いて、最高裁判所規則で定めるところにより、裁判所及び当事者が家庭裁判所調査官との間でウェブ会議又は電話会議によって、家庭裁判所調査官に家事事件の手続の期日に立ち会わせることができるものとするとともに、当該期日において家事法第５９条第２項（同法第２５８条第１項において準用する場合を含む。）の意見を述べさせることができるものとする。

②　前記①の規律は、裁判所技官の期日への立会い及び意見の陳述について準用するものとする。

（注１）　本文と異なり、裁判所は、相当と認めるときは、当事者の意見を聴いて、最高裁判所規則で定めるところにより、ウェブ会議によって、家庭裁判所調査官及び裁判所技官に期日参加等をさせることができるものとし、電話会議の利用は認めないものとするとの考え方がある。

（注２）　ウェブ会議又は電話会議を利用して、当該調停委員会を組織していない家事調停委員から意見を聴取することができるものとする。

（補足説明）

1　家庭裁判所調査官及び裁判所技官の期日参加等

　家事事件では、家庭裁判所調査官や裁判所技官が期日に立ち会って意見を述べるなどすることがある（家事法第５９条及び第６０条第２項）。裁判所が選任した専門家等が当事者や利害関係人とは異なる第三者的な立場で手続に関与する場合の期日への参加方法については、例えば、民事訴訟手続においては、専門委員が、ウェブ会議及び電話会議で期日に参

加し、専門的な知見に基づく説明をしたり、当事者等に対して発問をしたりすることが認められている（民訴法第９２条の３）。

　試案の４(3)は、家事事件における家庭裁判所調査官や裁判所技官の期日への参加について、ウェブ会議及び電話会議によることができるものとすることを提案するものである。

　他方で、部会においては、これらの者が期日に立ち会うことについては、当事者の様子を観察することに意義があり、また、期日における意見聴取等については、これらの者の顔が見える方法によることによる当事者に対する説得力の観点から、電話会議の利用は認めるべきではないとの意見もあった。そのため、これらの者の期日への参加について、ウェブ会議の利用は認めるが、電話会議の利用は認めないとの考え方について、試案の（注）で記載している。

　もっとも、試案の（注）のような考え方については、例えば、家庭裁判所調査官や裁判所技官は、無方式の事実の調査をすることができ、期日以外でも、特に方法に制約はなく、当事者等の事情等を聴くことができる（電話による事情の聴取も当然に許されると解される）こととの整合性等について検討する必要があると考えられる。

2　調停委員会を組織していない家事調停委員からの意見聴取

　家事事件では、調停委員会を組織していない家事調停委員から意見の聴取をすることができるとされており（家事法第２６４条第１項）、試案の４(3)の（注２）は、この意見聴取もウェブ会議及び電話会議を利用してすることができるとすることを提案するものである。

　なお、この提案をとり法制化するに際しては、現行の家事法でも、調停委員会を組織していない家事調停委員は、調停委員会に出席して意見を述べることとされているが（家事法第２６４条第３項）、期日においてすることが必要とはされておらず、この意見の聴取の方法に特段の制約はないので、ウェブ会議及び電話会議の利用についても、特段の規定がなくとも認められるとの整理も考えられる。

## 5　当事者双方が受諾書を提出する方法による調停

　当事者双方が出頭することが困難であると認められる場合において、当事者双方があらかじめ調停委員会（裁判官又は家事調停官のみで家事調停の手続を行う場合にあっては、その裁判官又は家事調停官）から調停が成立すべき日時を定めて提示された調停条項案を受諾する旨の書面を提出し、その日時が経過したときは、その日時に、当事者間に合意が成立したものとみなすものとする。

（補足説明）

　令和４年改正法においては、離婚調停事件等においてウェブ会議を利用して調停により離

婚又は離縁を成立させることを可能とする規律を導入することとされた。

　他方で、家事法第２７０条第１項は、改正前の民訴法第２６４条における受諾和解と同様、当事者の一方が出頭することが困難な場合の調停条項案の書面による受諾に関する規律を置いているが、当事者双方が出頭することが困難な場合には、この方法により調停を成立させることができない。

　試案の５は、この調停条項案の書面による受諾について、令和４年改正法による改正後の民訴法第２６４条における受諾和解と同様、当事者の双方が出頭することが困難な場合の調停条項案の書面による受諾に関する規律を設けることを提案するものである。

　なお、家事調停事件においては、現行法下では、当事者間に事実上合意が成立しているが、双方が出頭するのが困難であるようなケースについて、調停に代わる審判によって対応されているケースもあると思われるが、その場合は、当事者全員が異議申立権の放棄をしない限り、確定まで少なくとも二週間の期間を要するところ、試案の５の規律による場合には、調停委員会が定めた調停が成立すべき日時に調停が成立したものとみなされることになる。

### 6　調停調書の送達又は送付

#### 【甲案】

　　調停における合意を記載した調書は、当事者に送達しなければならないものとする。

#### 【乙案】

　　調停における合意を記載した調書は、当事者に送達又は送付しなければならないものとする。

（注）　甲案、乙案のいずれについても、現行において実費精算する取扱いがなされている郵便費用を、申立ての手数料に組み込み一本化することと併せて実現することを提案するものである。


（補足説明）

1　概要

　　現行の家事法には、成立した調停調書を当事者に送達や送付しなければならないとの規定はなく、調停調書を債務名義として強制執行をする場合（民執法第２９条）など送達が必要な場合は、実務上、当事者の送達申請によって送達することとされている。試案の６は、民訴法においては、和解調書について当事者からの送達申請によらずに送達しなければならないものとすることとされたこと（同法第２６７条第２項）を踏まえ、家事調停における成立した調停調書について、送達の申請がなくとも、職権で、送達や送付しなければならないものとすることについて検討するものである。

2　各案の内容等

(1)　甲案

　　甲案は、家事調停における成立した調停調書についても、民事訴訟手続の和解調書と同様に、送達をしなければならないとするものである。

(2)　乙案

　　乙案は、家事調停における成立した調停調書については、送達又は送付しなければならないとする規律とするものである。

　　家事事件の手続においては、民事訴訟における判決とは異なり、審判書についても必要的に送達するものとはされていないこと（家事法第６７条、第７４条及び第２５６条参照）や、調停調書には、調停条項の内容からして債務名義とならないものもあり得るところ、送達は受送達者との関係で一定の時間を要し、一律に送達によるべきものとした場合には届出期間のある戸籍関係の届出等の関係で簡易迅速な処理の要請に反する場合も生じ得ると考えられること等を理由とする。なお、乙案は、送達又は送付のいずれの方法をとるかどうかは、裁判所の判断に委ねるものである。もっとも、裁判所の判断と言っても、部会では、当事者に希望がある場合にはそれを考慮して、判断すべき（例えば、調停調書に基づき強制執行をするためには、調停調書が送達されていることが必要となるが、強制執行のために当事者が送達を希望するケースでは、その希望を踏まえて判断すべき）との指摘がある。

　　ただし、このような考え方に対し、部会においては、民事訴訟手続における和解調書にも、和解条項の内容からして債務名義とならないものもあり得ると考えられるが、民訴法において、和解調書は一律に送達する扱いとしたこととの関係に留意すべきであるとの指摘もあった。

(3)　試案の（注）

　なお、本文の提案が、郵便費用を申立ての手数料に組み込み一本化することと併せて実現することを提案するものであることは、他の手続における和解調書（調停調書）の送達又は送付に係る提案と同様である（試案の（注））。その説明については、試案の第５の５の（補足説明）参照。


7　電子化された事件記録の閲覧等

(1)　原則

　　電子化された事件記録についても請求の主体及び裁判所の許可に係る家事法第４７条第１項及び第２５４条第１項の規律を基本的に維持し、当事者又は利害関係を疎明した第三者は、電子化された事件記録について、裁判所の許可を得て、最高裁判所規則で定めるところにより、閲覧、複写（ダウンロード）、事件記録に記録されている事項の内容を証明した文書若しくは電磁

　　　的記録の交付若しくは提供又は事件に関する事項を証明した文書若しくは電
　　　磁的記録の交付若しくは提供（以下この７において「閲覧等」という。）の
　　　請求をすることができるものとする。

（注１）　電子化された事件記録の閲覧等の具体的な方法について、次のような規律を設け
　　　るものとする。

　　①　当事者及び利害関係を疎明した第三者は、裁判所設置端末及び裁判所外端末を用
　　　いた閲覧等を請求することができる。

　　②　当事者は、いつでも事件の係属中に裁判所外端末を用いた閲覧又は複写をするこ
　　　とができる。

（注２）　本文のとおり、法律上、裁判所の閲覧等に許可を要するとの規律を維持した上で、
　　　当事者がいつでも事件の係属中に裁判所外端末を用いた閲覧又は複写をすることが
　　　できる（（注１）②）ようにするための閲覧又は複写の許可の在り方として、例えば、
　　　同一の当事者が一度閲覧又は複写の許可を得た部分を再度閲覧又は複写する場合に
　　　は別途の許可を不要とするとの考え方や、閲覧又は複写を許可する部分の特定（家事
　　　規則第３５条参照）に関し一定の場合には今後提出されるものも含めた範囲の指定を
　　　可能とする（将来的な閲覧等を見越して、一定範囲のものについては、あらかじめ許
　　　可を得られるようにして、都度許可を得なくてもよいこととする）との考え方がある。
　　　ここでいう「一定の場合」としては、例えば、手続代理人が相手方等に閲覧等させて
　　　も問題ないと判断した上で提出する資料を相手方等が閲覧等する場合に、このような
　　　取扱いを可能とする考え方がある。

（注３）　（注１）の①につき裁判所外端末を用いて閲覧等をすることができるのは当事者
　　　及び審判を受ける者となるべき者のみに限るとすべきとの考え方がある。


（補足説明）

１　請求の主体及び裁判所の許可と電子化された事件記録の閲覧等（試案の７(1)）

　　家事事件の記録についても、その電子化が検討されており（前記試案の２・３）、電子化
　された事件記録の閲覧等に関する規律が問題となる。

　　現行の家事法上、事件記録の閲覧等には、裁判所の許可を要するものとされており、その
　主体は、当事者又は利害関係を疎明した第三者に限定されている（家事法第４７条及び第２
　５４条）。これは、家事事件の記録には、手続に関係する者のプライバシーに関わる情報が
　含まれているため、その秘密を保持する必要があること、加えて、家事調停事件において
　は、他方当事者を感情的に非難する書面等が含まれることがあり、当事者であっても原則と
　して閲覧等が許可されるとすると、当事者の感情をいたずらに刺激し、円満かつ自主的な話
　合いという調停手続の機能を損なうおそれがあるとの観点からとされている。

　　このような規律は、電子化された事件記録においても、変更する理由はないことから、試

案の７(1)は、基本的に、請求の主体や裁判所の許可に係る家事法第４７条及び第２５４条の考え方を維持することとしている。

2　請求の具体的な内容（試案の７(1)及び（注１）から（注３）まで）

(1)　請求の内容（試案の７(1)）

試案の７(1)は、家事事件における電子化された事件記録についても、請求することができる内容につき、民事訴訟と同様の規律とすることを提案するものである。民事訴訟の説明その他の説明については、試案の第１の６の（補足説明）参照。

(2)　閲覧等の方法（試案の（注１））

試案の（注１）は、「民事訴訟法（ＩＴ化関係）等の改正に関する要綱」を踏まえて、具体的な閲覧等の方法につき提案をしている。

要綱の説明その他の説明については、試案の第１の６の（補足説明）参照。

(3)　許可の在り方（試案の（注２））

試案の（注１）の②のとおり、当事者がいつでも事件の係属中に裁判所外端末を用いた閲覧又は複写をすることができるものとした場合には、閲覧等に裁判所の許可を要することとの関係で、その許可の運用上の在り方が問題となる。現在の実務では、当事者等は閲覧等の請求をするごとにその許可の申立てをし、裁判所は、当事者からこの許可の申立てがある度に、閲覧等を許可する部分を特定してその許可をしているが、このような取扱いを前提とすると、当事者は、いつでも裁判所外端末を用いた閲覧又は複写をすることはできないことになる。

部会においては、当事者がいつでも事件の係属中に裁判所外端末を用いた閲覧又は複写をすることができるという記録の電子化のメリットを活かすため、閲覧の申立てごとではなく申立ての対象ごとに許可の効力を考えることのほか、将来的な提出分を含めて事前に包括的な許可をすることや、許可をする部分の特定の範囲を拡げることが考えられるとの意見があった。例えば、許可の効力については、同一の当事者が一度閲覧又は複写の許可を得た部分を再度閲覧又は複写する場合には別途の許可は不要であるとの考え方があった。また、事前の包括的な許可については、閲覧又は複写を許可する部分の特定に関し一定の場合には今後提出されるものも含めた範囲の指定を可能とする（将来的な閲覧等を見越して、一定の範囲のものについては、あらかじめ許可を得られるようにして、都度許可を得なくてもよいこととする）との考え方がある。この考え方に関し、部会においては、家事事件のうち、特に、離婚調停事件や、遺産分割事件など対立する当事者が想定される事件において、当事者双方に手続代理人が選任されている場合などには、民事訴訟と同様に、一方の当事者が裁判所に書面等を提出するとともに、他方の当事者に事前にその書面等を直接送付することがあるが、このようなケースを念頭に、一方の当事者が裁判所にオンラインで資料等を提出した際に、その相手方がその提出された資料を適

時に閲覧等できるといったことが可能な仕組みが望ましいとの意見があった。そこで、例えば、手続代理人が相手方等に閲覧等させても問題ないと判断した上で提出する資料を相手方等が閲覧等する場合に、裁判所の許可の在り方として、このような、今後提出されるものも含めた範囲の指定を可能とする（将来的な閲覧等を見越して、一定範囲のものについては、あらかじめ許可を得られるようにして、都度許可を得なくてもよいこととする）取扱いをすることが考えられる。

　試案の（注2）は、こうした議論を踏まえ、当事者がいつでも事件の係属中に裁判所外端末を用いた閲覧又は複写をすることができるようにするための閲覧等の許可の在り方についての考え方を記載したものである。なお、この（注2）は飽くまで運用についての考え方を記載したものであり、法律上の規律の導入については、試案の(2)の（注2）を参照。

(4) 裁判所外端末の利用についての別の考え方（試案の（注3））

　部会においては、試案の（注1）の①について、プライバシー等に関する情報が拡散すること等を懸念し、裁判所外端末を用いた閲覧等は、当事者及び審判を受ける者となるべき者（審判の名宛人となる者）のみに限定して認めるべきであるとの意見もあった。

　もっとも、家事事件の手続においては、当該事件に利害関係を有する多様な関係者が存在する場合があり、試案の（注3）のような考え方をとるとすると、そのような者は、閲覧等は認められても、裁判所外端末を用いた閲覧等ができないこととなるが、それは相当ではないのではないかといった意見がある。


(2) 自己の提出した書面等及び裁判書等

① 当事者は、電子化された事件記録中当該当事者が提出したものに係る事項については、裁判所の許可を得ないで、裁判所書記官に対し、閲覧等の請求をすることができるものとする。

② 当事者は、電子審判書その他の電子裁判書については、裁判所の許可を得ないで、裁判所書記官に対し、閲覧等の請求をすることができるものとする。審判を受ける者が当該審判があった後に請求する場合も、同様とするものとする。

③ 当事者は、事件に関する事項を証明した文書又は電磁的記録については、裁判所の許可を得ないで、裁判所書記官に対し、その交付又は提供の請求をすることができるものとする。審判を受ける者が当該審判があった後に請求する場合も、同様とするものとする。

④ 当事者は、調停における合意を記載した調書及び調停が終了した際の調書については、裁判所の許可を得ないで、裁判所書記官に対し、閲覧等の請求をすることができるものとする。

（注１）　当事者は、電子化されていない事件記録中当該当事者が提出したものに係る事項については、裁判所の許可を得ないで、裁判所書記官に対し、閲覧等の請求をすることができるものとする。

（注２）　本文のほか、手続代理人が相手方等に閲覧等をさせても問題ないと判断した上で提出する資料を相手方等が閲覧等する場合についても、裁判所の許可を得ないで、裁判所書記官に対し、閲覧等の請求をすることができるものとするとの考え方がある。

（補足説明）

1　自己の提出したものの閲覧等の請求（試案の７(2)①・（注１））

　　家事事件の記録の閲覧等については、現行法上、裁判所の許可を要するものとされているが、当事者が自ら提出した資料については、その当事者はその内容を既に知っており、その内容を閲覧等することについて弊害はないといえ、基本的には、閲覧等が不許可となることはないと考えられる。

　　そこで、試案の７(2)①では、当事者は、電子化された事件記録中、当該当事者が提出したものに係る事項（当事者が、自らインターネットを利用して裁判所のファイルに記録する方法で提出したものと、自ら提出した書面等の内容を裁判所書記官が裁判所のファイルに記録したものの両方が含まれる。）については、裁判所の許可を得ないで、裁判所書記官に対し、その閲覧等を請求することができるものとすることを提案している。

　　また、当事者が提出した書面等が、裁判所のファイルに記録されないこともあり、そのようなケースでも、当該当事者が自ら提出した書面等の閲覧等をする場合の裁判所の許可の要否につき、それが裁判所のファイルに記録されている場合と区別する理由はない。

　　そこで、試案の（注１）は、電子化されていない事件記録についても、当事者は、当該当事者が提出したものについては、裁判所の許可を得ないで、裁判所書記官に対し、その閲覧等を請求することができるものとすることを提案している。

2　審判書等（試案の７(2)②）

　　家事法第４７条第６項及び第２５４条第４項第１号は、当事者及び審判を受ける者（当該審判があった後に請求する場合に限る。）は、審判書等の裁判書の正本、謄本及び抄本については、裁判所の許可を得ないで、裁判所書記官に対し、その交付を請求することができるとしている。これは、当事者及び当該審判を受ける者は、審判書等の内容を当然に知ることができるとするものであり、そうであれば、閲覧の請求を含めて、裁判所の許可を要するとする必要はない。

　　そこで、試案の７(2)②は、当事者及び当該審判を受ける者は、電子審判書等の電子裁判書（審判書等の裁判書を電磁的記録によって作成することとする提案については、試案の３(1)参照）については、裁判所の許可を得ないで、裁判所書記官に対し、閲覧等の請求をす

ることができるものとすることを提案している。

## 3　証明書等（試案の7(2)③）

　試案の7(2)③は、家事法第47条第6項及び第254条第4項第3号の規定と同様に、当事者及び審判を受ける者（当該審判があった後に請求する場合に限る。）は、事件に関する事項を証明する文書又は電磁的記録については、裁判所の許可を得ないで、裁判所書記官に対し、その交付又は提供の請求をすることができるものとすることを提案している。

## 4　調停調書等（試案の7(2)④）

　家事法第254条第4項第2号は、当事者は、調停調書及び調停が終了した際の調書については、裁判所の許可を得ることなくその正本等の交付を請求することができるとしていることから、試案の7(2)④は、当事者は、電磁的記録によって作成されたこれらの調書（調書を電磁的記録によって作成することとする提案については、試案の3(1)参照）については、裁判所の許可を得ないで、裁判所書記官に対し、閲覧等の請求をすることができるものとすることを提案している。

## 5　許可を不要とする範囲の拡大（試案の（注2））

　前記のとおり、家事事件のうち、離婚調停事件や、遺産分割事件など対立する当事者が想定される事件において、当事者双方に手続代理人が選任されている場合などには、民事訴訟と同様に、一方の当事者が裁判所に書面等を提出するとともに、他方の当事者に事前にその書面等を直接送付することがあるが、こういったケースでは、法律上、手続代理人が相手方等に閲覧等させても問題ないと判断した上で提出する資料を相手方等が閲覧等する場合については、閲覧等に裁判所の許可を不要とすることも考えられるのではないかとの指摘があった。そのため、このような考え方について、試案の（注2）に記載している。もっとも、この指摘に対しては、裁判所が許可の判断をすることとされていることについて、その規律の例外として裁判所の許可なく可能とするかどうかを、手続代理人の判断で決められることが相当かという点が問題となり、部会では、法律上、許可を不要とすることは困難であり、前記試案の7(1)の（注2）にあるとおり運用上の問題として対応すべきとの意見がある。

## 8　送達等

（前注）　家事事件の手続では、送付、相当な方法による告知又は通知がされることがあるが、送達はここでいう送付、相当な方法による告知及び通知の方法の一つであり、送達がされれば、送付、相当な方法による告知及び通知がされたものと評価されることを前提としている。

（1）電磁的記録の送達

　　家事事件の手続における電磁的記録の送達について、民訴法第１０９条から第１０９条の４までの規定を準用するものとする。

（補足説明）

　試案の８(1)は、家事事件の手続における電磁的記録の送達についても、民事訴訟と同様の規律とするために、民訴法第１０９条から第１０９条の４までの規定を準用することを提案している。民事訴訟の説明その他の説明については、試案の第１の７(1)の（補足説明）参照。

（2）公示送達

　　家事事件の手続における公示送達について、民訴法第１１１条の規定を準用するものとする。

（補足説明）

　試案の８(2)は、家事事件の手続における公示送達についても、民事訴訟と同様の規律とするために、民訴法第１１１条の規定を準用することを提案している。民事訴訟の説明その他の説明については、試案の第１の７(2)の（補足説明）参照。

　なお、公示送達にインターネットを利用する場合については、特にプライバシーに配慮する必要があるといった観点については、人事訴訟の手続の場合と同様（試案の第８の７(2)）、引き続き検討することが考えられる。

（後注１）　家事事件の手続において裁判所が行う公告について、最高裁判所規則で認められている裁判所の掲示場への掲示に代えて、裁判所設置端末で閲覧することができるようにする措置をとることができるものとする。
（後注２）　（後注１）を前提とした上で、裁判所の掲示場又は裁判所設置端末等への掲示、及び官報への掲載に加えて、裁判所のウェブサイトに掲載する方法をとらなければならないものとするとの考え方がある。

（補足説明）

　家事事件の手続においては、裁判所が行う関係者に対する周知の方法として、公告が定められているものがある（失踪の宣告の事件における公告（家事法第１４８条第３項）、相続人の不存在の事件における相続財産の清算人の選任等の公告（民法第９５２条）など）。公告の方法は、家事規則によって定められており、特別の定めがある場合を除き、裁判所の掲示場その他裁判所内の公衆の見やすい場所に掲示し、かつ、官報に掲載する方法によってすることとさ

れている（同規則第4条第1項）。試案の（後注1）及び（後注2）は、その現在の方法を見直すことについて検討するものである。

　試案の（後注1）は、現行の家事規則に規定されている方法のうち、裁判所の掲示場への掲示について、民事訴訟手続における公示送達と同様に、これに代えて裁判所設置端末で閲覧することもできるようにすることを提案するものである。

　試案の（後注2）は、裁判所の掲示場への掲示又は裁判所設置端末等での閲覧の方法をとること及び官報への掲載に加えて、情報の周知方法としての効果を向上させる観点から、これも民事訴訟手続における公示送達と同様に、裁判所のウェブサイトに掲載する方法といったインターネットを利用する方法をとらなければならないものとする考え方を提示している。もっとも、民事訴訟手続における公示送達と異なり、上記のとおり、裁判所の掲示場等への掲示に加えて、官報に掲載することが必要とされているところ、部会においては、官報もインターネットを利用して見ることもできるのであり、官報を利用している公告については、他に特段のウェブ掲載は不要との考え方がある。

## 9　その他

（注1）　システムを使った電磁的記録に記録された情報の内容に係る証拠調べの申出や、書面の提出に代えて電磁的記録をファイルに記録する方法による陳述、ウェブ会議による裁判所外の尋問など、ＩＴを活用した証拠調べ手続について、民事訴訟手続と同様の規律を設けるものとする。

（注2）　費用額確定の申立ての期限や、申立て手数料の納付がない場合の納付命令の裁判所書記官の権限について民事訴訟手続と同様の規律を設けるものとするほか、申立て手数料を納付しないことを理由とする申立書却下に対して申立て手数料を納付しないまました即時抗告は原裁判所において却下しなければならないとの規律を設けるものとする。

（注3）　民訴法の改正を踏まえて裁判官の権限のうち定型的な判断事項を裁判所書記官の権限とする見直しなど実務上必要な見直しがないのか検討すべきとの考え方がある。

（補足説明）

1　証拠調べの手続（試案の（注1））

　試案の（注1）は、家事事件の手続において証拠調べを行う場合に、民訴法におけるＩＴを活用した証拠調べの規律と同様の規律を適用する考え方を記載するものである。民事訴訟の説明その他の説明については、試案の第1の10の（注1）の（補足説明）参照。

2　費用額確定処分の申立ての期限と納付命令等（試案の（注2））

　家事事件の手続における手続費用についても、その額が長期にわたって確定されない事

態を防ぐ必要があると考えられることから、試案の（注2）では、家事事件の手続における手続費用の額の確定の申立てについて、民事訴訟手続と同様に10年の期間制限を設けることを提案している。民事訴訟の説明その他の説明については、試案の第1の10の（注2）の（補足説明）参照。

　また、試案の（注2）は、家事事件の手続においても、申立て手数料の納付がない場合の納付命令を裁判所書記官の権限とすること、また、申立て手数料（民事訴訟費用等に関する法律第3条第1項、別表第1の16の項）を納付しないことを理由とする申立書却下に対して手数料を納付しないまました即時抗告を原裁判所において却下しなければならないものとする規律を設けることを提案している。民事訴訟の説明その他の説明については、非訟事件の手続における納付命令等に関する提案についての説明（試案の第5の9の（注2）の（補足説明））参照。

3　その他（試案の（注3））

　部会では、民訴法の内容も踏まえつつ、実務上見直しをすべき点がないか検討すべきであるとの指摘があった。

　試案の（注3）は、この点について記載するものであり、今後、民訴法の内容を踏まえつつ、実務上見直しをすべき点の指摘が具体的にあれば、その指摘を踏まえて検討することも考えられる。

# 第10　子の返還申立事件の手続（ハーグ条約実施法）

　子の返還申立事件の手続（ハーグ条約実施法）について、第9の家事事件に関する検討を踏まえ、基本的に、これと同様にIT化するものとする。

（補足説明）

　子の返還申立事件の審理等については、ハーグ条約実施法に規律が置かれており、その手続のIT化については、家事事件の手続のIT化に関する検討（試案第9）が基本的に妥当するものと考えられる。

　そこで、試案の第10では、子の返還申立事件の手続については、家事事件の手続のIT化に関する検討（試案の第9）を踏まえて検討することを提案している。部会においては、提出された書面等の電子化について、別表第2に掲げる事項についての家事審判事件に準じて取り扱うことになるのではないかとの指摘があった。なお、子の返還申立事件は、和解により終結するケースがあり、当事者双方が受諾書を提出する方法による和解の規律は、令和4年改正法によって導入されている（ハーグ条約実施法第100条第1項が民訴法第264条第2項を準用）。他方で、和解調書の送達又は送付については、現行法では規律が置かれておらず、家事事件における調停調書の送達又は送付（試案の第9の6）に関する検討を踏まえて検討す

ることが考えられる。

　また、ＩＴを活用して外国からの手続参加を認めることについては、学説上、国際法上も問題はないという考え方がある一方で、外国の主権との関係で慎重な考え方もあるため、試案の第１０では、外国からの手続参加が認められることを前提とはしていない。これに対し、部会では、国際条約に基づく手続であること等に鑑み、外国からの手続参加を認めることについて国際法上の問題は生じないのではないかとの意見や、これを認める実務上のニーズは高いという指摘もあった。

## 第１１　その他

（注）　仲裁法所定の裁判手続等他の民事・家事関係の裁判手続についても、第１から第１０までの規律を踏まえて、ＩＴ化を検討する。


（補足説明）

　試案の第１から第１０までにおいて検討した各裁判手続のほか、民事・家事関係の裁判手続には、例えば仲裁手続に関して裁判所が行う手続（仲裁法）などがあるが、これらの手続についても、これまでの検討を踏まえ、同様にＩＴ化することが考えられる。試案の（注）は、その旨記載するものである。

参照条文

（民事訴訟法等の一部を改正する法律（令和４
年法律第４８号）による改正後の条文）

○　民事訴訟法等の一部を改正する法律（令和４年法律第４８号）による改正後の
　民事訴訟法（平成８年法律第１０９号）（抄）


（訴訟費用額の確定手続）

第七十一条　訴訟費用の負担の額は、その負担の裁判が執行力を生じた後に、申立てにより、第
　一審裁判所の裁判所書記官が定める。

2　前項の申立ては、訴訟費用の負担の裁判が確定した日から十年以内にしなければならない。

3　第一項の場合において、当事者双方が訴訟費用を負担するときは、最高裁判所規則で定める
　場合を除き、各当事者の負担すべき費用は、その対当額について相殺があったものとみなす。

4　第一項の申立てに関する処分は、相当と認める方法で告知することによって、その効力を生
　ずる。

5　前項の処分に対する異議の申立ては、その告知を受けた日から一週間の不変期間内にしな
　ければならない。

6　前項の異議の申立ては、執行停止の効力を有する。

7　裁判所は、第一項の規定による額を定める処分に対する異議の申立てを理由があると認め
　る場合において、訴訟費用の負担の額を定めるべきときは、自らその額を定めなければならな
　い。

8　第五項の異議の申立てについての決定に対しては、即時抗告をすることができる。


（映像と音声の送受信による通話の方法による口頭弁論等）

第八十七条の二　裁判所は、相当と認めるときは、当事者の意見を聴いて、最高裁判所規則で定
　めるところにより、裁判所及び当事者双方が映像と音声の送受信により相手の状態を相互に
　認識しながら通話をすることができる方法によって、口頭弁論の期日における手続を行うこ
　とができる。

2　裁判所は、相当と認めるときは、当事者の意見を聴いて、最高裁判所規則で定めるところに
　より、裁判所及び当事者双方が音声の送受信により同時に通話をすることができる方法によ
　って、審尋の期日における手続を行うことができる。

3　前二項の期日に出頭しないでその手続に関与した当事者は、その期日に出頭したものとみ
　なす。


（非電磁的訴訟記録の閲覧等）

第九十一条　何人も、裁判所書記官に対し、非電磁的訴訟記録（訴訟記録中次条第一項に規定す
　る電磁的訴訟記録を除いた部分をいう。以下この条において同じ。）の閲覧を請求することが
　できる。

2　公開を禁止した口頭弁論に係る非電磁的訴訟記録については、当事者及び利害関係を疎明

した第三者に限り、前項の規定による請求をすることができる。非電磁的訴訟記録中第二百六十四条の和解条項案に係る部分、第二百六十五条第一項の規定による和解条項の定めに係る部分及び第二百六十七条第一項に規定する和解（口頭弁論の期日において成立したものを除く。）に係る部分についても、同様とする。

3　当事者及び利害関係を疎明した第三者は、裁判所書記官に対し、非電磁的訴訟記録の謄写又はその正本、謄本若しくは抄本の交付を請求することができる。

4　前項の規定は、非電磁的訴訟記録中の録音テープ又はビデオテープ（これらに準ずる方法により一定の事項を記録した物を含む。）に関しては、適用しない。この場合において、これらの物について当事者又は利害関係を疎明した第三者の請求があるときは、裁判所書記官は、その複製を許さなければならない。

5　非電磁的訴訟記録の閲覧、謄写及び複製の請求は、非電磁的訴訟記録の保存又は裁判所の執務に支障があるときは、することができない。


（電磁的訴訟記録の閲覧等）

第九十一条の二　何人も、裁判所書記官に対し、最高裁判所規則で定めるところにより、電磁的訴訟記録（訴訟記録中この法律その他の法令の規定により裁判所の使用に係る電子計算機（入出力装置を含む。以下同じ。）に備えられたファイル（次項及び第三項、次条並びに第百九条の三第一項第二号を除き、以下単に「ファイル」という。）に記録された事項（第百三十二条の七及び第百三十三条の二第五項において「ファイル記録事項」という。）に係る部分をいう。以下同じ。）の内容を最高裁判所規則で定める方法により表示したものの閲覧を請求することができる。

2　当事者及び利害関係を疎明した第三者は、裁判所書記官に対し、電磁的訴訟記録に記録されている事項について、最高裁判所規則で定めるところにより、最高裁判所規則で定める電子情報処理組織（裁判所の使用に係る電子計算機と手続の相手方の使用に係る電子計算機とを電気通信回線で接続した電子情報処理組織をいう。以下同じ。）を使用してその者の使用に係る電子計算機に備えられたファイルに記録する方法その他の最高裁判所規則で定める方法による複写を請求することができる。

3　当事者及び利害関係を疎明した第三者は、裁判所書記官に対し、最高裁判所規則で定めるところにより、電磁的訴訟記録に記録されている事項の全部若しくは一部を記載した書面であって裁判所書記官が最高裁判所規則で定める方法により当該書面の内容が電磁的訴訟記録に記録されている事項と同一であることを証明したものを交付し、又は当該事項の全部若しくは一部を記録した電磁的記録であって裁判所書記官が最高裁判所規則で定める方法により当該電磁的記録の内容が電磁的訴訟記録に記録されている事項と同一であることを証明したものを最高裁判所規則で定める電子情報処理組織を使用してその者の使用に係る電子計算機に備えられたファイルに記録する方法その他の最高裁判所規則で定める方法により提供するこ

とを請求することができる。

4　前条第二項及び第五項の規定は、第一項及び第二項の規定による電磁的訴訟記録に係る閲覧及び複写の請求について準用する。


### （訴訟に関する事項の証明）

**第九十一条の三**　当事者及び利害関係を疎明した第三者は、裁判所書記官に対し、最高裁判所規則で定めるところにより、訴訟に関する事項を記載した書面であって裁判所書記官が最高裁判所規則で定める方法により当該事項を証明したものを交付し、又は当該事項を記録した電磁的記録であって裁判所書記官が最高裁判所規則で定める方法により当該事項を証明したものを最高裁判所規則で定める電子情報処理組織を使用してその者の使用に係る電子計算機に備えられたファイルに記録する方法その他の最高裁判所規則で定める方法により提供することを請求することができる。


### （秘密保護のための閲覧等の制限）

**第九十二条**　次に掲げる事由につき疎明があった場合には、裁判所は、当該当事者の申立てにより、決定で、当該訴訟記録中当該秘密が記載され、又は記録された部分に係る訴訟記録の閲覧等（非電磁的訴訟記録の閲覧等又は電磁的訴訟記録の閲覧等をいう。第百三十三条第三項において同じ。）（以下この条において「秘密記載部分の閲覧等」という。）の請求をすることができる者を当事者に限ることができる。

　一　訴訟記録中に当事者の私生活についての重大な秘密が記載され、又は記録されており、かつ、第三者が秘密記載部分の閲覧等を行うことにより、その当事者が社会生活を営むのに著しい支障を生ずるおそれがあること。

　二　訴訟記録中に当事者が保有する営業秘密（不正競争防止法第二条第六項に規定する営業秘密をいう。以下同じ。）が記載され、又は記録されていること。

2　前項の申立てがあったときは、その申立てについての裁判が確定するまで、第三者は、秘密記載部分の閲覧等の請求をすることができない。

3　秘密記載部分の閲覧等の請求をしようとする第三者は、訴訟記録の存する裁判所に対し、第一項に規定する要件を欠くこと又はこれを欠くに至ったことを理由として、同項の決定の取消しの申立てをすることができる。

4　第一項の申立てを却下した裁判及び前項の申立てについての裁判に対しては、即時抗告をすることができる。

5　第一項の決定を取り消す裁判は、確定しなければその効力を生じない。

6　第一項の申立て（同項第一号に掲げる事由があることを理由とするものに限る。次項及び第八項において同じ。）があった場合において、当該申立て後に第三者がその訴訟への参加をしたときは、裁判所書記官は、当該申立てをした当事者に対し、その参加後直ちに、その参加が

あった旨を通知しなければならない。ただし、当該申立てを却下する裁判が確定したときは、この限りでない。

7　前項本文の場合において、裁判所書記官は、同項の規定による通知があった日から二週間を経過する日までの間、その参加をした者に第一項の申立てに係る秘密記載部分の閲覧等をさせてはならない。ただし、第百三十三条の二第二項の申立てがされたときは、この限りでない。

8　前二項の規定は、第六項の参加をした者に第一項の申立てに係る秘密記載部分の閲覧等をさせることについて同項の申立てをした当事者の全ての同意があるときは、適用しない。

9　裁判所は、第一項の申立て（同項第二号に掲げる事由があることを理由とするものに限る。次項において同じ。）があった場合において、当該申立てに係る営業秘密がその訴訟の追行の目的以外の目的で使用され、又は当該営業秘密が開示されることにより、当該営業秘密に基づく当事者の事業活動に支障を生ずるおそれがあり、これを防止するため特に必要があると認めるときは、電磁的訴訟記録中当該営業秘密が記録された部分につき、その内容を書面に出力し、又はこれを他の記録媒体に記録するとともに、当該部分を電磁的訴訟記録から消去する措置その他の当該営業秘密の安全管理のために必要かつ適切なものとして最高裁判所規則で定める措置を講ずることができる。

10　前項の規定による電磁的訴訟記録から消去する措置が講じられた場合において、その後に第一項の申立てを却下する裁判が確定したとき、又は当該申立てに係る決定を取り消す裁判が確定したときは、裁判所書記官は、当該営業秘密が記載され、又は記録された部分をファイルに記録しなければならない。

（専門委員の関与）

**第九十二条の二**　裁判所は、争点若しくは証拠の整理又は訴訟手続の進行に関し必要な事項の協議をするに当たり、訴訟関係を明瞭にし、又は訴訟手続の円滑な進行を図るため必要があると認めるときは、当事者の意見を聴いて、決定で、専門的な知見に基づく説明を聴くために専門委員を手続に関与させることができる。この場合において、専門委員の説明は、裁判長が書面により又は口頭弁論若しくは弁論準備手続の期日において口頭でさせなければならない。

2　専門委員は、前項の規定による書面による説明に代えて、最高裁判所規則で定めるところにより、当該書面に記載すべき事項を最高裁判所規則で定める電子情報処理組織を使用してファイルに記録する方法又は当該書面に記載すべき事項に係る電磁的記録を記録した記録媒体を提出する方法により説明を行うことができる。

3　裁判所は、証拠調べをするに当たり、訴訟関係又は証拠調べの結果の趣旨を明瞭にするため必要があると認めるときは、当事者の意見を聴いて、決定で、証拠調べの期日において専門的な知見に基づく説明を聴くために専門委員を手続に関与させることができる。この場合において、証人若しくは当事者本人の尋問又は鑑定人質問の期日において専門委員に説明をさせるときは、裁判長は、当事者の同意を得て、訴訟関係又は証拠調べの結果の趣旨を明瞭にする

ために必要な事項について専門委員が証人、当事者本人又は鑑定人に対し直接に問いを発することを許すことができる。

4　裁判所は、和解を試みるに当たり、必要があると認めるときは、当事者の同意を得て、決定で、当事者双方が立ち会うことができる和解を試みる期日において専門的な知見に基づく説明を聴くために専門委員を手続に関与させることができる。


### （音声の送受信による通話の方法による専門委員の関与）

**第九十二条の三**　裁判所は、前条第一項、第三項及び第四項の規定により専門委員を手続に関与させる場合において、相当と認めるときは、当事者の意見を聴いて、同条第一項、第三項及び第四項の期日において、最高裁判所規則で定めるところにより、裁判所及び当事者双方が専門委員との間で音声の送受信により同時に通話をすることができる方法によって、専門委員に同条第一項、第三項及び第四項の説明又は発問をさせることができる。


### （電磁的記録に記録された事項を出力した書面による送達）

**第百九条**　電磁的記録の送達は、特別の定めがある場合を除き、前款の定めるところにより、この法律その他の法令の規定によりファイルに記録された送達すべき電磁的記録（以下この節において単に「送達すべき電磁的記録」という。）に記録されている事項を出力することにより作成した書面によってする。


### （電子情報処理組織による送達）

**第百九条の二**　電磁的記録の送達は、前条の規定にかかわらず、最高裁判所規則で定めるところにより、送達すべき電磁的記録に記録されている事項につき次条第一項第一号の閲覧又は同項第二号の記録をすることができる措置をとるとともに、送達を受けるべき者に対し、最高裁判所規則で定める電子情報処理組織を使用して当該措置がとられた旨の通知を発する方法によりすることができる。ただし、当該送達を受けるべき者が当該方法により送達を受ける旨の最高裁判所規則で定める方式による届出をしている場合に限る。

2　前項ただし書の届出をする場合には、最高裁判所規則で定めるところにより、同項本文の通知を受ける連絡先を受訴裁判所に届け出なければならない。この場合においては、送達受取人をも届け出ることができる。

3　第一項本文の通知は、前項の規定により届け出られた連絡先に宛てて発するものとする。


### （電子情報処理組織による送達の効力発生の時期）

**第百九条の三**　前条第一項の規定による送達は、次に掲げる時のいずれか早い時に、その効力を生ずる。

一　送達を受けるべき者が送達すべき電磁的記録に記録されている事項を最高裁判所規則で

定める方法により表示をしたものの閲覧をした時

二 送達を受けるべき者が送達すべき電磁的記録に記録されている事項についてその使用に係る電子計算機に備えられたファイルへの記録をした時

三 前条第一項本文の通知が発せられた日から一週間を経過した時

2 送達を受けるべき者がその責めに帰することができない事由によって前項第一号の閲覧又は同項第二号の記録をすることができない期間は、同項第三号の期間に算入しない。

**（電子情報処理組織による送達を受ける旨の届出をしなければならない者に関する特例）**

**第百九条の四** 第百九条の二第一項ただし書の規定にかかわらず、第百三十二条の十一第一項各号に掲げる者に対する第百九条の二第一項の規定による送達は、その者が同項ただし書の届出をしていない場合であってもすることができる。この場合においては、同項本文の通知を発することを要しない。

2 前項の規定により送達をする場合における前条の規定の適用については、同条第一項第三号中「通知が発せられた」とあるのは、「措置がとられた」とする。

**（公示送達の方法）**

**第百十一条** 公示送達は、次の各号に掲げる区分に応じ、それぞれ当該各号に定める事項を最高裁判所規則で定める方法により不特定多数の者が閲覧することができる状態に置く措置をとるとともに、当該事項が記載された書面を裁判所の掲示場に掲示し、又は当該事項を裁判所に設置した電子計算機の映像面に表示したものの閲覧をすることができる状態に置く措置をとることによってする。

一 書類の公示送達 裁判所書記官が送達すべき書類を保管し、いつでも送達を受けるべき者に交付すべきこと。

二 電磁的記録の公示送達 裁判所書記官が、送達すべき電磁的記録に記録された事項につき、いつでも送達を受けるべき者に第百九条の書面を交付し、又は第百九条の二第一項本文の規定による措置をとるとともに、同項本文の通知を発すべきこと。

**（電子情報処理組織による申立て等）**

**第百三十二条の十** 民事訴訟に関する手続における申立てその他の申述（以下「申立て等」という。）のうち、当該申立て等に関するこの法律その他の法令の規定により書面等（書面、書類、文書、謄本、抄本、正本、副本、複本その他文字、図形等人の知覚によって認識することができる情報が記載された紙その他の有体物をいう。以下この章において同じ。）をもってするものとされているものであって、裁判所に対してするもの（当該裁判所の裁判長、受命裁判官、受託裁判官又は裁判所書記官に対してするものを含む。）については、当該法令の規定にかかわらず、最高裁判所規則で定めるところにより、最高裁判所規則で定める電子情報処理組織を

使用して当該書面等に記載すべき事項をファイルに記録する方法により行うことができる。

2　前項の方法によりされた申立て等（以下この条において「電子情報処理組織を使用する申立て等」という。）については、当該申立て等を書面等をもってするものとして規定した申立て等に関する法令の規定に規定する書面等をもってされたものとみなして、当該法令その他の当該申立て等に関する法令の規定を適用する。

3　電子情報処理組織を使用する申立て等は、当該電子情報処理組織を使用する申立て等に係る事項がファイルに記録された時に、当該裁判所に到達したものとみなす。

4　第一項の場合において、当該申立て等に関する他の法令の規定により署名等（署名、記名、押印その他氏名又は名称を書面等に記載することをいう。以下この項において同じ。）をすることとされているものについては、当該申立て等をする者は、当該法令の規定にかかわらず、当該署名等に代えて、最高裁判所規則で定めるところにより、氏名又は名称を明らかにする措置を講じなければならない。

5　電子情報処理組織を使用する申立て等がされたときは、当該電子情報処理組織を使用する申立て等に係る送達は、当該電子情報処理組織を使用する申立て等に係る法令の規定にかかわらず、当該電子情報処理組織を使用する申立て等によりファイルに記録された事項に係る電磁的記録の送達によってする。

6　前項の方法により行われた電子情報処理組織を使用する申立て等に係る送達については、当該電子情報処理組織を使用する申立て等に関する法令の規定に規定する送達の方法により行われたものとみなして、当該送達に関する法令その他の当該電子情報処理組織を使用する申立て等に関する法令の規定を適用する。

（電子情報処理組織による申立て等の特例）
第百三十二条の十一　次の各号に掲げる者は、それぞれ当該各号に定める事件の申立て等をするときは、前条第一項の方法により、これを行わなければならない。ただし、口頭ですることができる申立て等について、口頭でするときは、この限りでない。

　一　訴訟代理人のうち委任を受けたもの（第五十四条第一項ただし書の許可を得て訴訟代理人となったものを除く。）　当該委任を受けた事件

　二　国の利害に関係のある訴訟についての法務大臣の権限等に関する法律（昭和二十二年法律第百九十四号）第二条、第五条第一項、第六条第二項、第六条の二第四項若しくは第五項、第六条の三第四項若しくは第五項又は第七条第三項の規定による指定を受けた者　当該指定の対象となった事件

　三　地方自治法（昭和二十二年法律第六十七号）第百五十三条第一項の規定による委任を受けた職員　当該委任を受けた事件

2　前項各号に掲げる者は、第百九条の二第一項ただし書の届出をしなければならない。

3　第一項の規定は、同項各号に掲げる者が裁判所の使用に係る電子計算機の故障その他その

7

責めに帰することができない事由により、電子情報処理組織を使用する方法により申立て等を行うことができない場合には、適用しない。


（書面等による申立て等）

**第百三十二条の十二**　申立て等が書面等により行われたとき（前条第一項の規定に違反して行われたときを除く。）は、裁判所書記官は、当該書面等に記載された事項（次の各号に掲げる場合における当該各号に定める事項を除く。）をファイルに記録しなければならない。ただし、当該事項をファイルに記録することにつき困難な事情があるときは、この限りでない。

　一　当該申立て等に係る書面等について、当該申立て等とともに第九十二条第一項の申立て（同項第二号に掲げる事由があることを理由とするものに限る。）がされた場合において、当該書面等に記載された営業秘密がその訴訟の追行の目的以外の目的で使用され、又は当該営業秘密が開示されることにより、当該営業秘密に基づく当事者の事業活動に支障を生ずるおそれがあり、これを防止するため裁判所が特に必要があると認めるとき（当該同項の申立てが却下されたとき又は当該同項の申立てに係る決定を取り消す裁判が確定したときを除く。）　当該書面等に記載された営業秘密

　二　書面等により第百三十三条第二項の規定による届出があった場合　当該書面等に記載された事項

　三　当該申立て等に係る書面等について、当該申立て等とともに第百三十三条の二第二項の申立てがされた場合において、裁判所が必要があると認めるとき（当該同項の申立てが却下されたとき又は当該同項の申立てに係る決定を取り消す裁判が確定したときを除く。）　当該書面等に記載された同項に規定する秘匿事項記載部分

2　前項の規定によりその記載された事項がファイルに記録された書面等による申立て等に係る送達は、当該申立て等に係る法令の規定にかかわらず、同項の規定によりファイルに記録された事項に係る電磁的記録の送達をもって代えることができる。

3　前項の方法により行われた申立て等に係る送達については、当該申立て等に関する法令の規定に規定する送達の方法により行われたものとみなして、当該送達に関する法令その他の当該申立て等に関する法令の規定を適用する。


（書面等に記録された事項のファイルへの記録等）

**第百三十二条の十三**　裁判所書記官は、前条第一項に規定する申立て等に係る書面等のほか、民事訴訟に関する手続においてこの法律その他の法令の規定に基づき裁判所に提出された書面等又は電磁的記録を記録した記録媒体に記載され、又は記録されている事項（次の各号に掲げる場合における当該各号に定める事項を除く。）をファイルに記録しなければならない。ただし、当該事項をファイルに記録することにつき困難な事情があるときは、この限りでない。

　一　当該書面等又は当該記録媒体について、これらの提出とともに第九十二条第一項の申立

て（同項第二号に掲げる事由があることを理由とするものに限る。）がされた場合において、当該書面等若しくは当該記録媒体に記載され、若しくは記録された営業秘密がその訴訟の追行の目的以外の目的で使用され、又は当該営業秘密が開示されることにより、当該営業秘密に基づく当事者の事業活動に支障を生ずるおそれがあり、これを防止するため裁判所が特に必要があると認めるとき（当該申立てが却下されたとき又は当該申立てに係る決定を取り消す裁判が確定したときを除く。）　当該書面等又は当該記録媒体に記載され、又は記録された営業秘密

二　当該記録媒体を提出する方法により次条第二項の規定による届出があった場合　当該記録媒体に記録された事項

三　当該書面等又は当該記録媒体について、これらの提出とともに第百三十三条の二第二項の申立てがされた場合において、裁判所が必要があると認めるとき（当該申立てが却下されたとき又は当該申立てに係る決定を取り消す裁判が確定したときを除く。）　当該書面等又は当該記録媒体に記載され、又は記録された同項に規定する秘匿事項記載部分

四　第百三十三条の三第一項の規定による決定があった場合において、裁判所が必要があると認めるとき（当該決定を取り消す裁判が確定したときを除く。）　当該決定に係る書面等及び電磁的記録を記録した記録媒体に記載され、又は記録された事項

**※以下に掲載した第133条・第133条の2・第133条の3は、電子化後の秘匿制度に関するものである。**

（申立人の住所、氏名等の秘匿）

**第百三十三条**　申立て等をする者又はその法定代理人の住所、居所その他その通常所在する場所（以下この項及び次項において「住所等」という。）の全部又は一部が当事者に知られることによって当該申立て等をする者又は当該法定代理人が社会生活を営むのに著しい支障を生ずるおそれがあることにつき疎明があった場合には、裁判所は、申立てにより、決定で、住所等の全部又は一部を秘匿する旨の裁判をすることができる。申立て等をする者又はその法定代理人の氏名その他当該者を特定するに足りる事項（次項において「氏名等」という。）についても、同様とする。

2　前項の申立てをするときは、同項の申立て等をする者又はその法定代理人（以下この章において「秘匿対象者」という。）の住所等又は氏名等（次条第二項において「秘匿事項」という。）その他最高裁判所規則で定める事項を書面その他最高裁判所規則で定める方法により届け出なければならない。

3　第一項の申立てがあったときは、その申立てについての裁判が確定するまで、当該申立てに係る秘匿対象者以外の者は、訴訟記録等（訴訟記録又は第百三十二条の四第一項の処分の申立てに係る事件の記録をいう。以下この章において同じ。）中前項の規定による届出に係る部分（次条において「秘匿事項届出部分」という。）について訴訟記録等の閲覧等（訴訟記録の閲

覧等、非電磁的証拠収集処分記録の閲覧等又は電磁的証拠収集処分記録の閲覧等をいう。以下この章において同じ。）の請求をすることができない。

4　第一項の申立てを却下した裁判に対しては、即時抗告をすることができる。

5　裁判所は、秘匿対象者の住所又は氏名について第一項の決定（以下この章において「秘匿決定」という。）をする場合には、当該秘匿決定において、当該秘匿対象者の住所又は氏名に代わる事項を定めなければならない。この場合において、その事項を当該事件並びにその事件についての反訴、参加、強制執行、仮差押え及び仮処分に関する手続において記載し、又は記録したときは、この法律その他の法令の規定の適用については、当該秘匿対象者の住所又は氏名を記載し、又は記録したものとみなす。

**（秘匿決定があった場合における閲覧等の制限の特則）**

**第百三十三条の二**　秘匿決定があった場合には、秘匿事項届出部分に係る訴訟記録等の閲覧等の請求をすることができる者を当該秘匿決定に係る秘匿対象者に限る。

2　前項の場合において、裁判所は、申立てにより、決定で、訴訟記録等中秘匿事項届出部分以外のものであって秘匿事項又は秘匿事項を推知することができる事項が記載され、又は記録された部分（以下この条において「秘匿事項記載部分」という。）に係る訴訟記録等の閲覧等の請求をすることができる者を当該秘匿決定に係る秘匿対象者に限ることができる。

3　前項の申立てがあったときは、その申立てについての裁判が確定するまで、当該秘匿決定に係る秘匿対象者以外の者は、当該秘匿事項記載部分に係る訴訟記録等の閲覧等の請求をすることができない。

4　第二項の申立てを却下した裁判に対しては、即時抗告をすることができる。

5　裁判所は、第二項の申立てがあった場合において、必要があると認めるときは、電磁的訴訟記録等（電磁的訴訟記録又は第百三十二条の四第一項の処分の申立てに係る事件の記録中ファイル記録事項に係る部分をいう。以下この項及び次項において同じ。）中当該秘匿事項記載部分につき、その内容を書面に出力し、又はこれを他の記録媒体に記録するとともに、当該部分を電磁的訴訟記録等から消去する措置その他の当該秘匿事項記載部分の安全管理のために必要かつ適切なものとして最高裁判所規則で定める措置を講ずることができる。

6　前項の規定による電磁的訴訟記録等から消去する措置が講じられた場合において、その後に第二項の申立てを却下する裁判が確定したとき、又は当該申立てに係る決定を取り消す裁判が確定したときは、裁判所書記官は、当該秘匿事項記載部分をファイルに記録しなければならない。

**（送達をすべき場所等の調査嘱託があった場合における閲覧等の制限の特則）**

**第百三十三条の三**　裁判所は、当事者又はその法定代理人に対して送達をするため、その者の住所、居所その他送達をすべき場所についての調査を嘱託した場合において、当該嘱託に係る調

査結果の報告が記載され、又は記録された書面又は電磁的記録が閲覧されることにより、当事
者又はその法定代理人が社会生活を営むのに著しい支障を生ずるおそれがあることが明らか
であると認めるときは、決定で、当該書面又は電磁的記録及びこれに基づいてされた送達に関
する第百条の書面又は電磁的記録その他これに類する書面又は電磁的記録に係る訴訟記録等
の閲覧等の請求をすることができる者を当該当事者又は当該法定代理人に限ることができる。
当事者又はその法定代理人を特定するため、その者の氏名その他当該者を特定するに足りる
事項についての調査を嘱託した場合についても、同様とする。

2　前条第五項及び第六項の規定は、前項の規定による決定があった場合について準用する。

### （訴えの提起の手数料の納付がない場合の訴状却下）

第百三十七条の二　民事訴訟費用等に関する法律（昭和四十六年法律第四十号）の規定に従い訴
えの提起の手数料を納付しない場合には、裁判所書記官は、相当の期間を定め、その期間内に
当該手数料を納付すべきことを命ずる処分をしなければならない。

2　前項の処分は、相当と認める方法で告知することによって、その効力を生ずる。

3　第一項の処分に対する異議の申立ては、その告知を受けた日から一週間の不変期間内にし
なければならない。

4　前項の異議の申立ては、執行停止の効力を有する。

5　裁判所は、第三項の異議の申立てがあった場合において、第一項の処分において納付を命じ
た額を超える額の訴えの提起の手数料を納付すべきと認めるときは、相当の期間を定め、その
期間内に当該額を納付すべきことを命じなければならない。

6　第一項又は前項の場合において、原告が納付を命じられた手数料を納付しないときは、裁判
長は、命令で、訴状を却下しなければならない。

7　前項の命令に対しては、即時抗告をすることができる。ただし、即時抗告をした者が、その
者において相当と認める訴訟の目的の価額に応じて算出される民事訴訟費用等に関する法律
の規定による訴えの提起の手数料を納付しないときは、この限りでない。

8　前項ただし書の場合には、原裁判所は、その即時抗告を却下しなければならない。

9　前項の規定による決定に対しては、不服を申し立てることができない。

### （口頭弁論に係る電子調書の作成等）

第百六十条　裁判所書記官は、口頭弁論について、期日ごとに、最高裁判所規則で定めるところ
により、電子調書（期日又は期日外における手続の方式、内容及び経過等の記録及び公証をす
るためにこの法律その他の法令の規定により裁判所書記官が作成する電磁的記録をいう。以
下同じ。）を作成しなければならない。

2　裁判所書記官は、前項の規定により電子調書を作成したときは、最高裁判所規則で定めると
ころにより、これをファイルに記録しなければならない。

3　前項の規定によりファイルに記録された電子調書の内容に当事者その他の関係人が異議を述べたときは、最高裁判所規則で定めるところにより、その異議があった旨を明らかにする措置を講じなければならない。

4　口頭弁論の方式に関する規定の遵守は、第二項の規定によりファイルに記録された電子調書によってのみ証明することができる。ただし、当該電子調書が滅失したときは、この限りでない。

　　（弁論準備手続における訴訟行為等）

第百七十条　裁判所は、当事者に準備書面を提出させることができる。

2　裁判所は、弁論準備手続の期日において、証拠の申出に関する裁判その他の口頭弁論の期日外においてすることができる裁判、文書（第二百三十一条に規定する物件を含む。）の証拠調べ、第二百三十一条の二第一項に規定する電磁的記録に記録された情報の内容に係る証拠調べ並びに第百八十六条第二項、第二百五条第三項（第二百七十八条第二項において準用する場合を含む。）、第二百十五条第四項（第二百七十八条第二項において準用する場合を含む。）及び第二百十八条第三項の提示をすることができる。

3　裁判所は、相当と認めるときは、当事者の意見を聴いて、最高裁判所規則で定めるところにより、裁判所及び当事者双方が音声の送受信により同時に通話をすることができる方法によって、弁論準備手続の期日における手続を行うことができる。

4　前項の期日に出頭しないで同項の手続に関与した当事者は、その期日に出頭したものとみなす。

5　第百四十八条から第百五十一条まで、第百五十二条第一項、第百五十三条から第百五十九条まで、第百六十二条、第百六十五条及び第百六十六条の規定は、弁論準備手続について準用する。

　　（裁判所外における証拠調べ）

第百八十五条　裁判所は、相当と認めるときは、裁判所外において証拠調べをすることができる。この場合においては、合議体の構成員に命じ、又は地方裁判所若しくは簡易裁判所に嘱託して証拠調べをさせることができる。

2　前項に規定する嘱託により職務を行う受託裁判官は、他の地方裁判所又は簡易裁判所において証拠調べをすることを相当と認めるときは、更に証拠調べの嘱託をすることができる。

3　裁判所（第一項の規定により職務を行う受命裁判官及び前二項に規定する嘱託により職務を行う受託裁判官を含む。）は、相当と認めるときは、当事者の意見を聴いて、最高裁判所規則で定めるところにより、映像と音声の送受信により相手の状態を相互に認識しながら通話をすることができる方法によって、第一項の規定による証拠調べの手続を行うことができる。

（参考人等の審尋）

第百八十七条　裁判所は、決定で完結すべき事件について、参考人又は当事者本人を審尋することができる。ただし、参考人については、当事者が申し出た者に限る。

2　前項の規定による審尋は、相手方がある事件については、当事者双方が立ち会うことができる審尋の期日においてしなければならない。

3　裁判所は、相当と認めるときは、最高裁判所規則で定めるところにより、映像と音声の送受信により相手の状態を相互に認識しながら通話をすることができる方法によって、参考人を審尋することができる。この場合において、当事者双方に異議がないときは、裁判所及び当事者双方と参考人とが音声の送受信により同時に通話をすることができる方法によって、参考人を審尋することができる。

4　前項の規定は、当事者本人を審尋する場合について準用する。


（映像等の送受信による通話の方法による尋問）

第二百四条　裁判所は、次に掲げる場合であって、相当と認めるときは、最高裁判所規則で定めるところにより、映像と音声の送受信により相手の状態を相互に認識しながら通話をすることができる方法によって、証人の尋問をすることができる。

一　証人の住所、年齢又は心身の状態その他の事情により、証人が受訴裁判所に出頭することが困難であると認める場合

二　事案の性質、証人の年齢又は心身の状態、証人と当事者本人又はその法定代理人との関係その他の事情により、証人が裁判長及び当事者が証人を尋問するために在席する場所において陳述するときは圧迫を受け精神の平穏を著しく害されるおそれがあると認める場合

三　当事者に異議がない場合


（尋問に代わる書面の提出）

第二百五条　裁判所は、当事者に異議がない場合であって、相当と認めるときは、証人の尋問に代え、書面の提出をさせることができる。

2　証人は、前項の規定による書面の提出に代えて、最高裁判所規則で定めるところにより、当該書面に記載すべき事項を最高裁判所規則で定める電子情報処理組織を使用してファイルに記録し、又は当該書面に記載すべき事項に係る電磁的記録を記録した記録媒体を提出することができる。この場合において、当該証人は、同項の書面を提出したものとみなす。

3　裁判所は、当事者に対し、第一項の書面に記載された事項又は前項の規定によりファイルに記録された事項若しくは同項の記録媒体に記録された事項の提示をしなければならない。


（鑑定人の陳述の方式等）

第二百十五条　裁判長は、鑑定人に、書面又は口頭で、意見を述べさせることができる。

2　前項の鑑定人は、同項の規定により書面で意見を述べることに代えて、最高裁判所規則で定めるところにより、当該書面に記載すべき事項を最高裁判所規則で定める電子情報処理組織を使用してファイルに記録する方法又は当該書面に記載すべき事項に係る電磁的記録を記録した記録媒体を提出する方法により意見を述べることができる。この場合において、鑑定人は、同項の規定により書面で意見を述べたものとみなす。

3　裁判所は、鑑定人に意見を述べさせた場合において、当該意見の内容を明瞭にし、又はその根拠を確認するため必要があると認めるときは、申立てにより又は職権で、鑑定人に更に意見を述べさせることができる。

4　裁判所は、当事者に対し、第一項の書面に記載された事項又は第二項の規定によりファイルに記録された事項若しくは同項の記録媒体に記録された事項の提示をしなければならない。

**（電磁的記録に記録された情報の内容に係る証拠調べの申出）**

第二百三十一条の二　電磁的記録に記録された情報の内容に係る証拠調べの申出は、当該電磁的記録を提出し、又は当該電磁的記録を利用する権限を有する者にその提出を命ずることを申し立ててしなければならない。

2　前項の規定による電磁的記録の提出は、最高裁判所規則で定めるところにより、電磁的記録を記録した記録媒体を提出する方法又は最高裁判所規則で定める電子情報処理組織を使用する方法により行う。

**（書証の規定の準用等）**

第二百三十一条の三　第二百二十条から第二百二十八条まで（同条第四項を除く。）及び第二百三十条の規定は、前条第一項の証拠調べについて準用する。この場合において、第二百二十条、第二百二十一条第一項第三号、第二百二十二条、第二百二十三条第一項及び第四項から第六項まで並びに第二百二十六条中「文書の所持者」とあるのは「電磁的記録を利用する権限を有する者」と、第二百二十条第一号中「文書を自ら所持する」とあるのは「電磁的記録を利用する権限を自ら有する」と、同条第二号中「引渡し」とあるのは「提供」と、同条第四号ニ中「所持する文書」とあるのは「利用する権限を有する電磁的記録」と、同号ホ中「書類」とあるのは「電磁的記録」と、「文書」とあるのは「記録媒体に記録された電磁的記録」と、第二百二十一条（見出しを含む。）、第二百二十二条、第二百二十三条の見出し、同条第一項、第三項、第六項及び第七項、第二百二十四条の見出し及び同条第一項並びに第二百二十五条の見出し及び同条第一項中「文書提出命令」とあるのは「電磁的記録提出命令」と、第二百二十四条第一項及び第三項中「文書の記載」とあるのは「電磁的記録に記録された情報の内容」と、第二百二十六条中「第二百十九条」とあるのは「第二百三十一条の二第一項」と、同条ただし書中「文書の正本又は謄本の交付」とあるのは「電磁的記録に記録された情報の内容の全部を証明した書面の交付又は当該情報の内容の全部を証明した電磁的記録の提供」と、第二百二十七条

中「文書」とあるのは「電磁的記録を記録した記録媒体」と、第二百二十八条第二項中「公文書」とあるのは「もの」と、同条第三項中「公文書」とあるのは「公務所又は公務員が作成すべき電磁的記録」と読み替えるものとする。

2　前項において準用する第二百二十三条第一項の命令に係る電磁的記録の提出及び前項において準用する第二百二十六条の嘱託に係る電磁的記録の送付は、最高裁判所規則で定めるところにより、当該電磁的記録を記録した記録媒体を提出し、若しくは送付し、又は最高裁判所規則で定める電子情報処理組織を使用する方法により行う。

（電子判決書）

第二百五十二条　裁判所は、判決の言渡しをするときは、最高裁判所規則で定めるところにより、次に掲げる事項を記録した電磁的記録（以下「電子判決書」という。）を作成しなければならない。

一　主文

二　事実

三　理由

四　口頭弁論の終結の日

五　当事者及び法定代理人

六　裁判所

2　前項の規定による事実の記録においては、請求を明らかにし、かつ、主文が正当であることを示すのに必要な主張を摘示しなければならない。

（電子判決書等の送達）

第二百五十五条　電子判決書（第二百五十三条第二項の規定によりファイルに記録されたものに限る。次項、第二百八十五条、第三百五十五条第二項、第三百五十七条、第三百七十八条第一項及び第三百八十一条の七第一項において同じ。）又は前条第二項の規定により当事者及び法定代理人、主文、請求並びに理由の要旨が記録された電子調書（第百六十条第二項の規定によりファイルに記録されたものに限る。次項、第二百六十一条第五項、第二百八十五条、第三百五十七条及び第三百七十八条第一項において同じ。）は、当事者に送達しなければならない。

2　前項に規定する送達は、次に掲げる方法のいずれかによってする。

一　電子判決書又は電子調書に記録されている事項を記載した書面であって裁判所書記官が最高裁判所規則で定める方法により当該書面の内容が当該電子判決書又は当該電子調書に記録されている事項と同一であることを証明したものの送達

二　第百九条の二の規定による送達

（和解条項案の書面による受諾）

**第二百六十四条**　当事者の一方が出頭することが困難であると認められる場合において、その当事者があらかじめ裁判所又は受命裁判官若しくは受託裁判官から提示された和解条項案を受諾する旨の書面を提出し、他の当事者が口頭弁論等の期日に出頭してその和解条項案を受諾したときは、当事者間に和解が調ったものとみなす。

2　当事者双方が出頭することが困難であると認められる場合において、当事者双方があらかじめ裁判所又は受命裁判官若しくは受託裁判官から和解が成立すべき日時を定めて提示された和解条項案を受諾する旨の書面を提出し、その日時が経過したときは、その日時に、当事者間に和解が調ったものとみなす。

　（和解等に係る電子調書の効力）
**第二百六十七条**　裁判所書記官が、和解又は請求の放棄若しくは認諾について電子調書を作成し、これをファイルに記録したときは、その記録は、確定判決と同一の効力を有する。

2　前項の規定によりファイルに記録された電子調書は、当事者に送達しなければならない。この場合においては、第二百五十五条第二項の規定を準用する。

○　民事訴訟法等の一部を改正する法律（令和４年法律第４８号）による改正後の
　民事調停法（昭和２６年法律第２２２号）（抄）

（非訟事件手続法の準用）

第二十二条　特別の定めがある場合を除いて、調停に関しては、その性質に反しない限り、非訟
　事件手続法第二編の規定を準用する。ただし、同法第四十条、第四十二条の二及び第五十二条
　の規定は、この限りでない。

## ○　民事訴訟法等の一部を改正する法律（令和４年法律第４８号）による改正後の民事執行法（昭和５４年法律第４号）（抄）

（期日の呼出しの特例）

**第十五条の二**　民事執行の手続における期日の呼出しは、呼出状の送達、当該事件について出頭した者に対する期日の告知その他相当と認める方法によつてする。

2　呼出状の送達及び当該事件について出頭した者に対する期日の告知以外の方法による期日の呼出しをしたときは、期日に出頭しない者に対し、法律上の制裁その他期日の不遵守による不利益を帰することができない。ただし、その者が期日の呼出しを受けた旨を記載した書面を提出したときは、この限りでない。

（電子情報処理組織による申立て等）

**第十九条の二**　民事執行の手続における申立てその他の申述（以下この条において「申立て等」という。）のうち、当該申立て等に関するこの法律その他の法令の規定により書面等（書面、書類、文書、謄本、抄本、正本、副本、複本その他文字、図形等人の知覚によつて認識することができる情報が記載された紙その他の有体物をいう。次項及び第四項において同じ。）をもつてするものとされているものであつて、最高裁判所の定める裁判所に対してするもの（当該裁判所の裁判長、受命裁判官、受託裁判官又は裁判所書記官に対してするものを含む。）については、当該法令の規定にかかわらず、最高裁判所規則で定めるところにより、電子情報処理組織（裁判所の使用に係る電子計算機（入出力装置を含む。以下同じ。）と申立て等をする者の使用に係る電子計算機とを電気通信回線で接続した電子情報処理組織をいう。）を用いてすることができる。

2　前項の規定によりされた申立て等については、当該申立て等を書面等をもつてするものとして規定した申立て等に関する法令の規定に規定する書面等をもつてされたものとみなして、当該申立て等に関する法令の規定を適用する。

3　第一項の規定によりされた申立て等は、同項の裁判所の使用に係る電子計算機に備えられたファイルへの記録がされた時に、当該裁判所に到達したものとみなす。

4　第一項の場合において、当該申立て等に関する他の法令の規定により署名等（署名、記名、押印その他氏名又は名称を書面等に記載することをいう。以下この項において同じ。）をすることとされているものについては、当該申立て等をする者は、当該法令の規定にかかわらず、当該署名等に代えて、最高裁判所規則で定めるところにより、氏名又は名称を明らかにする措置を講じなければならない。

5　第一項の規定によりされた申立て等が第三項に規定するファイルに記録されたときは、第一項の裁判所は、当該ファイルに記録された情報の内容を書面に出力しなければならない。

6　第一項の規定によりされた申立て等に係るこの法律その他の法令の規定による事件の記録

の閲覧若しくは謄写又はその正本、謄本若しくは抄本の交付は、前項の書面をもつてするものとする。当該申立て等に係る書類の送達又は送付も、同様とする。

（強制執行の実施）

第二十五条　強制執行は、執行文の付された債務名義の正本（債務名義に係る電磁的記録（電子的方式、磁気的方式その他人の知覚によつては認識することができない方式で作られる記録であつて、電子計算機による情報処理の用に供されるものをいう。以下同じ。）が裁判所の使用に係る電子計算機に備えられたファイル（以下この条において単に「ファイル」という。）に記録されたものである場合にあつては、記録事項証明書（ファイルに記録されている事項を記載した書面であつて裁判所書記官が当該書面の内容が当該ファイルに記録されている事項と同一であることを証明したものをいう。以下同じ。）。以下同じ。）に基づいて実施する。ただし、少額訴訟における確定判決又は仮執行の宣言を付した少額訴訟の判決若しくは支払督促により、これに表示された当事者に対し、又はその者のためにする強制執行は、その債務名義の正本に基づいて実施する。

（債務名義等の送達）

第二十九条　強制執行は、債務名義若しくは確定により債務名義となるべき裁判の正本若しくは謄本又はその債務名義若しくは裁判に係る電磁的記録が、あらかじめ、又は同時に、債務者に送達されたときに限り、開始することができる。第二十七条の規定により執行文が付与された場合においては、執行文及び同条の規定により債権者が提出した文書の謄本も、あらかじめ、又は同時に、送達されなければならない。

（強制執行の停止）

第三十九条　強制執行は、次に掲げる文書の提出があつたときは、停止しなければならない。

一　債務名義（執行証書を除く。）若しくは仮執行の宣言を取り消す旨又は強制執行を許さない旨を記載した執行力のある裁判の正本又は記録事項証明書

二　債務名義に係る和解、認諾、調停又は労働審判の効力がないことを宣言する確定判決の正本又は記録事項証明書

三　第二十二条第二号から第四号の二までに掲げる債務名義が訴えの取下げその他の事由により効力を失つたことを証する調書の正本その他の裁判所書記官の作成した文書

四　強制執行をしない旨又はその申立てを取り下げる旨を記載した裁判上の和解の調書の正本又は電子調書（民事訴訟法第百六十条第一項に規定する電子調書をいう。第百六十七条の二第一項第四号において同じ。）の記録事項証明書

四の二　強制執行をしない旨又はその申立てを取り下げる旨を記載した調停の調書又は労働審判法（平成十六年法律第四十五号）第二十一条第四項の規定により裁判上の和解と同一の

効力を有する労働審判の審判書若しくは同法第二十条第七項の調書の正本

五　強制執行を免れるための担保を立てたことを証する文書

六　強制執行の停止及び執行処分の取消しを命ずる旨を記載した裁判の正本又は記録事項証明書

七　強制執行の一時の停止を命ずる旨を記載した裁判の正本又は記録事項証明書

八　債権者が、債務名義の成立後に、弁済を受け、又は弁済の猶予を承諾した旨を記載した文書

2　前項第八号に掲げる文書のうち弁済を受けた旨を記載した文書の提出による強制執行の停止は、四週間に限るものとする。

3　第一項第八号に掲げる文書のうち弁済の猶予を承諾した旨を記載した文書の提出による強制執行の停止は、二回に限り、かつ、通じて六月を超えることができない。


**（配当表の作成）**

**第八十五条**　執行裁判所は、配当期日において、第八十七条第一項各号に掲げる各債権者について、その債権の元本及び利息その他の附帯の債権の額、執行費用の額並びに配当の順位及び額を定める。ただし、配当の順位及び額については、配当期日においてすべての債権者間に合意が成立した場合は、この限りでない。

2　執行裁判所は、前項本文の規定により配当の順位及び額を定める場合には、民法、商法その他の法律の定めるところによらなければならない。

3　配当期日には、第一項に規定する債権者及び債務者を呼び出さなければならない。

4　執行裁判所は、配当期日において、第一項本文に規定する事項を定めるため必要があると認めるときは、出頭した債権者及び債務者を審尋し、かつ、即時に取り調べることができる書証又は電磁的記録に記録された情報の内容の取調べをすることができる。

5　第一項の規定により同項本文に規定する事項（同項ただし書に規定する場合には、配当の順位及び額を除く。）が定められたときは、裁判所書記官は、配当期日において、配当表を作成しなければならない。

6　配当表には、売却代金の額及び第一項本文に規定する事項についての執行裁判所の定めの内容（同項ただし書に規定する場合にあつては、配当の順位及び額については、その合意の内容）を記載しなければならない。

7　第十六条第三項及び第四項の規定は、第一項に規定する債権者（同条第一項前段に規定する者を除く。）に対する呼出状の送達について準用する。

## ○　民事訴訟法等の一部を改正する法律（令和４年法律第４８号）による改正後の民事保全法（平成元年法律第９１号）（抄）

（電子情報処理組織による申立て等）

**第六条の三**　民事保全の手続における申立てその他の申述（以下この条において「申立て等」という。）のうち、当該申立て等に関するこの法律その他の法令の規定により書面等（書面、書類、文書、謄本、抄本、正本、副本、複本その他文字、図形等人の知覚によって認識することができる情報が記載された紙その他の有体物をいう。次項及び第四項において同じ。）をもってするものとされているものであって、最高裁判所の定める裁判所に対してするもの（当該裁判所の裁判長、受命裁判官、受託裁判官又は裁判所書記官に対してするものを含む。）については、当該法令の規定にかかわらず、最高裁判所規則で定めるところにより、電子情報処理組織（裁判所の使用に係る電子計算機（入出力装置を含む。以下この項及び第三項において同じ。）と申立て等をする者の使用に係る電子計算機とを電気通信回線で接続した電子情報処理組織をいう。）を用いてすることができる。

2　前項の規定によりされた申立て等については、当該申立て等を書面等をもってするものとして規定した申立て等に関する法令の規定に規定する書面等をもってされたものとみなして、当該申立て等に関する法令の規定を適用する。

3　第一項の規定によりされた申立て等は、同項の裁判所の使用に係る電子計算機に備えられたファイルへの記録がされた時に、当該裁判所に到達したものとみなす。

4　第一項の場合において、当該申立て等に関する他の法令の規定により署名等（署名、記名、押印その他氏名又は名称を書面等に記載することをいう。以下この項において同じ。）をすることとされているものについては、当該申立て等をする者は、当該法令の規定にかかわらず、当該署名等に代えて、最高裁判所規則で定めるところにより、氏名又は名称を明らかにする措置を講じなければならない。

5　第一項の規定によりされた申立て等が第三項に規定するファイルに記録されたときは、第一項の裁判所は、当該ファイルに記録された情報の内容を書面に出力しなければならない。

6　第一項の規定によりされた申立て等に係るこの法律その他の法令の規定による事件の記録の閲覧若しくは謄写又はその正本、謄本若しくは抄本の交付は、前項の書面をもってするものとする。当該申立て等に係る書類の送達又は送付も、同様とする。

（民事執行法の準用）

**第四十六条**　この章に特別の定めがある場合を除き、民事執行法第五条から第十四条まで、第十六条（第五項を除く。）、第十八条、第十九条の三、第二十一条の二、第二十三条第一項、第二十六条、第二十七条第二項、第二十八条、第三十条第二項、第三十二条から第三十四条まで、第三十六条から第三十八条まで、第三十九条第一項第一号から第四号の二まで、第六号及び第

七号、第四十条並びに第四十一条の規定は、保全執行について準用する。

## ○　民事訴訟法等の一部を改正する法律（令和4年法律第48号）による改正後の人事訴訟法（平成15年法律第109号）（抄）

（電子情報処理組織による申立て等）

**第十六条の四**　人事訴訟に関する手続における申立てその他の申述（以下この条において「申立て等」という。）のうち、当該申立て等に関するこの法律その他の法令の規定により書面等（書面、書類、文書、謄本、抄本、正本、副本、複本その他文字、図形等人の知覚によって認識することができる情報が記載された紙その他の有体物をいう。次項及び第四項において同じ。）をもってするものとされているものであって、最高裁判所の定める裁判所に対してするもの（当該裁判所の裁判長、受命裁判官、受託裁判官又は裁判所書記官に対してするものを含む。）については、当該法令の規定にかかわらず、最高裁判所規則で定めるところにより、電子情報処理組織（裁判所の使用に係る電子計算機（入出力装置を含む。以下この項及び第三項において同じ。）と申立て等をする者の使用に係る電子計算機とを電気通信回線で接続した電子情報処理組織をいう。）を用いてすることができる。

2　前項の規定によりされた申立て等については、当該申立て等を書面等をもってするものとして規定した申立て等に関する法令の規定に規定する書面等をもってされたものとみなして、当該申立て等に関する法令の規定を適用する。

3　第一項の規定によりされた申立て等は、同項の裁判所の使用に係る電子計算機に備えられたファイルへの記録がされた時に、当該裁判所に到達したものとみなす。

4　第一項の場合において、当該申立て等に関する他の法令の規定により署名等（署名、記名、押印その他氏名又は名称を書面等に記載することをいう。以下この項において同じ。）をすることとされているものについては、当該申立て等をする者は、当該法令の規定にかかわらず、当該署名等に代えて、最高裁判所規則で定めるところにより、氏名又は名称を明らかにする措置を講じなければならない。

5　第一項の規定によりされた申立て等が第三項に規定するファイルに記録されたときは、第一項の裁判所は、当該ファイルに記録された情報の内容を書面に出力しなければならない。

6　第一項の規定によりされた申立て等に係る民事訴訟法第九十一条第一項又は第三項の規定による事件の記録の閲覧若しくは謄写又はその正本、謄本若しくは抄本の交付は、前項の書面をもってするものとする。当該申立て等に係る書類の送達又は送付も、同様とする。

（民事訴訟法の適用関係）

**第二十九条**　人事に関する訴えについては、民事訴訟法第三条の二から第三条の十まで、第百四十五条第三項及び第百四十六条第三項の規定は、適用しない。

2　人事訴訟に関する手続においては、民事訴訟法第七十一条第二項、第九十一条の二、第九十二条第九項及び第十項、第九十二条の二第二項、第九十四条、第百条第二項、第一編第五章第

四節第三款、第百十一条、第百三十二条の六第三項、第一編第七章、第百三十三条の二第五項
及び第六項、第百三十三条の三第二項、第百五十一条第三項、第百六十条第二項、第百六十一
条第三項第三号、第百八十五条第三項、第百八十七条第三項及び第四項、第二百五条第二項、
第二百十五条第二項、第二百二十七条第二項、第二百三十二条の二、第二百五十三条第二項並
びに第七編の規定は、適用しない。

3　人事訴訟に関する手続についての民事訴訟法の規定の適用については、別表の上欄に掲げ
る同法の規定中同表の中欄に掲げる字句は、それぞれ同表の下欄に掲げる字句とする。

### （事実調査部分の閲覧等）

第三十五条　訴訟記録中事実の調査に係る部分（以下この条において「事実調査部分」という。）
についての民事訴訟法第九十一条第一項、第三項又は第四項の規定による閲覧若しくは謄写、
その正本、謄本若しくは抄本の交付又はその複製（以下この条において「閲覧等」という。）
の請求は、裁判所が次項又は第三項の規定により許可したときに限り、することができる。

2　裁判所は、当事者から事実調査部分の閲覧等の許可の申立てがあった場合においては、その
閲覧等を許可しなければならない。ただし、当該事実調査部分中閲覧等を行うことにより次に
掲げるおそれがあると認められる部分については、相当と認めるときに限り、その閲覧等を許
可することができる。

一　当事者間に成年に達しない子がある場合におけるその子の利益を害するおそれ

二　当事者又は第三者の私生活又は業務の平穏を害するおそれ

三　当事者又は第三者の私生活についての重大な秘密が明らかにされることにより、その者
が社会生活を営むのに著しい支障を生じ、又はその者の名誉を著しく害するおそれ

3　裁判所は、利害関係を疎明した第三者から事実調査部分の閲覧等の許可の申立てがあった
場合においては、相当と認めるときは、その閲覧等を許可することができる。

4　第二項の申立てを却下した裁判に対しては、即時抗告をすることができる。

5　前項の規定による即時抗告が人事訴訟に関する手続を不当に遅延させることを目的として
されたものであると認められるときは、原裁判所は、その即時抗告を却下しなければならない。

6　前項の規定による決定に対しては、即時抗告をすることができる。

7　第三項の申立てを却下した裁判に対しては、不服を申し立てることができない。

8　事実調査部分については、民事訴訟法第百三十三条の二及び第百三十三条の三の規定は、適
用しない。

別表（第二十九条関係）（略）

## ○　民事訴訟法等の一部を改正する法律（令和４年法律第４８号）による改正後の労働審判法（平成１６年法律第４５号）（抄）

（労働審判）

第二十条　労働審判委員会は、審理の結果認められる当事者間の権利関係及び労働審判手続の経過を踏まえて、労働審判を行う。

2　労働審判においては、当事者間の権利関係を確認し、金銭の支払、物の引渡しその他の財産上の給付を命じ、その他個別労働関係民事紛争の解決をするために相当と認める事項を定めることができる。

3　労働審判は、主文及び理由の要旨を記載した審判書を作成して行わなければならない。

4　前項の審判書は、当事者に送達しなければならない。この場合においては、労働審判の効力は、当事者に送達された時に生ずる。

5　前項の規定による審判書の送達については、民事訴訟法第一編第五章第四節（第百条第二項、第百四条、第三款及び第四款を除く。）の規定を準用する。

6　労働審判委員会は、相当と認めるときは、第三項の規定にかかわらず、審判書の作成に代えて、すべての当事者が出頭する労働審判手続の期日において労働審判の主文及び理由の要旨を口頭で告知する方法により、労働審判を行うことができる。この場合においては、労働審判の効力は、告知された時に生ずる。

7　裁判所は、前項前段の規定により労働審判が行われたときは、裁判所書記官に、その主文及び理由の要旨を、調書に記載させなければならない。

（事件の記録の閲覧等）

第二十六条　当事者及び利害関係を疎明した第三者は、裁判所書記官に対し、労働審判事件の記録の閲覧若しくは謄写、その正本、謄本若しくは抄本の交付又は労働審判事件に関する事項の証明書の交付を請求することができる。

2　民事訴訟法第九十一条第四項及び第五項並びに第九十二条（第九項及び第十項を除く。）の規定は、前項の記録について準用する。

**※以下に掲載した第２８条の２は、電子化後の秘匿制度に関するものである。**

（当事者に対する住所、氏名等の秘匿）

第二十八条の二　労働審判手続における申立てその他の申述については、民事訴訟法第一編第八章（第百三十三条の二第五項及び第六項並びに第百三十三条の三第二項を除く。）の規定を準用する。この場合において、同法第百三十三条第一項中「当事者」とあるのは「当事者又は参加人（労働審判法第二十九条第二項において準用する民事調停法（昭和二十六年法律第二百二十二号）第十一条の規定により労働審判手続に参加した者をいう。第百三十三条の四

第一項、第二項及び第七項において同じ。)」と、同条第三項中「訴訟記録等（訴訟記録又は第百三十二条の四第一項の処分の申立てに係る事件の記録をいう。以下この章において同じ。)」とあるのは「労働審判事件の記録」と、「について訴訟記録等の閲覧等（訴訟記録の閲覧等、非電磁的証拠収集処分記録の閲覧等又は電磁的証拠収集処分記録の閲覧等をいう。以下この章において同じ。)」とあるのは「の閲覧若しくは謄写又はその謄本若しくは抄本の交付」と、同法第百三十三条の二第一項中「に係る訴訟記録等の閲覧等」とあるのは「の閲覧若しくは謄写又はその謄本若しくは抄本の交付」と、同条第二項中「訴訟記録等中」とあるのは「労働審判事件の記録中」と、同項及び同条第三項中「に係る訴訟記録等の閲覧等」とあるのは「の閲覧若しくは謄写、その正本、謄本若しくは抄本の交付又はその複製」と、同法第百三十三条の三第一項中「記載され、又は記録された書面又は電磁的記録」とあるのは「記載された書面」と、「当該書面又は電磁的記録」とあるのは「当該書面」と、「又は電磁的記録その他これに類する書面又は電磁的記録に係る訴訟記録等の閲覧等」とあるのは「その他これに類する書面の閲覧若しくは謄写又はその謄本若しくは抄本の交付」と、同法第百三十三条の四第一項中「者は、訴訟記録等」とあるのは「当事者若しくは参加人又は利害関係を疎明した第三者は、労働審判事件の記録」と、同条第二項中「当事者」とあるのは「当事者又は参加人」と、「訴訟記録等の存する」とあるのは「労働審判事件の記録の存する」と、「訴訟記録等の閲覧等」とあるのは「閲覧若しくは謄写、その正本、謄本若しくは抄本の交付又はその複製」と、同条第七項中「当事者」とあるのは「当事者若しくは参加人」と読み替えるものとする。

**（非訟事件手続法及び民事調停法の準用）**

**第二十九条** 特別の定めがある場合を除いて、労働審判事件に関しては、非訟事件手続法第二編の規定（同法第十二条（同法第十四条及び第十五条において準用する場合を含む。）、第二十七条、第四十条、第四十二条の二、第五十二条、第五十三条及び第六十五条の規定を除く。）を準用する。この場合において、同法第四十三条第四項中「第二項」とあるのは、「労働審判法第五条第三項」と読み替えるものとする。

2 民事調停法（昭和二十六年法律第二百二十二号）第十一条、第十二条、第十六条及び第三十六条の規定は、労働審判事件について準用する。この場合において、同法第十一条中「調停の」とあるのは「労働審判手続の」と、「調停委員会」とあるのは「労働審判委員会」と、「調停手続」とあるのは「労働審判手続」と、同法第十二条第一項中「調停委員会」とあるのは「労働審判委員会」と、「調停の」とあるのは「調停又は労働審判の」と、「調停前の措置」とあるのは「調停又は労働審判前の措置」と、同法第三十六条第一項中「前二条」とあるのは「労働審判法（平成十六年法律第四十五号）第三十一条及び第三十二条」と読み替えるものとする。

○　民事訴訟法等の一部を改正する法律（令和４年法律第４８号）による改正後
　の破産法（平成１６年法律第７５号）（抄）

（電子情報処理組織による申立て等）

**第八条の四**　破産手続等における申立てその他の申述（以下この条において「申立て等」という。）
　のうち、当該申立て等に関するこの法律その他の法令の規定により書面等（書面、書類、文書、
　謄本、抄本、正本、副本、複本その他文字、図形等人の知覚によって認識することができる情
　報が記載された紙その他の有体物をいう。次項及び第四項において同じ。）をもってするもの
　とされているものであって、最高裁判所の定める裁判所に対してするもの（当該裁判所の裁判
　長、受命裁判官、受託裁判官又は裁判所書記官に対してするものを含む。）については、当該
　法令の規定にかかわらず、最高裁判所規則で定めるところにより、電子情報処理組織（裁判所
　の使用に係る電子計算機（入出力装置を含む。以下この項及び第三項において同じ。）と申立
　て等をする者の使用に係る電子計算機とを電気通信回線で接続した電子情報処理組織をいう。）
　を用いてすることができる。

２　前項の規定によりされた申立て等については、当該申立て等を書面等をもってするものと
　して規定した申立て等に関する法令の規定に規定する書面等をもってされたものとみなして、
　当該申立て等に関する法令の規定を適用する。

３　第一項の規定によりされた申立て等は、同項の裁判所の使用に係る電子計算機に備えられ
　たファイルへの記録がされた時に、当該裁判所に到達したものとみなす。

４　第一項の場合において、当該申立て等に関する他の法令の規定により署名等（署名、記名、
　押印その他氏名又は名称を書面等に記載することをいう。以下この項において同じ。）をする
　こととされているものについては、当該申立て等をする者は、当該法令の規定にかかわらず、
　当該署名等に代えて、最高裁判所規則で定めるところにより、氏名又は名称を明らかにする措
　置を講じなければならない。

５　第一項の規定によりされた申立て等が第三項に規定するファイルに記録されたときは、第
　一項の裁判所は、当該ファイルに記録された情報の内容を書面に出力しなければならない。

６　第一項の規定によりされた申立て等に係るこの法律その他の法令の規定による事件に関す
　る文書等の閲覧若しくは謄写又はその正本、謄本若しくは抄本の交付は、前項の書面をもって
　するものとする。当該申立て等に係る書類の送達又は送付も、同様とする。

○ 民事訴訟法等の一部を改正する法律（令和４年法律第４８号）による改正後
の非訟事件手続法（平成２３年法律第５１号）（抄）

第四十二条　非訟事件の手続における申立てその他の申述（以下この条及び次条において「申立
て等」という。）のうち、当該申立て等に関するこの法律その他の法令の規定により書面等（書
面、書類、文書、謄本、抄本、正本、副本、複本その他文字、図形等人の知覚によって認識す
ることができる情報が記載された紙その他の有体物をいう。次項及び第四項において同じ。）
をもってするものとされているものであって、最高裁判所の定める裁判所に対してするもの
（当該裁判所の裁判長、受命裁判官、受託裁判官又は裁判所書記官に対してするものを含む。）
については、当該法令の規定にかかわらず、最高裁判所規則で定めるところにより、電子情報
処理組織（裁判所の使用に係る電子計算機（入出力装置を含む。以下この項及び第三項におい
て同じ。）と申立て等をする者の使用に係る電子計算機とを電気通信回線で接続した電子情報
処理組織をいう。）を用いてすることができる。

2　前項の規定によりされた申立て等については、当該申立て等を書面等をもってするものと
して規定した申立て等に関する法令の規定に規定する書面等をもってされたものとみなして、
当該申立て等に関する法令の規定を適用する。

3　第一項の規定によりされた申立て等は、同項の裁判所の使用に係る電子計算機に備えられ
たファイルへの記録がされた時に、当該裁判所に到達したものとみなす。

4　第一項の場合において、当該申立て等に関する他の法令の規定により署名等（署名、記名、
押印その他氏名又は名称を書面等に記載することをいう。以下この項において同じ。）をする
こととされているものについては、当該申立て等をする者は、当該法令の規定にかかわらず、
当該署名等に代えて、最高裁判所規則で定めるところにより、氏名又は名称を明らかにする措
置を講じなければならない。

5　第一項の規定によりされた申立て等が第三項に規定するファイルに記録されたときは、第
一項の裁判所は、当該ファイルに記録された情報の内容を書面に出力しなければならない。

6　第一項の規定によりされた申立て等に係るこの法律その他の法令の規定による非訟事件の
記録の閲覧若しくは謄写又はその正本、謄本若しくは抄本の交付は、前項の書面をもってする
ものとする。当該申立て等に係る書類の送達又は送付も、同様とする。

第四十二条の二　非訟事件の手続における申立て等については、民事訴訟法第百三十三条、第百
三十三条の二第一項並びに第百三十三条の四第一項から第三項まで、第四項（第一号に係る部
分に限る。）及び第五項から第七項までの規定を準用する。この場合において、同法第百三十
三条第一項中「当事者」とあるのは「当事者若しくは利害関係参加人（非訟事件手続法第二十
一条第五項に規定する利害関係参加人をいう。第百三十三条の四第一項、第二項及び第七項に
おいて同じ。）又はこれらの者以外の裁判を受ける者となるべき者（同法第十一条第一項第一

号に規定する裁判を受ける者となるべき者をいう。）」と、同条第三項中「訴訟記録等（訴訟記録又は第百三十二条の四第一項の処分の申立てに係る事件の記録をいう。以下この章において同じ。）」とあるのは「非訟事件の記録」と、「について訴訟記録等の閲覧等（訴訟記録の閲覧等、非電磁的証拠収集処分記録の閲覧等又は電磁的証拠収集処分記録の閲覧等をいう。以下この章において同じ。）」とあるのは「の閲覧若しくは謄写又はその謄本若しくは抄本の交付」と、同法第百三十三条の二第一項中「に係る訴訟記録等の閲覧等」とあるのは「の閲覧若しくは謄写又はその謄本若しくは抄本の交付」と、同法第百三十三条の四第一項中「者は、訴訟記録等」とあるのは「当事者又は利害関係参加人は、非訟事件の記録」と、同条第二項中「当事者」とあるのは「当事者又は利害関係参加人」と、「訴訟記録等の存する」とあるのは「非訟事件の記録の存する」と、「訴訟記録等の閲覧等」とあるのは「閲覧若しくは謄写、その正本、謄本若しくは抄本の交付又はその複製」と、同条第七項中「当事者」とあるのは「当事者若しくは利害関係参加人」と読み替えるものとする。

○ 民事訴訟法等の一部を改正する法律（令和４年法律第４８号）による改正後の
家事事件手続法（平成２３年法律第５２号）（抄）

第三十八条 家事事件の手続における申立てその他の申述（以下この条及び次条において「申立
て等」という。）のうち、当該申立て等に関するこの法律その他の法令の規定により書面等（書
面、書類、文書、謄本、抄本、正本、副本、複本その他文字、図形等人の知覚によって認識す
ることができる情報が記載された紙その他の有体物をいう。次項及び第四項において同じ。）
をもってするものとされているものであって、最高裁判所の定める裁判所に対してするもの
（当該裁判所の裁判長、受命裁判官、受託裁判官又は裁判所書記官に対してするものを含む。）
については、当該法令の規定にかかわらず、最高裁判所規則で定めるところにより、電子情報
処理組織（裁判所の使用に係る電子計算機（入出力装置を含む。以下この項及び第三項におい
て同じ。）と申立て等をする者の使用に係る電子計算機とを電気通信回線で接続した電子情報
処理組織をいう。）を用いてすることができる。

2 前項の規定によりされた申立て等については、当該申立て等を書面等をもってするものと
して規定した申立て等に関する法令の規定に規定する書面等をもってされたものとみなして、
当該申立て等に関する法令の規定を適用する。

3 第一項の規定によりされた申立て等は、同項の裁判所の使用に係る電子計算機に備えられ
たファイルへの記録がされた時に、当該裁判所に到達したものとみなす。

4 第一項の場合において、当該申立て等に関する他の法令の規定により署名等（署名、記名、
押印その他氏名又は名称を書面等に記載することをいう。以下この項において同じ。）をする
こととされているものについては、当該申立て等をする者は、当該法令の規定にかかわらず、
当該署名等に代えて、最高裁判所規則で定めるところにより、氏名又は名称を明らかにする措
置を講じなければならない。

5 第一項の規定によりされた申立て等が第三項に規定するファイルに記録されたときは、第
一項の裁判所は、当該ファイルに記録された情報の内容を書面に出力しなければならない。

6 第一項の規定によりされた申立て等に係るこの法律の他の規定による家事事件の記録の閲
覧若しくは謄写又はその正本、謄本若しくは抄本の交付は、前項の書面をもってするものとす
る。当該申立て等に係る書類の送達又は送付も、同様とする。

第三十八条の二 家事事件の手続における申立て等については、民事訴訟法第百三十三条、第百
三十三条の二第一項並びに第百三十三条の四第一項から第三項まで、第四項（第一号に係る部
分に限る。）及び第五項から第七項までの規定を準用する。この場合において、同法第百三十
三条第一項中「当事者」とあるのは「当事者若しくは利害関係参加人（家事事件手続法第四十
二条第七項（同法第二百五十八条第一項において準用する場合を含む。）に規定する利害関係
参加人をいう。第百三十三条の四第一項、第二項及び第七項において同じ。）又はこれらの者

30

以外の審判を受ける者となるべき者（同法第十条第一項第一号に規定する審判を受ける者となるべき者をいう。）」と、同条第三項中「訴訟記録等（訴訟記録又は第百三十二条の四第一項の処分の申立てに係る事件の記録をいう。以下この章において同じ。）」とあるのは「家事事件の記録」と、「について訴訟記録等の閲覧等（訴訟記録の閲覧等、非電磁的証拠収集処分記録の閲覧等又は電磁的証拠収集処分記録の閲覧等をいう。以下この章において同じ。）」とあるのは「の閲覧若しくは謄写又はその謄本若しくは抄本の交付」と、同法第百三十三条の二第一項中「に係る訴訟記録等の閲覧等」とあるのは「の閲覧若しくは謄写又はその謄本若しくは抄本の交付」と、同法第百三十三条の四第一項中「秘匿決定、第百三十三条の二第二項の決定又は前条第一項の決定（次項及び第七項において「秘匿決定等」という。）に係る者以外の者は、訴訟記録等」とあるのは「秘匿決定（家事事件手続法第二百七十七条第一項に規定する事項以外の事項についての家事調停の手続に係るもの並びに同法第二百八十九条第一項（同条第七項において準用する場合を含む。）の規定による調査及び勧告の事件の手続に係るものを除く。次項、第四項第一号及び第七項において同じ。）に係る者以外の当事者又は利害関係参加人は、当該秘匿決定に係る事件の記録」と、同条第二項中「秘匿決定等に係る者以外の当事者は、秘匿決定等」とあるのは「秘匿決定に係る者以外の当事者又は利害関係参加人は、秘匿決定」と、「訴訟記録等の存する」とあるのは「前項の事件の記録の存する」と、「訴訟記録等の閲覧等」とあるのは「閲覧若しくは謄写、その正本、謄本若しくは抄本の交付又はその複製」と、同条第四項第一号中「秘匿決定又は第百三十三条の二第二項の決定」とあるのは「秘匿決定」と、同条第七項中「当事者」とあるのは「当事者若しくは利害関係参加人」と、「秘匿決定等」とあるのは「秘匿決定」と読み替えるものとする。

○　民事訴訟法等の一部を改正する法律（令和４年法律第４８号）による改正後の国際的な子の奪取の民事上の側面に関する条約の実施に関する法律（平成２５年法律第４８号）（抄）

（和解）

第百条　子の返還申立事件における和解については、民事訴訟法第八十九条第一項、第二百六十四条及び第二百六十五条の規定を準用する。この場合において、同法第二百六十四条第一項及び第二百六十五条第三項中「口頭弁論等」とあるのは、「子の返還申立事件の手続」と読み替えるものとする。

2　子の返還申立事件においては、子の監護に関する事項、夫婦間の協力扶助に関する事項及び婚姻費用の分担に関する事項についても、和解をすることができる。

3　次の各号に掲げる事項についての和解を調書に記載したときは、その記載は、当該各号に定める裁判と同一の効力を有する。

一　子の返還　確定した子の返還を命ずる終局決定

二　子の監護に関する事項、夫婦間の協力扶助に関する事項及び婚姻費用の分担に関する事項　確定した家事事件手続法（平成二十三年法律第五十二号）第三十九条の規定による審判

三　その他の事項　確定判決

**別冊 NBL No.181**

民事執行・民事保全・倒産及び
家事事件等に関する手続（IT 化関係）の
見直しに関する中間試案

2022年10月15日　初版第1刷発行

| | | |
|---|---|---|
| 編　　者 | 商 事 法 務 | |
| 発 行 者 | 石 川 雅 規 | |

発 行 所　株式会社 商 事 法 務

〒103-0025 東京都中央区日本橋茅場町 3-9-10
TEL 03-5614-5643・FAX 03-3664-8844〔営業〕
TEL 03-5614-5647〔編集〕
https://www.shojihomu.co.jp/